JN055304

新しい
ヨーロッパ学

上智大学外国語学部ヨーロッパ研究コース／編

上智大学出版
Sophia University Press

図❶　ヨーロッパ各国の支配的宗教

出典）Massignon et Riva, 2010：20

図❷　ヨーロッパ各国のムスリム人口

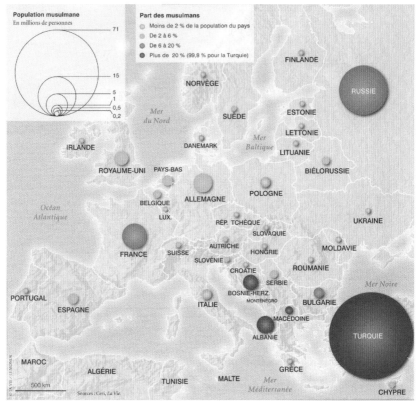

出典）*L'Atlas des religions, La Vie / Le Monde*, 2011：64

図❸　ピッコロ座（ミラノ）

図❹　ピッコロ座（ミラノ）

図❸❹撮影）村田真一

図❺ 『二人の主人を一度に持つと』（C.ゴルドーニ作、G.ストレーレル演出）

図❻ 『二人の主人を一度に持つと』（C.ゴルドーニ作、G.ストレーレル演出）

図❺❻出典）Picclo Teatro
di Milano-Teatro d'Europa
の上演スケジュール小冊子
（2019 年 12 月）より

図❼　ラファエッロ　《牧場の聖母子》

ウィーン美術史美術館　1506 年

図❽　ラファエッロ　《アレクサンドリアの聖カタリナ》

ロンドン、ナショナル・ギャラリー　1508 年

図❾　ティツィアーノ　《スペインに救われる宗教》

プラド美術館　1572-75 年

図❿　ティツィアーノ《スペインに救われる宗教》部分

まえがき

　現在、上智大学外国語学部には六つの専攻言語（第一主専攻）と九つの研究コース（第二主専攻・副専攻）がある。六つの専攻言語は各学科で教える第一言語で、英語・ドイツ語・フランス語・イスパニア語・ロシア語・ポルトガル語がある。九つの研究コースのうち五つは外国語学部の科目で構成され、言語研究、北米研究、ラテンアメリカ研究、ロシア・ユーラシア研究、そしてヨーロッパ研究コースがある。その他の四つは主に総合グローバル学部の科目群から成り、アジア研究、中東・アフリカ研究、国際政治論研究、市民社会・国際協力論研究コースがある。

　このうちヨーロッパ研究コースには外国語学部の六学科すべてから教員が配置され、現在、開講科目数もコースの中でもっとも多い。というのも、上智大学設立の契機になった聖フランシスコ・ザビエルをはじめ、上智の発展に寄与してくれた多くの外国人がヨーロッパの様々な国の出身者であるためである。ヨーロッパ研究コースにかくも担当教員が多いのも、いわば上智の歴史的産物といえよう。

　そのため、授業内容は地域面でも専攻分野面でも多岐に渡り、バラエティー豊かである。逆にいえば、あまりに多種多様な側面があり、捉えどころがないともいえる。コースとしての一体性はいったいどこにあるのかという声を学生から聞くことも多い。

　この多種多様性あるいはまとまりのなさは、まさにヨーロッパという地域を表す特徴といっていいかもしれない。我々日本人は、ヨーロッパというと例えばEU（ヨーロッパ連合）を想起し、多くの国家群から成り立ちながらも国際共同体であるEUなどによってある程度の一体性を保った地域だと捉えがちである。たしかに他地域と比べた場合、例えばアジア諸国と比べれば、ヨーロッパ諸国間の一体性は際立っているといえよう。だが、ヨーロッパの多様性は我々にはなかなか捉えづらい。フランスという国はよく知られ

ているが、どのような国かと聞けば、皆違った答えを出すだろう。さらに同じヨーロッパにある別の国、ドイツやスペイン、あるいは東のポーランドとはどういう違いがあるのか。

　地域や国家全体だけではない。イギリスの政治とポルトガルの政治はどう違うのか。スペインの絵画とオランダの絵画にはどのような特徴があるのか、ロシアの演劇と西ヨーロッパ諸国の演劇では何が異なるのか。国内にも多様な要素をもつ国家が数多く集まったヨーロッパという複雑な地域をまとめて捉えることは、かくも困難なのである。

　そのようなモザイク状のヨーロッパを理解するにはどうしたらよいのか。我々は結局、それぞれが専門としている地域や専攻分野を通してヨーロッパという全体を観察し、自分の知っている領域から考えを拡大させたり深化させたりして、理解できる範囲を広げていくしかないのではないか。ヨーロッパの多様性を一括りに把握することはできない。一部を切り取って、そこを深く追求することでしか理解できないのである。

　本書は第一に、上智大学外国語学部ヨーロッパ研究コースの教員の講義を受講する際の副読本のようなものとして企画されている。と同時に、第二にヨーロッパに関心を持つ一般の読者も想定した内容になっている。本書を執筆したのは、ヨーロッパの中で特定の国や地域に根ざして、現地の言葉を駆使して、ある専攻分野を研究してきた教員たちである。おそらくどの教員も最初はヨーロッパの特定地域で使われている言語を学び、その言語を使って特定の専攻分野の研究を始めたに違いない。そして長年の研究の中で、自身の専攻する国や地域を越えて、ヨーロッパという全体にも思いをめぐらせるようになったのだろう。

　ヨーロッパ統合の進展と同様に、これまで学科別に分かれていた教員が協力する機会が増している。本書の一部もそのような協力の下で執筆された書籍の改訂版となっている。だが、前著（『ヨーロッパ研究のすすめ』上智大学外国語学部、2016 年〔第 3 刷改訂版（初版は 2009 年）〕）から数年が経ち、外国語学部の教員の顔ぶれが随分と代わってきたこと、カリキュラム改革でヨーロッパ研究コースの拡充を図るようになったこと、そして何よりも昨今のヨーロッパを取り巻く情勢の変化から、前著の内容を大幅に変更し

て、上智大学出版部（SUP）から出版する運びとなった。

　本書では、外国語学部の教員一人一人から見たヨーロッパを四つの章、合計十六のトピックに分けて扱っている。第1章・ヨーロッパの歴史では、前近代・近代・第二次世界大戦後そしてロシア・東欧というトピックでヨーロッパの歴史の概略を記している。第2章・ヨーロッパの政治と経済では、ヨーロッパ統合、ヨーロッパの福祉国家とジェンダーの問題、ヨーロッパ経済、そしてロシア・東欧の経済を扱っている。第3章・ヨーロッパの言語と社会では、言語の多様性と言語政策の関連、ヨーロッパの宗教問題の他、かつての社会主義時代の影響、サッカーと社会についてのトピックがある。最後の第4章・ヨーロッパの文化では、演劇と美術、映画に加えてユーロヴィジョンといった現代の文化がテーマになっている。

　以上のような十六の多彩なトピックを通して、執筆者一同、読者にヨーロッパの多様性を少しでも分かっていただければと考えている。もちろんこれをもってヨーロッパがすべて理解できるわけではない。否、ヨーロッパの多様性については、我々教員にも未知なことが多い。

　本書を手に取る人が学生の場合は、まず自分の学科の専攻言語を徹底的に学んでほしい。同時にヨーロッパ研究コースの様々な講義を受講し、自分の研究したいテーマを見つけて、それに近い研究分野の教員の演習（ゼミナール）に参加してもらいたい。そしてぜひ「自分自身のヨーロッパ」を求めて、ゼミ論や卒業論文に取り組んでくれればと願っている。社会人が本書をお読みになったら、参考文献などを手がかりに、さらに新しい文献へ挑戦していただきたい。読者の皆さんが、我々も知らない「新しいヨーロッパ」を発見してくれれば、我々教員にとってはこの上ない喜びである。

2020年3月

執筆者を代表して

編者　河﨑　健・内村俊太

目　次

ヨーロッパの
歴史

前近代のヨーロッパ

内村　俊太

1. はじめに —— 異文化世界としての前近代

　ヨーロッパに限らず、ある国や地域を研究する場合には、その歴史に関する知識は欠かせない。だがヨーロッパの歴史といっても、神が定めたとされた身分制度によって生き方が規定されていた中世のヨーロッパと、個人の選択と能力によって生き方を切り開くことができるとされた近代のヨーロッパでは、社会の姿はまるで異なっている。歴史学では様々な基準で過去の時代が区分されるが、19世紀前後の近代ヨーロッパで生まれた人権、民主主義、産業社会、国民国家システムなどが前提となる「近現代」（近代と現代）と、そもそもそれらが存在しない「前近代」（主に中世と近世）という二分法もその一つである。

　当然、私たち現代人にとってイメージしやすいのは近現代である。そこでは、私たちの社会が理念として共有するもの（人権や民主主義）が実現されていくプロセスが展開し、私たちが今そのなかで生きている国民国家システムや右肩上がりの資本主義経済が構築され、そして相対化されつつあるプロセスが進んでいるからである。その一方で、身分制度をはじめとして現代社会とはまったく異なる姿をしていた前近代は、現代人にとってはまるで異文化世界のようにみえる。

　しかし、生まれ育った場所から離れて外国という異文化世界を旅する時、さらにはそこで暮らしてみる時、異文化との違いによって故郷の社会や文化の特質が浮かび上がってくることがある。それは、時間軸上の異文化世界である前近代を学ぶ時にもあてはまるのではないだろうか。本稿では、私たちが生きている時代のあり方をいわば逆照射してみるために、地理的にも時間

的にも遠くにある異文化世界である前近代ヨーロッパの歴史を概観してみよう。

　ただし紙幅が限られているため、歴史の醍醐味である詳細な事実経過についての記述は参考文献に譲り、ここでは前近代と近現代で大きく異なる点の一つである「国家」のあり方を中心に整理していきたい。なお時代の名称としては、前近代と近現代の二分法以外にも、日本の学界でヨーロッパ史の時代区分として定着している、「古代」（5 世紀まで）、「中世」（15 世紀末まで）、「近世」（15 世紀末〜 18 世紀末）、「近代」（18 世紀末〜 20 世紀前半）、「現代」（20 世紀以降）も用いていく。

2. 古代から中世へ

　ここでは、ヨーロッパ中世史の前提として、ローマ帝国の盛衰をみておきたい。

　紀元前 1 世紀、ローマは「内乱の一世紀」と呼ばれる混乱に苦しみながらも地中海世界を制覇し、オクタウィアヌスの下で帝政（元首政）に移行した。ローマ帝国は五賢帝の時代（後 96 〜 180 年）に最盛期を迎え、地中海世界とその周辺に及ぶ繁栄を達成し、東方では古代ギリシア以来のヘレニズム世界の文化的遺産を継承した。3 世紀には内外での戦乱と経済の混乱が生じたが、それを収拾したディオクレティアヌスは巨大化した帝国を治めるために専制君主政に移行し、東西にそれぞれ正副の皇帝を置いた。また、1 世紀にパレスティナで生まれたキリスト教は、数度の迫害に耐えて帝国各地に広がり、4 世紀には公認・国教化された。しかし、バルト海から黒海にかけての地域で生活していたゲルマン人が 4 世紀後半にフン族の西進に押される形で大移動を始めるなか、395 年に帝国は正式に東西に別れた。5 世紀には西帝国各地にゲルマン人の部族王国が建てられ、476 年に西の帝国は消滅する。

　時代区分としては、帝国西半でそれまでの政治システムが変化したこの 5 世紀をもって古代と中世を画すことが多いが、東ローマ帝国はなおも健在であり、6 世紀には一時的ではあるが地中海世界の大半の再征服に成功して

いる。また、地中海世界では住民のほとんどがローマ系住民（ラテン語、アタナシウス派＝カトリック）であり、ゲルマン諸部族（ゲルマン系諸語、多くはアリウス派）は軍事力に長けているとはいえ少数派に過ぎなかった。しかし、①古代ギリシア・ローマ（古典古代）、②キリスト教、③「外民族」（ローマ帝国域外から到来してヨーロッパに定着した人々）という、ヨーロッパ諸国が程度の差はあっても共有する三つの要素がはっきりと現れたこの時期は、やはりヨーロッパ史の画期といえよう。

3. 中世のヨーロッパ

　ヨーロッパ中世史は、前期（5 〜 10 世紀）、盛期（11 〜 13 世紀）、後期（14 〜 15 世紀）に下位区分されることが多い。

3. 1. 中世前期のダイナミズム

　中世前期は民族移動を特徴とする。そもそもヨーロッパとは地理的にはウラル山脈以西を指すが、この地は一方では平坦な大地によって内陸ユーラシアとつながり、他の三方は地中海・大西洋・北海という海洋に開かれているため、中世前期には陸と海を移動路とする大規模な民族移動が続いた。

　まず 6 世紀まではゲルマン人の移動が続き、各地に部族王国（東ゴート、西ゴート、ヴァンダル、アングロ・サクソン七王国、フランクなど）が建てられた。そのなかからフランク王国がカトリック教会と結びついて台頭した。800 年にはフランク王カールがローマ教皇から西ローマ皇帝として戴冠され、東ローマ（ビザンツ）帝国から自立した西欧カトリック世界の盟主となった。このカール大帝の戴冠のなかに、前述の①古典古代、②キリスト教、③外民族という 3 要素が集約されているといえる。なお、西欧カトリック世界と東方正教世界が正式に分離するのは、1054 年に東西教会が相互破門したことによる。

　東欧ではカルパティア山脈以北にいたスラヴ人の移動が 7 世紀から始まり、南スラヴ人（セルビア人、クロアティア人などのルーツ）、西スラヴ人（ポーランド人、チェック人、スロヴァキア人などのルーツ）、東スラヴ人

（ロシア人、ウクライナ人などのルーツ）が各地に定着した。スラヴ人には東方正教、カトリック双方からキリスト教が伝道された。

　ヨーロッパの西端では、地中海東部から北アフリカに伸張したイスラーム世界がイベリア半島を組み込んでいった。地中海は、西欧カトリック・東方正教・イスラームという三つの文化世界が鼎立する場になったのである。8世紀初頭にウマイヤ朝が西ゴート王国を倒し、イベリア半島にはアラブ人、ベルベル人などのムスリムが移入し、その地のイスラーム圏はアンダルスと呼ばれた。アンダルスは規模を縮小させながらも15世紀末まで存続した。

　9世紀から11世紀にかけては、ゲルマン人の一派であり操船技術に長けたノルマン人がスカンディナヴィア半島・ユトランド半島を発して商業と略奪を行い、西では大西洋沿岸、ブリテン島、地中海世界に進出し、一部はグリーンランドを経てカナダ沿岸にまで達した（ヴァイキング）。東ではドニエプル川、ヴォルガ川流域に進み、ノヴゴロド国やキエフ公国を建てて、東スラヴ人と一体化してロシアのルーツの一つになった（ルーシ）。

　さらにユーラシア内陸部からは、7世紀のブルガール人に続いて、10世紀にはステップ遊牧民のマジャール人が東欧に入り、ハンガリー平原に定着した。

　このようにヨーロッパ各地で外民族の移入が続いた中世前期は、現在に続く民族の配置がおおよそ固まっていく時期であった。しかし、このようなダイナミズムは1000年前後で収束していく。それは、レヒフェルトの戦い（955年）でマジャール人を食い止めた東フランク王オットーによって神聖ローマ帝国が生まれた（962年）一方で、マジャール人もカトリックに改宗したイシュトヴァーンの下でハンガリー王国を建国した（1000年）ことが象徴的に示すように、この頃に各地で中世国家が確立した結果、大規模な人口移動が生じにくくなったためである。

　なお、ここでいう民族や部族とは、血統を同じくする集団という意味ではかならずしもない。血統（というよりも血統意識）も重要な要素ではあるが、むしろ広義の「文化」（芸術や文学だけでなく、言語・習慣・出自説話なども含む、日常生活を規定する価値体系の総体）を共有する人間集団とみなした方が実態に近い。外民族が移動した先には、言語的・社会的・宗教的

にローマ化された住民（例えばイベリア半島には、ローマ人入植者と先住の
ケルティベリア人が混淆した「ヒスパノ・ローマ人」がいた）や、ローマ化
の影響が薄いケルト系住民などが居住していた。民族移動の過程では、外民
族同士の混淆や、ローマ系住民やケルト人等との混淆は不可避であり、血統
的には多様なルーツをもつ人々がある一つの「民族」のなかにいることがむ
しろ常態であったからである。

3.2. 中世の西欧カトリック世界

　では、このような中世ヨーロッパ、特に西欧カトリック世界ではどのよう
な世界秩序が育まれたのだろうか。それは、教皇と皇帝という聖俗の最高権
威が全体に普遍的な影響力をもち、カトリック教会という同一の制度とラテ
ン語という共通の教養言語によって、諸王国の間に緩やかな宗教的・文化的
な一体性が存在する、というものだった。

　ローマ帝国による国教化と前後して、カトリック教会は帝国の似姿として
階層型の組織を構築し、ローマ司教が全体を指導する教皇（パパ）と称され
た。しかし、西ローマ帝国の滅亡によって教会を保護すべき世俗の皇帝権が
消滅すると、カトリック教会の地位は東ローマ帝国やゲルマン部族王国（多
くはアリウス派）の間で不安定化した。そのようななか教皇権は、ゲルマ
ン人のなかでいち早くカトリックに改宗（496年）したフランク王権と提
携し、前述のように9世紀以降はフランク王を西ローマ皇帝とすることで、
教皇と皇帝を聖俗の普遍権威とする西欧カトリック世界を東ローマ（ビザン
ツ）皇帝を頂点とする東方正教世界から自立させた。西欧側の皇帝権は10
世紀には神聖ローマ帝国に受け継がれるが、二つの普遍権威という観念は中
世を通じて西欧カトリック世界の特徴となった。

3.3. 中世国家の構造

　この西欧カトリック世界では、各地に中世国家が形成されていった。ただ
し、ここでも便宜上「国家」という語を用いるが、歴史上に存在した様々な
形態の国家を理解する上で妨げになってしまうのが、現代人にとって自明の
ものである近代以降の「主権国家」イメージを前提としてしまうことであ

る。主権国家を、一定の領域において排他的・一円的に統治権と軍事・警察権を行使する正統性を独占し、かつそのための統治・軍事機構を備えたものと考えるならば、中世ヨーロッパにはそのような国家は存在しなかった。

では、中世国家はどのような姿をしていたのだろうか。中世には、封建制こそが国家を構成する原理として機能した。封建制とは、上位者（封主）が下位者（封臣）に「封」（所領など収入源になるもの。知行とも呼ばれる）を与えて保護し、封臣は封主に軍役や助言の義務をもって仕えるという、封を媒介とする双務的な主従関係を意味する。封建制が国家の構成原理になるというのは、国王が諸侯に封として一定地域を与え、その地域内では今度は諸侯が在地の城主・騎士層に封を与えるという形で、主従関係が階層的に連なっていったものがすなわち「国家」である、という状態を指す。

ここには、近代以降の国家がもつ領域内を一元的に統治する制度的な機構などは存在せず、王を頂点とする様々なレベルでの封主・封臣の人的な関係性を積み重ねていったものが政治的な秩序を緩やかに作り上げていたにすぎない。このような中世国家は、近代以降の「制度的領域国家」と対比して、「人的結合国家」と呼ばれることもある。ただし、封が世襲化されていくと封主による統制力が弱まる危険性がある一方で、封の正統性はあくまで封主がいるからこそ保証されるのであり、封建制はアナーキーの同義語ではなく、一定の秩序形成機能を備えていたことも見逃せない。

3. 4. 中世社会のあり方

このような封建制は中世社会のなかで軍事を専らとする者の間での主従関係であった。これに対して領主制とは、この軍事を専らとする者（領主）が農民をはじめとする生産に従事する者（領民）を支配する枠組みを表す。

領民が自由民である場合、領主制は土地領主制とバン領主制に類型化できる。土地領主制では、領主は封として有する土地の上級所有権に基づき、土地を貸与した領民から貢納を収取し、領主直営地での無償労働である賦役を課す。またバン領主制では、軍事力をもつ領主が居城の周りに住む領民を保護し、領主裁判権に基づいて治安を維持する代わりに、領民から労役・税・裁判収入などを得て政治的な支配を行う。これらとは別に、領主に隷属する

非自由民の領民（農奴）には領外結婚税などの特殊な賦課が設けられた（体僕領主制）。ただし、これらの類型どおりの所領が存在したというより、程度の差はあってもこれらの要素が混合したものが中世ヨーロッパの領主制の姿であり、自由民と非自由民の区別も曖昧な場合が多かった。

　そして中世社会において人々の生き方を規定していたのが身分制度であった。その確立の時期を特定することは難しいが、中世前期から盛期にかけて封建制と領主制が確立するなかで、共同体のために「祈る人」である聖職者身分と、共同体のなかで軍事力を担う「戦う人」である貴族身分が支配する側として、生産によって共同体を支える「働く人」としての平民身分が支配される側として確立していったといえよう。各身分のなかでも社会的な境遇は多様であり、特に平民は、農村では農奴から自由民の富農まで、都市では徒弟から遠隔地商人まで格差が大きく、しかも時代が進むに従ってその差は拡大した。

　なお中世ヨーロッパでも、社会システムの構成員としての人格を認められず、他者にモノとして所有される奴隷が存在した。彼らは特にキリスト教化される前の諸民族から「入手」されることが多く、ビザンツ帝国やイスラーム世界にも「輸出」された。

　その一方で西欧カトリック世界では、身分制度は神によって定められた秩序であり、社会は身分があることで調和的に構成されているとイメージされた。そして社会は神が創造した完璧さを備えた人間の身体に喩えられ、王はその頭であり、諸身分はそれに従う四肢であるとされ、全体として切り離すことのできない一つの有機体を構成しているという、中世の有機体的な社会観が生まれた。

3. 5. 中世盛期の王権強化

　さて国家のあり方に戻ると、中世盛期の 13 世紀頃になると、封建制が国家の凝集力を強める方向に作用し始めたことが注目される。

　例えばこの頃のフランス王権は自らの直轄地を拡大し、都市経済と結びつくことで経済基盤を充実させ、それを財源として封建制とは別個の形で有給官僚を少しずつ整えていった。封臣と有給官僚の違いとしては、前者は封を

世襲の家産としているために王といえどもそれを恣意的に没収することはできないが、後者は王による自由な任免が可能であった。このように王権の実力基礎が充実してくれば、有力な諸侯とはいえ封主たる王を尊重せざるをえなくなり、封建制が遠心力ではなく求心力としての意味をもつようになる。このように中世盛期には、封建制を基本原理としつつも、王権が実力基礎を整えて諸侯を従えるに至った。

この中世盛期には民族移動がおさまったこともあり、森林などの開墾によって農業生産が増大し、人口増加に伴って流通に基づく都市経済が発展した。他方で、聖地十字軍（1096 ～ 1270 年）、イベリア半島でのアンダルスに対する再征服運動の本格化、ドイツ騎士団のバルト海沿岸部進出などを通じて、外への拡大もめざされた。中世盛期は西欧カトリック世界が内と外に向かって拡充していった時代だったといえる。

3. 6. 中世後期の身分制国家

しかし、中世後期（14 ～ 15 世紀）には西欧カトリック世界は危機を迎える。

そもそも、中世盛期の成長の根底にあった農業生産増は耕作面積の拡大によるものであって技術革新を伴うものではなかったため、増加した人口を扶養できる限界に達し、社会全体で不十分な栄養状態が慢性化した。そのようななか 1350 年前後にヨーロッパ全土を黒死病（ペスト）が襲い、地域差はあるがおよそ三分の一の人命が失われた。

このような大量死を契機として、「領主制の危機」が生じた。これは、絶対数が減少した労働力を確保するために、領主は領民の様々な負担を軽減してでも自領に勧誘せざるをえず、領主層の収取分が減少したことによる領主制の動揺を意味している。その一方で中世後期には、百年戦争（1337 ～ 1453 年）をはじめとする戦争や内乱が相次ぎ、各地の王権は自らの直轄地からの収入だけでは対処が難しくなっていった。

このような複合的な危機を背景として、各国で「身分制国家」（等族制国家とも呼ばれる）が形成された。

直轄地収入だけでは戦争等に対処できなくなった王権は、諸侯が治める領

地も含めて王国全体に課税する必要に迫られた。しかしそれは、王は自らの出費は自らの領地収入で賄うべきであり、封として封臣に与えたものに手を出すことは許されないという、封建制の原則に反する。そのため王は、王国全体の諸身分の代表者から特別な承認を得るために、彼らを「身分制議会」（身分ごとの部会に分かれた議会）に召集した。ここで王は諸身分に課税の可否を問い、諸身分はその承認と引き換えに国政に条件を課し、王権を制約した（ただし、平民部会も実際には都市支配層である大商人などによって占められており、近現代の民主的な代議機関とはまったく別物であった）。

　このように、中世後期の王権は一見すると不振に陥っているようにみえるが、構造的にみると、封主・封臣の個別的な人的結合の連なりである封建的主従関係を超越する、王国全体での統治機構を確立するプロセスが始まったともいえる。そのため、中世後期にはイングランド王国のバラ戦争（1455 〜 85 年）をはじめとする内乱が各国で頻発したが、そこでの諸侯の行動目標は、もはや封建制に基づいて地方に「割拠」することではなく、王の宮廷や王国全体に及ぶ財政機構を前提としてその分け前を求めて抗争するという、王権への「寄生」と呼ぶべきものになっていた。このような中世後期の身分制国家（等族制国家）とは、たんに身分制度がある国家という意味ではなく、王権と身分制議会が国政権能を二分して対峙する段階の国家であり、封建的主従関係を超越した「王国共同体」としての政治的な枠組みがようやく登場した段階の国家であった。

　このことは、西欧カトリック世界のあり方の変化とも関連しあっていた。中世盛期には教皇と皇帝の間で聖職叙任権闘争が展開したが（1077 年、カノッサの屈辱。1122 年、ヴォルムス協約）、これは西欧カトリック世界の主導権をめぐる聖俗の普遍権威による争いであった。それに対して 14 世紀には、フランス王権が対立する教皇を監禁するアナーニ事件（1303 年）を起こし、教皇庁そのものをフランスに移す事態が発生した（教皇のバビロン捕囚、1309 〜 77 年）。さらに、ローマ帰還をめぐって教皇庁が分裂する大シスマ（1378 〜 1417 年）も生じた。アナーニ事件の際にフランス王が初の身分制議会を開いて諸身分に支持を求めたことが象徴的に示すように、西欧カトリック世界全体を指導する普遍権威の地位が低下し、各地の王国共同

体を率いる王権が前面に出る、次の時代が始まりつつあった。

4. 近世のヨーロッパ

　ヨーロッパ史の時代区分では、15世紀末から18世紀末を「近世」と呼ぶ。これは日本史で江戸時代を表す用語を借用したものだが、英語ではこの時期を Early Modern（初期近代）という。たしかにこの時代には、大航海時代によってヨーロッパ人の活動範囲が飛躍的に拡大し、近代の基盤が築かれた。しかし他方では、いまだ身分制度が続き、資本主義経済の発展も産業革命が起きるまでは限界を抱えており、明らかに近代とは異なるメカニズムが続いていた。そのため日本のヨーロッパ史学では、19世紀以降の「近代」とは異なる時代としてこの時代を「近世」と呼ぶことが一般化し、近代的な要素と非近代的な要素が300年ほど混在し続けた、特徴ある時代として注目されている。なお本稿では便宜的に、近世を1650年頃で前半と後半に分けて表現する。

4. 1. 宗教改革とその影響

　近世の始まりを告げたのは、15世紀から16世紀にかけてのルネサンス、人文主義、宗教改革であった。ただし当事者の認識としては、新しいことを始めたのではなく、過去にあるとされた黄金時代に回帰することがめざされていた（中世から近世前半までは、「新しい」とは、「古き良きもの」とは異なる胡散臭いもの、というニュアンスを表した）。

　ルネサンスは古代ギリシア・ローマ（古典古代）の芸術や感性を「再生」させることを意味し、イタリア都市国家群からヨーロッパ各地に伝わった。人文主義も古典古代の原テクストに学ぶ姿勢を強調した。宗教改革ではプロテスタント諸派によって、中世にカトリック教会が行ってきたことが神の意思からの逸脱として否定され、キリスト教徒は神の言葉である聖書のみに従うべきとされ、それに忠実であった使徒の頃のあり方（原始教会）に戻ることが主張された。

　宗教改革では、教会を通じて善行を積むことで救済されるとして人間側の

努力を奨励するカトリックの考えは、贖宥状販売という極端な形で示されたように、信仰の形骸化であるとして否定され、人が救済に値するかどうかは内面の信仰のみによって決まるとされた（ルター派の信仰義認説）。また、救済を決定できるのは神だけであり、その対象も既に定められているのだが、それに値する人間であれば現世で正しく生きるはずであり、神から与えられた職業を全うすべきとされた（カルヴァン派の予定説）。その一方でカトリックも、トリエント公会議（1545 ～ 63 年）などを通じて教会の刷新を進め、聖人崇敬などの民衆的な要素を取り込みながら勢力を回復した（対抗宗教改革やカトリック改革と呼ばれる）。中世の西欧カトリック世界は近世前半に複数の宗派に分かれ、現在まで続くヨーロッパの宗教地図の原型ができたのである。

　近世前半にはこの宗派対立が政治的要因と結びついて、宗教戦争に発展する場合があった。ヨーロッパ諸国を巻き込んだ三十年戦争（1618 ～ 48 年）が有名だが、フランスのユグノー戦争（1562 ～ 98 年）のように内戦となる場合もあった。

　なお近代に向けての長期的な趨勢としては、宗教改革は個人の良心の自由や宗教の相対化をもたらす出発点の一つになったが、プロテスタント・カトリックどちらの改革もキリスト教徒として敬虔に生きる道を模索する運動であって、少なくとも近世前半のヨーロッパにもたらした影響はキリスト教信仰の刷新と高揚であった。

4. 2. 近世ヨーロッパの拡大

　15 世紀末からは、空間的にもヨーロッパ人の活動範囲が急速に拡大した。

　まず大航海時代の先頭を切ったポルトガルは、アフリカ南端を経由してインド洋に出る航路を開いた（1498 年、カリカット到達）。さらに東に進み、東南アジアを経て、1540 年代には日本列島にまで至った。ただしアフリカ東岸以降では、既に数百年にわたってアフリカ・アジア各地の人々が日常的に使用していた航路と通商システムに参入したにすぎない。ポルトガルの重要性は、それをアフリカ西岸からヨーロッパに至る航路と接続し、グローバル化した点にあった。

　その一方でスペインはコロンブスを支援して大西洋横断航路の開発に成功し、西半球をグローバル・ネットワークに組み込んだ。16世紀前半にはアステカ、インカというアメリカ先住民国家を滅ぼし、その上にヨーロッパ人、アメリカ先住民、そして奴隷として連れてこられたアフリカ系住民が生き、混血を重ねていく植民地が形成された。西半球には他のヨーロッパ諸国も進出し、ポルトガル領ブラジル植民地や英仏の北米植民地などが築かれた。

　このような大航海時代と並行して、ロシアのシベリア征服もヨーロッパの拡大をもたらした。13世紀以降、ロシア諸国はモンゴル系遊牧民国家に支配されたが（「タタールの軛」）、次第に力をつけたモスクワ大公国の下で15世紀末に独立した。16世紀後半には逆に遊牧民国家を征服してウラル山脈以東の地であるシベリアを東進し、1640年代にはオホーツク海に達した。このロシアの急拡大の背景としても、既存のユーラシア・ネットワークを利用した側面があることには注意したい。

　このような近世ヨーロッパの拡大は、アフロ・ユーラシア世界の既存のネットワークがあったからこそ可能であったが、現在にまで続く不可逆のグローバル化の端緒となった。

4.3. 近世国家の構造

　では、このような近世ヨーロッパでは国家はどのような姿をしていたのだろうか。やや図式的ではあるが、非近代的な側面と近代的な側面に分けて考えてみよう。

4.3.1. 近世国家の非近代的要素

　まず非近代的な側面としては、近世国家はまだ三つの点で内部での均質性を欠いていたことが大きな特徴だった。

　第一に、中世以来の身分制度が続き、人は基本的には生まれた身分ごとに生き方を定められていた。近代国家はその構成員（国民）が権利と義務において平等であり、職業選択や居住地選択を含めて社会的・経済的活動を自由にできることを基本とするが、それは18世紀末からの市民革命によって達成されたことである。近世には依然として人は身分によって権利の有無が決

まっていた。前近代には、人は「人権」によって普遍的に自由であるのではなく、「特権」を認められることでようやく免税などの個別的な自由が与えられるにすぎなかったといえる。

　そして近世の人々はこの身分や特権という価値観を内面化して生きていた。例えば、大航海時代以降に発達した近世商業は平民でも才能ある者に経済的な栄達をもたらしたが、そのような大商人や金融家は資本主義経済のなかで恒久的に利潤を求め続けたのではない。彼らは、貴族の位や領地を買う、あるいは子息に大学で法学を学ばせて王権に仕える法曹官僚として貴族化させることで（フランスでは法服貴族と呼ばれた）、身分制度の階梯を登ることをめざしたのである。身分制度は動揺しつつあったが、社会的な価値観としてはいまだ人々の心のありよう（心性）を強く拘束していた。

　第二に、近世までは社会を構成する基礎単位は個々人ではなく何らかの団体だとされ、それらの団体ごとに特権が定められていた。このような団体としては、地縁としてみれば小教区・領主所領・都市・地方などが、職能としてみれば職業別のギルドや官僚団体などがあったが、これらには王権から特権が与えられ、その地位が公認された。このような特権をもつ中間団体のことを歴史学では「社団」と呼ぶ。ある国の住民は、それぞれの身分だけでなく、属している社団ごとにも権利が異なっていたのである。

　その一方で、王権は中世から少しずつ有給官僚による統治機構を整備しつつあったが、近世に至ってもまだ近代的な官僚制にはほど遠い貧弱なものであった（近世までは正確な人口数すら把握されていなかった）。そのため、王権による統治は様々な社団を介することによって、ようやく保たれていた状態であった。

　第三に、近世国家は様々な特権と政体をもつ諸地域から構成された「複合国家」であった。中世後期の身分制国家によって王国共同体の観念が生まれていたが、イングランド王国とスコットランド王国という別々の身分制国家がブリテン島で対峙していたように、まだ近代以降の国家規模での枠組みは形成されていなかった。この両国が結びつくのは、1603年にイングランド女王エリザベス1世の死去によってテューダー朝が断絶し、親戚にあたるステュアート朝のスコットランド王ジェームズ6世がその後を継いだとい

う、王朝の事情による（ジェームズ1世はイングランド王としての名）。このように王朝の原理（相続や結婚）によって国と国とが結びつくこと（同君連合）は中世から頻繁にあったが、あくまで同じ人物が複数の国の君主位を兼ねただけにすぎず、それぞれの国の身分制議会をはじめとする政体や特権は変更も統一もされなかった。

　近世前半にはこの王朝原理に基づく同君連合によって、ブリテン（イングランドとスコットランド）、スペイン（カスティーリャやカタルーニャなどのイベリア諸国、ナポリなどのイタリア諸国、ネーデルラントなど）、オーストリア（オーストリア、ボヘミア、ハンガリーなど）といった巨大な複合国家が登場した。しかし、例えばスペイン王はヨーロッパ各地に領国を抱え、それぞれに法も政体も異なっていた上に、各地の身分制議会が承認しないかぎりその地での課税すらできなかった。

　このように地域ごとに特権が存在し、法も制度も異なるだけでなく、前述のようにさらに身分ごと、社団ごとに様々な特権が錯綜していたため、近世国家はその内部での著しい非均質性を特徴としていたのである。

4.3.2. 近世国家の近代的要素

　その一方で近世とは、近代以降に続く「主権国家」の形成が始まった時代でもある。

　その現実的な背景としてはまず、宗教改革と前後して、各国の政治権力が自国の教会を統制下に置いたことがあげられる。イングランド国教会が象徴的に示すように、プロテスタント諸国ではカトリックから分離した教会が王権の統制下に入り、広大な修道院所領なども王権の財源として利用された。またカトリック諸国でも各王権が教皇庁との交渉によって国内教会の保護権を手に入れたため、王権が領域内の教会を監督する体制が宗派を問わずに一般化した。

　また近世には断続的な戦争によって、大砲等の火器やそれから防御するための城塞、外洋航海が可能な船舶などの軍事技術が革命的に進化し、それに対応できる大規模な軍事力とそれを支える財政機構を準備できるのは、もはや王権しかありえなかった。

　また、思想面での変化も重要であった。フランスでカトリックとカルヴァ

ン派が戦ったユグノー戦争では、サンバルテルミの虐殺（1572 年）をはじめとする残忍な行為が起きた。このような宗教戦争の惨劇を前にして、宗派の大義よりも国内での平和と秩序の確立を優先する「ポリティーク派」が登場し、強力な政治権力による安定を期待した。それと並行してジャン・ボダンは『国家論』（1576 年）において「主権とは国家の絶対にして永続的権力である」と論じ、このような主権を備えた国家が社団や貴族権力から超越した統治を行うことを主張した。前述のように現実の近世国家はいまだ弱体なものだったが、現代まで続く主権国家という理念が生まれたことは重要である。

　そして近世ヨーロッパでは、主権国家としての安全保障や経済的利益である「国益」が国際政治を動かす原理となっていった。17 世紀前半の三十年戦争は、神聖ローマ帝国内での宗派対立が原因で始まったが、次第にヨーロッパ諸国の国益をめぐる国際紛争と化した。例えばカトリック国フランスは自国の安全保障と国際覇権のためにルター派のスウェーデンと同盟して、カトリックのスペインと激しく戦った。1648 年のヴェストファーレン（ウェストファリア）条約で三十年戦争は終結したが、その重要性はヨーロッパで最後の宗教戦争を終わらせたこと以上に、もはや国際政治を動かすのはそれぞれの主権国家が国益を冷徹に追求する論理であることを明示した点にある。中世の西欧カトリック世界が宗教改革によって解体した後、近世ヨーロッパでは、規模の大小の違いはあっても主権をもつという意味では対等な立場にある主権国家同士が外交と戦争を一定のルール（国際法）に基づいて展開する場としての「主権国家体制」が生まれたのである。

5. おわりに ── 近世から近代へ

　近世後半、とくに 18 世紀になると様々な面で近代への転換が準備されていった。

　第一に、西欧を中心とするグローバル規模での経済システムが生まれてきた（I・ウォーラーステインのいう「近代世界システム」）。西欧諸国は西半球、アフリカ沿岸、インドや東南アジアの一部などを植民地とし、18 世紀

には植民地権益の争奪が西欧諸国間での戦争を引き起こした。また近世後半には、砂糖、コーヒー、茶、タバコ、陶磁器、綿織物などの世界各地の物産がヨーロッパにもたらされて定着し、人々のライフスタイルに転換をもたらした（生活革命）。

ただし、西欧は軍事・航海技術の優位によって世界システム形成の主導権を握ったが、インド産綿織物（キャラコ）が西欧で大流行してむしろインドに銀が流出したように、産業革命まではまだアジア諸地域の方が豊かな生産力を誇り、世界システムの外部で自立性を保っていた。その産業革命は、まさにこの綿織物を国産化するための試行錯誤からイギリスで始まることになる。

第二に、複合国家から統一的な主権国家に向けての転換が進みつつあった。主権国家体制における主導権争いが激化するなかで、1707年にイングランドとスコットランドは議会を合同することによってイギリス（グレートブリテン連合王国）としての統一を達成した。また1710年代には、スペイン継承戦争でカスティーリャと争ったカタルーニャなどの諸地域の特権と政体が廃止され、スペイン王国としての統一がなされた。徐々に主権国家という理念に現実の国家が近づきつつあったのである。

そして第三に、人々が世界を認識するあり方そのものが変わりつつあった。17世紀からはガリレイやニュートンらによって「科学革命」が起こり、自然世界を観察・実験・論理性に基づいて認識する姿勢が広まった。また18世紀にかけてはロック、モンテスキュー、ルソー、ヴォルテールらによって「啓蒙思想」として人間のもつ理性の重要性が説かれ、社会はこの理性を備えた個々人が原初の契約を交わすことから生まれたと考えられた。そこから、社会という世界は理性によって改善できるものと考えられるようになっていった。もはや、中世の有機体的な社会観（前述のように、社会を神が定めた諸身分による調和的な秩序の場と考え、神が創造したために改変の必要などない人間の身体に喩えた）とはまったく異なる世界観が生まれていたのである。もちろんこの世界認識の転換は、最初はあくまで知識人に限られるものだったが、18世紀末には現実の市民革命を引き起こす原動力の一つとなり、近現代という時代の礎になった。

　このように 18 世紀まで来れば、私たち現代人の感覚に近い時代となりつつあったことがわかる。しかし、まだ身分制度は存続しており、形骸化したとはいえ封建制や領主制も制度上は残っていた。それらが廃止されるには、フランス革命をはじめとする市民革命やそれを受けての改革運動を待たねばならない。また、18 世紀中頃までの経済の発展にはまだエネルギー源や製造用機械の革新が伴わず、成長の限界を抱えていた。それが突破されて西欧の経済が右肩上がりの成長の時代へと「離陸」していくには、イギリスで始まる産業革命を待たねばならない。

　このように前近代の時代とは、やはり現代人の生きる世界とは異なるメカニズムに基づく異文化世界としての性格が強く、どうしても理解しづらい面があるかもしれない。しかし、旅先や留学先と、自分が生まれ育った故郷との間に違いが多ければ多いほど、私たちの好奇心は刺激され、自分が属す社会や文化を再考するきっかけになることがある。それと同じように、近現代とは異なるところの多い前近代の時代について学ぶことは、それ自体が知的探求として面白いだけでなく、私たちが今生きている時代の特徴を浮かび上がらせるための「補助線」としても意味のある営みだといえよう。

■前近代ヨーロッパについての入門書

・佐藤彰一、池上俊一『世界の歴史 10 西ヨーロッパの形成』中公文庫、2008 年。

・井上浩一、栗生沢猛夫『世界の歴史 11 ビザンツとスラヴ』中公文庫、2009 年。

・小澤実、薩摩秀登、林邦夫『辺境のダイナミズム』岩波書店、2009 年。
　　これらは、東西の中世ヨーロッパとその辺境についての入門書。

・堀米庸三『西洋中世世界の崩壊』岩波書店、1958 年、2005 年。
　　中世盛期から後期にかけての国家構造の転換を描く。

・成瀬治『近代ヨーロッパへの道』講談社学術文庫、2011 年。

・高澤紀恵『主権国家体制の成立』山川出版社、1997 年。

・近藤和彦『近世ヨーロッパ』山川出版社、2018 年。

　　これらは、近世ヨーロッパについての見取り図になる入門書。

・二宮宏之『全体を見る眼と歴史家たち』木鐸社、1979 年（平凡社ライブラリー、
　1995 年）。

　　近世ヨーロッパで人々が生きるなかで作り出していた「社会的結合関係」と、
　それに基づく「統治構造」を描いた論文・エッセイ集。所収の「フランス絶対
　王政の統治構造」は歴史学全体に大きなインパクトを与えた。

近代のヨーロッパ

高橋　暁生

1. はじめに

　前章に引き続き「国家」を視座とした場合、ヨーロッパの近代は「国民国家（ネイション・ステイト）」の時代であるといえよう。国民国家は、一つの主権国家に帰属意識（ナショナル・アイデンティティ）を持つ国民によって構成され、議会、裁判所、中央と地方の官僚機構、軍隊、警察といった諸機関を通じ、行財政、司法、経済システムといった点で、程度の差こそあれ中央集権的な制度を備える。国民である以上、人々は帰属する国家においては法的に平等で、デモクラシーのシステムを通じてその主権を行使する。自由や平等といった普遍的価値観や、言語や宗教、慣習、「伝統」といった文化的特質を共有する共同体であることが強調される。当然こうした同一性の内実は国民国家によって多様だが、どの国民国家もこうした同一性の保持、強化を志向する。その起源、近代ヨーロッパの歴史を概観しよう。

2. ヨーロッパ近代の黎明

　近代ヨーロッパの幕開けを告げる事象としては、1789 年 7 月に勃発したフランス革命はその代表的な事件の一つだろう。もともと王国の財政改革を目的としてヴェルサイユに招集された全国三部会は、中世以来の三つの身分の代表によって構成されていた。王権政府が提案した新税法案は三身分間の税負担の平等を目指し、聖職者と貴族から免税特権を事実上取り上げようとするもので、特権を持つこの二つの身分と第三身分（平民）の代表とが開会当初から対立する。この時、第三身分の代表者たちは自らを「国民議会」

Assemblée nationale と自称する。この名乗りはきわめて重要である。というのも、これは税負担を通して国家運営に貢献する者こそその国家の本来の成員、すなわち「国民」の資格を有し、そうでない人々、つまりこれに協力しない特権身分層は「国民」ではないことを宣言するものであり、中世以来の身分的秩序自体を根底から否定し、「国民」を基準として新たな国家体制を創造する宣言だったからである。7月9日、国民議会は自らの使命を新しい国家の基本法、すなわち憲法の制定であると自覚し、憲法制定国民議会を名乗る。国家の統治構造の根本的改編の端緒がすでにここに見られるといえよう。

　7月14日のパリ・バスティーユ城塞の陥落以降、フランスにおける近代化に向けた改革は民衆暴力の度重なる介入によって文字通りの革命となり、1792年には王政廃止と共和政樹立に至る。1793年初頭には元国王ルイ16世が処刑され、こうした急進化に危機感を覚えた周辺君主国の圧力を背景として勃発した戦争と国内外の反革命運動によって、革命政府は結局秩序ある統治の確立ができず、軍隊という強制力を持つナポレオン・ボナパルトの登場を招来し、1799年に革命自体は一旦終焉を迎える。ここではまず革命の近代的な意味をまとめておこう。

　1789年8月26日に議会が採択した「人間と市民の権利の宣言」では、人の生まれながらの自由と権利における平等が明示される。思想・信条の自由、表現の自由、信仰の自由、租税負担の平等が謳われ、主権が国王ではなく国民にあることが明言された。この「人権宣言」を前文とした1791年憲法は、以上の理念を具体化し、立憲主義と選挙に基づいた議会制度が確立する。選挙権は当初租税負担を基準とした成人男性のみに認められた一方、主権を担う能力のある国民育成のため、平等な教育制度の構築が革命政治の重要課題の一つとなるし、公的空間から女性を排除する反面、家内においては親権や財産権の男女平等を実現する。1792年9月の離婚の法制化も私的空間における女性の解放に寄与したが、これは革命の宗教政策と関係する。離婚はカトリックにおいて禁忌だったからである。革命政府はカトリックから国教としての地位を剥奪し、絶対王政下においては迫害対象だったプロテスタントやユダヤ教徒にも信仰の自由を認めるが、これは同時に、国家の世俗

化、近代国家の条件の一つともいえる政教分離プロセスの一環である。キリスト教の秘跡の一つ婚姻をも世俗化、これを市民契約として再定義し、結果として離婚を可能とした。また、1791 年憲法は州や都市、教会の諸組織、三身分、同業組合、特権会社、官僚機構など何らかの特権を持つ法認された多種多様な中間団体（社団）を解体し、地方行政を人口や経済規模を基準に「均質に」分割した県制度に再編し、パリの国民議会と政府に一元的に結びつける中央集権的な統治システムを確立した。こうして近代的機構を備えた国民国家のかたちを作り出したのである。

　こうした革命の特徴の一部は、オーストリア、プロイセン、ロシアあるいはスペインなど革命前のヨーロッパ各地で実施された諸改革にも見ることができる。宗教的寛容、軍制改革、行財政改革、教育改革、農奴制緩和、封建的特権廃止、自由経済推進などが各国の君主やその側近たちの主導によって進められた。こうした「上からの近代化」を進めたヨーゼフ 2 世、フリードリヒ 2 世、エカチェリーナ 2 世といった人々を「啓蒙専制君主」と呼ぶように、こうした近代化政策の思想的基盤は 18 世紀にヨーロッパ各地に伝播した啓蒙思想にある。啓蒙思想は社会契約論のトマス・ホッブズや寛容論のジョン・ロックを直接の祖型とするが、そもそも 14 世紀のルネサンスによるユマニスム、15 世紀大航海時代の幕開け以降続く非ヨーロッパ世界との邂逅、そして主に 16 世紀の宗教改革と宗教戦争などを重要な画期とする長い流れの中で、キリスト教の「神の摂理」を前提とした聖書的世界理解に代わって、人間が知的主体として、理性を基準に世界を、人間自身を再理解していこうとする知的運動といえるだろう。必然的に、啓蒙は既存の聖俗の権威や社会体制、慣習や伝統をも再検討する傾向を持ち、一面では、それまでの封建的軛に囚われた人間を「解放する」自由主義的特質を帯びた社会変革につながった。反面、フリードリヒやエカチェリーナといった大国の君主が、単なる人道主義的な精神で改革に邁進したと考えることは難しい。そこには、ヨーロッパ「主権国家」間の対立の激化という時代背景があった。各国の諸改革、「近代化」とは主権国家の強化という側面も持つのである。

　上からの近代化の中で軍制改革や行財政システムの合理化（中央集権化）が目立つのはこのためである。しかし、例えば一部の啓蒙専制君主に見られ

る宗教寛容令はどうか。これは中世以来ヨーロッパ社会に大きな影響を及ぼしてきたカトリック教会の力を削ぐことによって、世俗の権力、君主権を相対的に強化することにつながり、また同時に、国家権力が各宗派に信仰の自由を保障することを通じて、宗教を契機とした対立や分裂を防ぎ、国内の秩序と統一を確保・強化する意味を持った。さらに封建的特権の廃止についても、しばしば君主権に対抗する勢力であった国内の聖俗大諸侯の力を削ぐ目的にかなったし、農奴制の緩和や廃止は、それ以外の経済諸分野における「自由」の実現と同様に生産効率を上げ、経済の活性化を国力の増大につなげると同時に、農奴を使役する聖俗諸侯の実力を減衰させる意図もあった。

　フランス革命が成し遂げた諸改革についても、自由や平等の保障を通じた人間の「解放」という側面と同時に、主権国家フランスが、激化する国際競争、とりわけ宿敵イギリスや新興国プロイセンとの争いに生き残るための国家の力の強化という側面もあった。革命が結局のところ国民国家の創造を目指したことも、この近代化の両面を考慮しなければ十全に理解することは難しい。既述のように、フランス革命はその最初期に「アンシャン・レジーム」の根幹を形成していた国家の社団的編成を破壊し、立法権を担う議会を中心とした中央集権的で均質な行財政、司法システムを確立する。それは自由で平等な社会からなる国家を作り人間の解放を実現する一方で、当時2700万といわれたフランスの人口を余すところなく掌握し、国力として転じることのできるシステムを作り上げることでもあった。1792年9月、第一共和政の公式の標語となる「単一にして不可分な共和国」というスローガンに込められた意味は、この両面を持つことを確認しておきたい。その意味では、人権宣言第3条で明記される「国民主権」も二重の意味で理解されるべきだろう。立憲主義と議会制度を主要な基盤としたデモクラシーの実現。これは、主権者の声を間接的にであれ国政に反映する回路を国民が確保し、国政の主体となって国家権力から人間の基本的諸権利を守り、生活の安全と幸福とを実現する手段を手に入れたことを意味する。しかし他方で、選挙を通じて誕生する国民議会が発する法律は、すなわち国民自身の意志として、従来の「絶対君主」の王令とは比較にならないほど強力に国民一人一人を拘束することになる。「近代」が生み出した国民国家とはすなわち、この

不可分の二面性を備えた国家体制であったことを現代の私たちも忘れてはならない。

3. 自由主義的諸改革と国家の近代化

　主に19世紀に入ってヨーロッパ諸地域で見られた近代化、自由主義的色彩を持つ諸改革とは、総じて以上のような性格を持つが、そのきっかけとなったのは、フランス革命が生み出したナポレオンによる戦争と帝国支配だった。例えば18世紀末、ドイツには314の領邦国家、1475の帝国騎士領が分立していた。プロイセンやオーストリアのナポレオン戦争での度重なる敗北によって、ライン左岸地域は仏領として併合、97の聖俗領邦が廃止され、フランスの四つの県として再編される。ライン右岸地域は112の領邦国家、41の帝国都市、1475の帝国騎士領すべてが廃止され、バイエルン王国、ヴュルテンベルク王国、バーデン大公国といった中核領邦国家に吸収合併されていった。ナポレオンに対する屈辱的な敗北と暴力的なまでの領土再編が、ドイツの統合を前進させた側面は否定できない。さらにこの敗北を教訓として、中核的な諸国家においては、近代化に向け、立憲主義を基礎としたデモクラシーの確立、貴族の封建的諸特権の廃止、宗教的寛容、官僚機構の整備と行財政システムの中央集権化といった諸改革が進んだ。国家予算の3倍もの賠償金を課されたプロイセン王国では、シュタインとハルデンベルクの主導によって、財政改革、営業の自由や農奴解放を含む経済改革、地方行政改革、内閣制の確立、国民軍創設に向けた軍政改革が進んだ。

　スペインで展開した自由主義的な改革運動も、きっかけはナポレオンのスペイン侵攻である。ナポレオンは1807年、ポルトガル攻略を足場としてスペインの各都市を制圧していく。フランス軍に対する劣勢の中1810年9月にカディスで開催された会議にはスペインとスペイン領植民地からの代表者が集った。そして1812年3月、スペイン史上初の自由主義的性格を持った憲法が起草される。国民主権、立憲主義（立憲王政）、三権分立、男子普通選挙による議会、出版の自由の承認などを謳っている。ポルトガルでは、ナポレオン侵攻によって女王マリア1世のブラジルへの逃亡を余儀なくされ

るなどしばらく混乱が続くが、1820年1月にポルトを中心に勃発した革命をきっかけとして、国王ジョアン6世による立憲王政、国民主権、出版の自由などを規定した1822年憲法の制定を見ている。1825年にロシアで勃発した、いわゆる「デカブリストの乱」は1812年のナポレオン戦役に従軍し、フランス他ヨーロッパ西部諸国の自由主義思想に触れ、またロシア軍に参加した貧農たちの悲惨な境遇に同情した貴族将校たちが全面的な国政改革を求めた運動である。立憲王政ないし、一部では共和政を求める声も上がり、憲法制定、経済改革、農奴解放、司法・行政改革、教育改革などをこの運動は目標としたが、計画性に欠け大衆の支持を得られぬまま挫折する。ただこれもまたフランス革命、ナポレオン戦争の延長線上に出現したヨーロッパ諸国における近代化への動きの一つに数えられよう。

　ナポレオン体制は1814年に崩壊し、オーストリア宰相メッテルニヒが主導して成立したウィーン体制は「正統主義」を掲げて、ヨーロッパをフランス革命以前の状態に戻そうとする復古的性格を帯びる。フランスでは革命で滅びたブルボン王朝が復活するし（復古王政）、そのフランス国王軍の介入により、1823年にはスペインの自由主義政府が崩壊、フェルナンド7世による反動政治が始まる。しかし、近代化へのうねりが消滅することはなかった。1830年7月にはパリで再び革命が起こり（七月革命）、復古王政が崩壊、「フランス人の王」を自称するルイ・フィリップによる七月王政が始まる。この王政の反動化により再度パリで起きた1848年の二月革命は第二共和政を成立させる。この体制自体は安定した秩序を確立できず、やがてナポレオンの甥ルイ・ナポレオンによる帝政（第二帝政）を招くが、ここで重要なのは、以上のような自由主義的な機運が、やはりフランスだけのものではなかったということである。

　1830年8月、ネーデルラント王国南部のフランス語地域で蜂起が起き、ベルギー独立につながる。言語（フランス語とオランダ語）、宗教（カトリックとプロテスタント）、産業的特性（農業と商工業・金融業）を争点とした南部と北部の対立を背景としている。独立後のベルギーは立憲王政と議会制度の成立、とりわけ産業改革を通じた近代化に邁進することとなる。同年11月に起きたワルシャワ蜂起も自由主義運動の一つといえるだろう。こ

の頃、ロシア帝国の支配下にあったポーランド立憲王国は、当初有していた
自治権を奪われ、1791 年 5 月に制定された民主的な近代憲法も踏みにじら
れた。蜂起はこうしたロシアの抑圧に対する抵抗だった。

　1848 年 2 月のパリの革命の後には、例えばイタリアではオーストリアか
らの独立を目指した運動が起きるし、9 月にはスイス連邦が独立し、連邦議
会を中心とした共和政を確立する。ドイツでも極めて大きなリアクションを
呼び起こした。3 月から 5 月にかけてウィーンでは市民、学生、手工業者た
ちが宮廷を包囲し、メッテルニヒは亡命、ウィーン体制が完全に崩壊する。
皇帝フェルディナント 1 世は市民の要求を飲み、出版の自由を認め、憲法
制定国民議会の開催を約束している。メッテルニヒ亡命のニュースが伝わっ
たベルリンでも革命が起きる。市民と王宮守備隊との戦闘を受けて国王フ
リードリヒ・ヴィルヘルム 4 世が譲歩し、検閲の廃止と出版・言論の自由
の承認、憲法制定を約束している。

4. 国民の創造と民族主義の台頭

　オーストリア宰相メッテルニヒが主導したウィーン体制が抑え込もうとし
たのは自由主義的な運動だけではなく、しばしばそれに付随する民族主義的
な運動でもあった。「民族」もまた、原理的には人工的な構築物だが、言語
や宗教、習慣といった文化的共通項をベースとして国家の統合を図ろうとす
る動きが 19 世紀に目立って増大する。1861 年、サルディーニャ王国が他
の諸邦を併合するかたちで一応の達成を見たイタリア統一運動（リソルジメ
ント）には、「イタリア人」の統一国家を作るという民族主義的発想があっ
た。実際には、統一時点でイタリア語を日常的に使用している「イタリア
人」は全体のわずか 2.5％だったとされているが、イタリアはその後も「イ
タリア人居住地域」を「回収」しようとする方針を維持する。

　19 世紀後半まで続くドイツ統一への一連の動きは、民族主義を伴った国
民国家創造・強化への傾向をわかりやすく代表している事例の一つだろう。
ナポレオンに占領されたベルリンで行われた講演で、フィヒテはドイツ語を
共通項とする「ドイツ国民」を構想し、そのための教育を重視した。その後

も例えば 1832 年のバイエルン王国プファルツで行われた「ハンバッハの祭典」に集った知識人、農民、学生らによって国民主権、共和政など自由主義的な要求とともに「ドイツの統一と自由」が掲げられたし、1848 年フランクフルトで開催された国民議会の中心テーマもドイツ統一であった。この時点では理念的なものに過ぎず挫折するが、統一への動きは世紀後半にかけて加速する。

　1864 年に勃発したシュレースヴィヒ・ホルシュタイン両公国をめぐる戦争は、ドイツ系住民が多くを占めるこの地域を、デーン人国家デンマーク王国が併合したことに端を発している。プロイセンはオーストリアと同盟してデンマークとの戦争に勝利し、結果としてこの地域をプロイセン領として統合している。オーストリアでは、支配層を形成していたドイツ人と、国内のマジャル人（ハンガリー人）との「妥協（アウスグライヒ）」の結果、1867 年、同君連合であるオーストリア＝ハンガリー帝国が成立する。これは多民族国家オーストリア帝国内で、民族主義的動きを抑制できなくなりつつあることの現れであった。

　1862 年にビスマルクが宰相となったプロイセンは、宿願である「ドイツ統一」の中心となる。この点で 1834 年に結成された「ドイツ関税同盟」の存在は大きい。すでに 18 世紀に産業革命を成し遂げたイギリスの産業資本に対抗するために結成された経済共同体だが、経済学者フリードリヒ・リストが構想したように、ドイツ人の国民共同体の基盤となった。この関税同盟を基礎に、1867 年にプロイセンが中心となって、22 の領邦国家からなる政治同盟「北ドイツ連邦」が成立する。1870 年に勃発した普仏戦争とその勝利は、バイエルンやヴュルテンベルクといった南部諸邦をも結集させ、1871 年 1 月ドイツ帝国が成立する。ただし「ドイツ統一」はひとまず制度的に成し遂げられたに過ぎない。地域的な分権性は明らかであり、だからこそ、皇帝・帝国議会・帝国宰相・帝国憲法を中心としつつも、諸邦独自の憲法や政府を認める連邦主義的な体制をとった。その一方で国民国家は、基本的には「単一不可分性」をなんらかのかたちで志向する。ドイツにおいても「ドイツ国民」の同質性を高めることが政策的な課題となった。軸はやはり「ドイツ語」である。公共機関や学校教育での「ドイツ語」の排他的使用と

教育は、とりわけ国内のポーランド人居住地域におけるポーランド語の排除とドイツ語の強制として現れ、このことがむしろ「ポーランド人」の民族意識を生成、増大させることになる。

　ところで、19世紀後半のフランスで、言語学者、宗教学者であったエルネスト・ルナンは、国民を結集させるものは種族や言語、宗教などではなく、「共に生活しようという意志」と「豊かな記憶の遺産の共有」だと述べた。この主意主義的なフランスの国民観は、例えば「ドイツ語」という民族語を重視するドイツの国民観に比べて開放的であるかのように論じられることもある。しかし、1882年のルナンのこの言葉は普仏戦争での敗北によってドイツに併合されたアルザスとロレーヌ両地方の奪還を使命として、やはり国民国家の創造、強化に邁進していたフランスの事情を背景としている。言語的にドイツに近いアルザスをフランス領とするためには、国民の帰属の問題を言語と切り離さなくてはならなかったのである。実際、フランスにおいても「フランス語」による同質性の構築はフランス革命期に明確に意識され、19世紀前半から断続的に推進され、特に1870年に始まる第三共和政下で、学校教育におけるフランス語の排他的使用という政策を通じた地域語の駆逐を通して進められていくのであり、国民国家創造における民族的特質の重視という点では、フランスもまたこの時代の大きな潮流の中にあったといえよう。

5. 帝国主義の興隆

　ヨーロッパ諸国間の勢力均衡を重視したウィーン体制が崩壊した19世紀半ば以降、各国の争いの場はヨーロッパ外でも展開することになる。主権国家の領域を越えて他国、他地域に政治的・経済的な支配や影響力を拡大していくこうした運動を帝国主義と呼ぶ。ここでは次のことを強調したい。イギリス、フランス、ポルトガルやスペインに続き、ドイツ、ベルギー、イタリアなどヨーロッパ列強の海外への植民地拡大は、ヨーロッパにおける国民国家の創造と強化というプロセスとほぼ同時並行的に進んだ。帝国主義とは結局のところ、国民国家間の生存競争の一環だったからである。列強は、原

料や労働力・兵力の供給地、また農業産品や工業製品の販路、そして余剰資本の投資先として植民地の獲得、拡大と活用を目指した。また、植民地の獲得・喪失は国家の威信に直結し、ナショナリズムを強く刺激することにもなった。さらに、帝国主義的膨張は様々なメディアの発達に伴って、一般的なヨーロッパ人がこれまでとは比較にならない範囲、頻度で「非ヨーロッパ的他者」と出会う機会を作り出した。植民地支配を必然的に伴う「非ヨーロッパ的他者」への認識の形成が、とりわけ国民としての帰属意識（ナショナル・アイデンティティ）の育成、強化と同時進行したことが、ヨーロッパ人のアイデンティティ、自他認識のあり方に大きな影響を与えた。今日まで続くレイシズムの問題は、このことと決して無縁ではない。

　ヨーロッパ帝国主義を代表する国家は、19世紀から20世紀にかけて世界最大の植民地帝国を築いたイギリスであろう。イギリスは、17世紀前半から東インド会社を通してインドを植民地支配し、当初は主にインド産の原綿、茶、藍、硝石やジュートなどの原料や、繊維を中心とした工業製品をインドから輸入していたが、1857年に勃発した第一次インド独立戦争を契機に、当時のヴィクトリア女王がインド帝国の初代皇帝に即位し、イギリスがインドを直接、すなわち公的に支配する体制が確立する。これ以降、イギリスによるインド支配の要となったのが鉄道敷設の本格化であった。従来の家畜に代わって穀物や様々な工業製品の原料、また軍隊を運ぶ輸送ネットワークとして鉄道の重要性はもともと認識されていたが、敷設に伴う莫大な資金調達が東インド会社には難しかった。イギリスによる直接支配の開始によって鉄道敷設事業への信用が高まり、ロンドン金融市場を通じて国内外の投資家や公的機関、銀行から資金が集まった。年率3.5％ともいわれた高い利率もあって事業自体は毎年赤字を計上していたが、この赤字はインド住民への増税によって補填された。インドの沿岸部と内陸部を結ぶ鉄道の高い輸送効率は、結果としてインド全体での輸出用作物生産の増大を招き、インド住民のための食糧自給率を著しく低下させた。インド各地に存在した地域固有の伝統工芸も衰退し、地域産業、自立経済が破壊され、いわゆる「低開発」構造を作り出したのである。一連のプロセスの結果の一つが、1850年代から頻発するようになる大飢饉である。1947年のインド独立までの約1世紀の

間にインド人餓死者は実に5000万人に上るとされている。他方で、イギリス経済は大きく成長し、イギリスのみならずヨーロッパの金融資本家が富裕化した。国家の公的信用をベースとした大量投資と、内陸にまで及ぶ鉄道敷設を通した植民地支配、植民地経営の手法は、その後ヨーロッパ各国が模倣することになる。例えば、ベルギーの「コンゴ自由国」における天然ゴム生産、銅鉱山開発を支えた鉄道敷設がそれだ。コンゴ自由国の領域には1885年の建国時3000万人が住んでいたとされるが、苛烈な支配によって20世紀初頭の段階で900万人まで激減する。コンゴでの苛烈な植民地支配の実態はイギリスやフランスで世論の批判を生んだが、こうした支配は、実は英仏を中心としたヨーロッパ列強間の激しい駆け引きの結果でもあった。

　19世紀後半、産業革命を経て列強の一角に加わりつつあったベルギーは、イギリスやフランスの支配が依然及んでいなかったアフリカ中部コンゴ川周辺に野心を持ち、冒険家ヘンリ・スタンリを派遣、調査を行う。これに反発し、コンゴ川河口付近に派兵したポルトガルをイギリスが支持し、ベルギーの背後にはフランスがつく。ヨーロッパ諸国間の対立がアフリカを舞台に展開するのである。ドイツのビスマルクがこの対立の仲裁役となり、1884年から翌年にかけてベルリンで会議を主催、列強間の争いを調停しつつ、今後のヨーロッパ諸国間によるアフリカ分割のルールを取り決めた。仏領コンゴやポルトガル領アンゴラが成立し、ベルギー王室の私領として「コンゴ自由国」が承認されたのもこの国際会議においてである。アフリカの現地住民たちの意向が完全に無視されていたことはいうまでもない。

　ヨーロッパ諸国間の争いがヨーロッパ外でも展開した、その象徴的な事件の一つが1898年アフリカのスーダンで起きる。当時イギリスは、アフリカにおいては北部のエジプトと南部のケープ植民地（南アフリカ）を接続するようにして勢力拡大を図っていた。他方フランスは、アルジェリアなど北アフリカを押さえつつ、セネガルやマリを中心とした西アフリカ植民地と、ジブチを中心とした東アフリカを結ぶ地域を支配しようとしていた。1898年、エジプトからナイル川沿いに南下するイギリス軍と、ウバンギ川を経由して東進するフランス軍が、ナイル川河畔の町ファショダで遭遇、軍事衝突の危機を迎える。しかし、特にドイツの脅威を意識し、イギリスとの関係を重視

したフランスの外交的判断によって衝突は回避された。イギリスの「アフリカ縦断政策」が完成する一方、イギリスはフランスに対して北アフリカ・モロッコにおける優先権を承認し、アフリカ大陸東方のマダガスカルの領有権も認める。この事件が重要なのは、これを契機として英仏が接近し、ドイツに共同で対抗していく第一次世界大戦の基本構図ができあがるからでもある。ドイツでは、1890年にビスマルクが実質解任されるに等しいかたちで宰相の座を辞してのち、ヴィルヘルム2世が実権を握っていた。特にロシアとの宥和を図りつつ、フランスの国際的孤立を維持してきたビスマルクの方針を転換し、ヴィルヘルムはその帝国主義的野心を隠さなかった。1905年と1911年の二度にわたって起きたモロッコをめぐるフランスとの争いは、ヴィルヘルムの外交スタンス、植民地政策の本質をよく表していよう。結果から見れば、ドイツは実質的な成果を得られなかった一方、フランスのモロッコ支配を確立させ、同時に英仏の結びつきを強め、ドイツの国際的孤立を生み出すことになった。

6. 二つの世界大戦

　第一次世界大戦の発火点となったのは、とりわけセルビアやモンテネグロ、ボスニア、ヘルツェゴヴィナといったスラヴ系諸民族の自治権獲得・拡大ないし独立を求める動きが19世紀前半から活発になってきたバルカン半島であった。不凍港を求めて南方への支配拡大を狙う一方、バルカン半島におけるスラヴ民族主義を「汎スラヴ主義」を旗印にバックアップするロシア帝国、このロシアを警戒しつつ自身の影響力が低下するバルカン半島でのプレゼンスの恢復を図るオスマン帝国、やはりバルカン半島への領土的野心を持つオーストリア＝ハンガリー帝国と、これを後援するドイツ帝国、さらには、とりわけロシアの南下政策を警戒するイギリスと、対外的野心を隠さなくなったドイツへの警戒を強めるフランス。これらのアクターたちの利害の衝突は、例えば1853年から1856年のクリミア戦争、1877年から1878年の露土戦争などですでに表出していた。

　1908年10月、スラヴ系住民が多数居住するボスニア、ヘルツェゴヴィ

ナを併合したオーストリア＝ハンガリー帝国と、これに猛反発したセルビア
との関に緊張が高まっていた。1914 年 6 月、ボスニアの首府サライェヴォ
を訪問中のオーストリア皇太子夫妻がセルビア人青年によって殺害された。
オーストリアのセルビアに対する 7 月 28 日の宣戦布告が第一次世界大戦の
開始とされるのは結果論に過ぎない。開戦当初は、一般市民はもちろん政
治指導者レベルでも、この戦争がのちにそう呼ばれるほどに大規模化、長期
化するとは考えてもいなかった。結果としてオーストリア＝ハンガリー側に
立ったドイツ、トルコなど「中央同盟国」と、セルビア側に立った英、仏、
露他からなる「連合国」との間で戦端が開かれ、アジアにおけるドイツの
権益を狙った日本や、「未回収のイタリア」統合を目指すイタリアが参戦し、
また英仏を中心とするヨーロッパ各国の植民地の人々も兵力や労働力として
戦争に巻き込まれていく。

　長引く戦争に疲弊したロシアでは 1917 年に二月革命が勃発、ロマノフ朝
が滅亡し、次いで十月革命によってボリシェヴィキ（のちのソ連共産党）が
権力を掌握し大戦から離脱する。一方で、モンロー主義（相互不干渉主義）
を方針としていたアメリカ合衆国は、特にドイツの無制限潜水艦作戦による
反独感情や、英仏への投資金回収不能への懸念を背景として、1917 年 4 月
英仏側で参戦する。合衆国参戦が決定打となり、1918 年秋にはドイツ帝国、
オーストリア＝ハンガリー帝国が崩壊、11 月 11 日に休戦協定が結ばれ、大
戦はようやく終結する。4 年余りの間に兵士だけで 900 万〜 1300 万人、民
間人を合わせると最大で 2600 万人の命が失われた。

　戦後は平和構築とその維持のために様々な措置がとられる。合衆国大統領
ウッドロウ・ウィルソンの「十四箇条の平和原則」はその代表例だろう。し
かし、それらの努力もむなしく、再びヨーロッパを中心とした世界戦争が不
可避となっていく。第二次世界大戦の原因は当然複数あるが、その最も重要
な一つは、第一次世界大戦の戦後処理にあるだろう。1919 年 1 月から開催
されたパリ講和会議は、英仏米などの戦勝国によるドイツに対する講和条件
が議論された。当初はドイツに過度の屈辱、負担を与えるべきではないと考
えていた英米だが、対独復讐心、警戒心を露わにするフランスに歩み寄らざ
るをえなくなった。結果として 6 月に締結されたヴェルサイユ条約は、ア

ルザス、ロレーヌのフランスへの割譲、ラインラントの非武装化、軍備制限、海外植民地放棄、ザール地方炭鉱のフランスへの譲渡などドイツにとって苛酷なものとなった。1921年5月に決定された賠償金は実に1320億マルク、戦前のドイツ国民総所得の約2.5倍という巨額に上った。マルクは暴落し、早くも一年後にはドイツは最初の支払い困難宣言を余儀なくされる。これを受け、フランスとベルギーの連合軍がルール地方を軍事占領すると、これはドイツのナショナリズムを強く刺激した。敗戦の屈辱感、経済不況とナショナリズムの高揚。全体主義的な国家を構想し、ドイツ民族の統一と反共産主義、反ユダヤ主義を掲げる国家社会主義ドイツ労働者党（略称はナチ）が徐々に台頭してくるのは、こうした情勢下においてであった。

　アドルフ・ヒトラーとナチスが主導するドイツは、1939年9月1日、ポーランドに侵攻する。英仏がドイツに宣戦布告して第二次世界大戦が勃発する。当初はドイツの攻勢が目立った。1940年に入るとノルウェー、オランダ、ベルギーに侵攻し、6月にはパリを陥落させてフランスを降伏に追い込む。同時期、イタリアがドイツの側で参戦する。ドイツは続いてイギリスに照準を定めるが、このイギリス本土上陸作戦の挫折が最初の大きなつまずきとなる。9月下旬日独伊軍事同盟を結んだ上で、翌年6月、ドイツ軍は相互不可侵条約を破棄してソ連に侵攻する。1943年初頭まで続いたスターリングラード攻防戦でのドイツ軍の大敗北が、第二次世界大戦の趨勢を決するポイントとなった。同年7月にはイタリアが戦線を離脱し、ソ連軍は東から大攻勢を開始する。そして英米などの連合軍が1944年6月に北フランスのノルマンディに上陸を果たし、8月にはパリが解放され、ドイツは東西から挟撃されることになった。最終的には1945年4月30日ヒトラーが自害し、5月8日ドイツの無条件降伏をもってヨーロッパでの戦闘は終わる。8月6日に広島への、9日には長崎へのアメリカ合衆国による原子爆弾投下を経て、日本も8月14日に連合国側の降伏勧告（ポツダム宣言）を受諾し、翌15日に国民に公表した。こうしてアジア太平洋地域での戦闘も終息する。9月2日戦艦ミズーリ艦上で行われた日本の降伏文書調印・発効によって、6年にわたった第二次世界大戦が終結した。

　ところで、ナチス・ドイツによるホロコースト＝ユダヤ人大量虐殺に触れ

ないわけにはいかないだろう。組織的・計画的にユダヤ人の絶滅をはかったジェノサイドである。1941 年頃までのユダヤ人迫害の基軸はその追放と隔離にあった。しかし、とりわけ独ソ戦の膠着によって政策の転換を余儀なくされ、1942 年頃からユダヤ人は各地の収容所に輸送、収監され、強制労働や極度の栄養失調という苛酷な環境下での餓死、病死、また銃殺による処刑やガス室での毒殺などによって殺害された。最終的にナチによるユダヤ人虐殺の犠牲者は最大で 586 万人ともいわれる。こうしたホロコーストがナチズムによる歴史的犯罪であったことは明らかだが、その一方で、この大虐殺の基底にある反ユダヤ主義はドイツだけのものではない。特に重要なのは、近世以前より存在した宗教差別としてのユダヤ教徒への迫害とは別に、「人種」ないし「民族」としてのユダヤ人への差別と迫害が、特に 19 世紀中庸以降ヨーロッパ各国で出現することである。例えばロシアにおける反ユダヤ主義は根深い。1881 年のアレクサンドル 2 世の暗殺はユダヤ人によるものという噂をきっかけとしたユダヤ人迫害は 1884 年まで続く。1903 年から 1906 年にかけて断続的に起きたユダヤ人虐殺では数千人が犠牲になり、ユダヤ人の国外脱出と、いわゆるシオニズム（イスラエルへの帰還）運動を惹起している。フランスでは、1894 年にユダヤ人将校アルフレッド・ドレフュスをめぐる冤罪事件が起き、フランス社会に深く根を下ろす反ユダヤ主義の存在が露わとなった。そもそも、1886 年にエドゥアール・ドリュモンが刊行した反ユダヤ的プロパガンダの書『ユダヤ的フランス』はフランスで大ベストセラーとなり、ナチズムにも大きな影響を与えている。1940 年以降ドイツ占領下のフランスで行われたユダヤ人、ユダヤ系フランス人への迫害は、必ずしもドイツによる強制でやむなく実行されたとはいえないのだ。

　第二次世界大戦についても、ヨーロッパ人が茫然自失となった第一次世界大戦の惨禍をさらに圧倒的に上回る被害が報告されている。1 億人を超える兵士が動員され、そのうち最大で 3000 万人の兵士が犠牲になっている。民間人の犠牲者数はこれを大きく超え、5500 万人が犠牲になったという試算もある。戦後ヨーロッパの現代史は、この悲惨な経験を出発点として進んでいく。

7. おわりに ── 世界大戦に見る「近代ヨーロッパ」

　膨大な犠牲者を出した二つの世界大戦について考えるなら、「総力戦」について触れておかなければならない。総力戦を支えたのは三つの「動員」だった。

　第一に人の動員である。各国が徴兵制を敷いたことで、傭兵ないし常備兵という職業的軍人とは異なる一般市民、（一定の訓練を経ているとはいえ）戦闘の素人が戦場に溢れたことを指摘できよう。戦死した場合はもちろん、戦傷によっても元の労働に戻れなくなる市民が激増し、戦中、戦後の各国で男性労働者が不足し、武器弾薬や軍服、その他様々な製品の工場労働者として女性が動員された。これは結果として戦後社会における女性の権利獲得につながる。青壮年期の男性を大量に失ったことで出生率の低下にも苦しみ、人手不足となった各国は国外からの移民を受け入れた。特に広大な植民地を領有したイギリスやフランスでは、労働者や兵士としてアジアやアフリカの現地住民の動員も起きた。

　第二に原料、物資などの動員である。食糧はもちろん、石炭、石油、鉄鉱石、綿などの工業原料はすべて戦争のために優先的に使用され、物資の配給制が敷かれる。第一次世界大戦中に経済封鎖されたドイツなどはその典型だが、特に農地が戦場化して荒野と化したロシアやフランス、バルカン半島の一部でも戦中、戦後に飢饉が起きた。寒さを乗り切るための燃料、家畜や衣類、医薬品なども戦場に優先的に供給されたため、栄養失調に陥り、疫病に罹患して命を落とすケースも少なくなかった。

　最後に科学、文化の動員である。二つの大戦では兵器が劇的に進化する。第一次世界大戦は「ステッキの将校と騎馬隊」で始まり、第二次世界大戦は原子爆弾で幕を閉じたのである。両大戦を通じた大型火器や毒ガス・毒マスク、戦車、機関銃、戦闘機、潜水艦、レーダー技術、そして核爆弾の開発、改良は、産業化の進展と同時に科学者たちの協力なしにありえないが、逆に戦争の遂行が各国の産業化と科学技術の進歩をいっそう進めた。文化や芸術に携わる人々も戦争への奉仕を求められた。その最たる例が国民結集のプロ

パガンダのために作られた映画である。第一次世界大戦当時から合衆国のハリウッドでは戦意高揚のための映画が撮られていた。1935年のレニ・リーフェンシュタール監督の『意志の勝利』は、高い芸術的価値があったからこそナチのプロパガンダとしても有効に機能した。

　二つの世界大戦は、兵士として徴集された一般市民男性はもちろん、それまでなら文字通り「銃後」にいたはずの女性や子どもを主体とする非戦闘員までも容赦なく犠牲にした。第一次世界大戦で登場した戦闘機による市街地空爆は、第二次世界大戦では各地で一般的になり、無数の非武装市民が犠牲になった。原爆投下はその究極だろう。しばしば都市そのものを完全に破壊した市街戦では、彼らもまた武器を取り死んでいった。命が失われないまでも、食糧や医薬品など物資の不足は参戦国の人々の生活全体を覆い、人口構造や社会のあり方自体を変えた。これがヨーロッパ近代が生み出した新しい戦争のかたち、「総力戦」である。近世までの戦争は王侯貴族や王家の財産規模、傭兵などリミットのある人的リソース、これらの制約を必然的に受けていた。しかし近代が生み出した「国民国家」の戦争は、原理的にはその国家の物質的、人的リソースが蕩尽するまで継続可能となる。それは「国民自身の戦争」だからである。「前線」と「銃後」の区別がなくなるのもその意味では必然だった。大量破壊兵器の開発や製造、武器弾薬や食糧他物資の補給、それらを長期にわたって支えるのは、国民国家の合理的な近代的統治機構と国家にアイデンティティを持つ国民の意識と意志である。ドイツのナチやイタリアのファシストによる独裁体制も、選挙というデモクラシーのシステムを通して生まれた。そこに暴力が伴ったとしても、デモクラシーを基盤として行使される権力は、それ以前とは比較にならないほど強力な正当性と、それゆえの動員力を持ったのである。

■主要参考文献

　ヨーロッパ近代史にはわかりやすくまとめられた名著が多い。一般的な概説としては福井の①や③を勧めるが、②や⑤は注目が集まりがちな西欧のみならず、

ロシアやポーランドといった東欧やイタリアなどの南欧の地域、国家の専門家が関わっており、「ヨーロッパ」の多様性を知るには格好の書といえるだろう。④は近代ヨーロッパ政治史の必読書として参照されることが多い。⑥は西洋史のみならず東洋史、そして日本史の専門家が多数執筆し、また時代範囲も近代に限らない。「ヨーロッパ近代」という時代が、当然時間的にはその前後とのつながりの中で捉えられなければいけないということとともに、空間的にも、それ以外の地域、とりわけアジア諸地域といかに連関していたか、ヨーロッパ史を考える上での新しい視点を得られると思うので、是非読んでほしい。

① 福井憲彦『近代ヨーロッパの覇権』講談社、2008 年。
② 谷川稔、鈴木建夫、北原敦、村岡健二著『近代ヨーロッパの情熱と苦悩』中公文庫、2009 年。
③ 福井憲彦『近代ヨーロッパ史』ちくま学芸文庫、2010 年。
④ 君塚直隆『近代ヨーロッパ国際政治史』有斐閣、2010 年。
⑤ 小山哲他編著『大学で学ぶ西洋史　近現代』ミネルヴァ書房、2011 年。
⑥ 南塚信吾他編著『新しく学ぶ西洋の歴史―アジアから考える』ミネルヴァ書房、2016 年。

戦後ヨーロッパ政治史

河﨑　健

1. 戦後体制のスタート

1. 1. 戦後の西ヨーロッパ

　1940 年代中盤にナチス・ドイツ打倒後の再建で合意した西側（米英仏）とソ連（現ロシア）であったが、第二次世界大戦後、米ソの対立は激化、それぞれが資本主義と社会（共産）主義国家による陣営を構築して対峙する冷戦体制となったのである。両陣営が直接向かいあう地域はアジアでは朝鮮半島、ヨーロッパではドイツだったのだが、そのドイツは戦後資本主義陣営の米英仏、社会主義陣営のソ連に占領されていた。1949 年、前者の占領地帯がドイツ連邦共和国（西ドイツ）、後者がドイツ民主共和国（東ドイツ）として別々に建国、ドイツは分裂状態となったのである。

　第二次世界大戦後、世界各地で欧米の植民地が相次いで独立した。その際、宗主国とのいさかいや米ソ冷戦の影響を受けた国内諸勢力の対立が起きるなど、局地的な紛争は絶えることがなかった。しかし第二次世界大戦後の西ヨーロッパからは（両ドイツの分裂という事態はあったが）、そのような深刻な紛争は姿を消したといっていいだろう。

　政治体制の面でも 1970 年代まで独裁政権の続いたスペイン、ポルトガル、ギリシャを除けば、西ヨーロッパではデモクラシー（民主体制）が定着したのである。

　他方、第一次世界大戦後に始まった福祉国家化は第二次大戦後に本格化した。終戦前の 1942 年に公表されたイギリスのベバリッジ報告では、全国民が社会保障制度の対象になるような制度の構築が謳われており、事実、戦後

イギリスでは、全国民に「ゆりかごから墓場まで」と呼ばれる福祉国家制度が提供されるようになった。1950年代の高度経済成長も幸いし、西ヨーロッパ各国では雇用の伸びも堅調に推移し、人々はまもなく豊かさを享受するようになる。冷戦で対峙する共産主義陣営は、資本主義社会が招く弱肉強食的構造を糾弾したのだが、西ヨーロッパでは福祉国家の発達により社会主義的な平等思想も交えた、いわば修正資本主義ともいえる体制が確立したのである。もっともこのような福祉国家の拡充は必ずしも西ヨーロッパの「社会主義」系の陣営、社会民主主義政党などだけによるものではない。保守系やキリスト教民主主義を標榜する右派系の政党の政権下でも戦後の福祉国家は大きく発展したのである。

　1930年代の経済恐慌下で高揚したナショナリズムはどうだろうか。第二次大戦後の世界では第三世界を中心にナショナリズムの高揚が国家の独立へとつながったのだが、こと西ヨーロッパに限れば、ナショナリズムを抑える、あるいは「飼いならす」ような制度構築が進んだといえよう。戦場となり荒廃した自国の復興には、ある種の愛国心は肯定的に作用したのかもしれない。しかし他国と対決したり、（ユダヤ人など）他民族への蔑視を引き起こしたりするようなナショナリズムは排除されなければならなかった。ナチス政権を生んだドイツでは、反ナチ教育は徹底されたし、国際的には戦争犯罪を際に「人道に対する罪」、「平和に対する罪」といった新たな罪の概念が導入され、民族の大虐殺を行った者は厳しく断罪されたのである。他方で第一次世界大戦への反省から、ヴェルサイユ条約で規定されたような国家に対する重い賠償金は回避された。賠償金を課せられた側（ドイツ）の課した側（フランス）への反発が国民的なナショナリズム感情に結びつく恐れがあるからである。そのため戦後ドイツの戦争責任は、被害を受けた国ではなく被害を受けた人に対して補償するものとなった。

　さらに西ヨーロッパ諸国間の協調体制は国を越えた共同体を構築する構想に発展し、1950年代初頭よりヨーロッパ統合は本格的に発展することになる（「欧州統合とヨーロッパ連合（EU）」の項参照）。

1. 2. 1950 年代・60 年代の西ヨーロッパを取り巻く国際関係

　1950 年代はじめ、冷戦が開始したばかりの西ヨーロッパの安全保障上の課題は、ソ連と共産圏の脅威にいかに対処するかであった。アメリカ合衆国主導で進められた戦後の対共産圏防衛体制は NATO（北大西洋条約機構）の枠内で実施されることになった。NATO には西ヨーロッパの主だった国の他、トルコやギリシャなど、ソ連を封じ込める上で戦略上の要衝を占める国も加盟したのである。西ヨーロッパではソ連軍の西進を防ぐべく、1954年に敗戦国で東西対立の最前線に位置する西ドイツの再軍備が実現した。その頃もうひとつのドイツ・東ドイツでは国家の圧政に反発した国民が、東ドイツ領土の真ん中に位置する、西ドイツ側の飛び地・西ベルリンに逃げ込むことが頻発するようになっていた。そこで 1961 年、東ドイツ政府は西ベルリンを囲むように壁を構築、自国民が西ベルリンに「流出」することを禁止したのである。共産主義陣営と資本主義陣営との緊張関係はすでに終戦直後に「鉄のカーテン」という言葉で表されていたが、この「ベルリンの壁」ができたことでヨーロッパの人々は冷戦の深刻さを再認識したのである。

　しかし 1962 年のキューバ危機が回避された後、東西間の緊張緩和が進んだ。ヨーロッパでは東西ドイツの間で関係改善が実現し、1972 年に東西ドイツ基本条約が締結され、翌 73 年には両国ともに国連に加盟している。そして 1975 年には東西のヨーロッパ諸国を包括する全欧安保協力会議（CSCE）が結成、35ヶ国によるヘルシンキ宣言が発表され、東西の緊張緩和と軍縮のための対話が確認されたのである。

　一方、相次いで独立した旧植民地と西ヨーロッパの宗主国との関係はどうだったのだろう。大英帝国の宗主国として長く世界に君臨したイギリスだったが、第二次大戦中に植民地の国民を大量に戦争に動員したことで、これらの国ではイギリスへの不満がくすぶっていた。加えて参戦の最中に民族運動が盛んになり、終戦後にはインド、パキスタン、ビルマなどのアジア諸国、1950 年代以降にはガーナ、ナイジェリアなどのアフリカ諸国が独立したのである。戦後、覇権的地位をアメリカに奪われたイギリスの凋落の象徴がスエズ出兵であろう。1956 年、スエズ運河地帯を再度掌中に収めるべくフラ

ンス、イスラエルと共にエジプトに出兵したものの、国連で三国の軍隊への撤退要求が決議された。超大国の支持を得られず、やむなく三国は撤退し、スエズ運河の権益を手放さざるをえなかったのである。

　フランスはインドシナ半島の反乱に対して軍隊を派遣したものの平定できずに断念、対処を米国に委ねることになった。北アフリカでは 1950 年代にアルジェリアで反植民地運動が起き、パリでも暴動を誘引し、58 年にはフランスの政治体制が変革され第五共和制が誕生している。その後 62 年にアルジェリアは独立、北アフリカやアジアの他の植民地も相前後して独立したのである。ポルトガル植民地も 60 年代に暴動を発生させた。アンゴラやモザンビークでの植民地戦争に疑問をもった左翼系軍人が 1961 年にカリブ海航行中のポルトガル客船サンタマリア号をシージャック、本国のサラザール独裁政権への反乱を企てたのである。反乱は鎮圧されたものの、左翼系軍人の不満はくすぶりつづけ、1974 年の本国でのクーデター（カーネーション革命）につながったのである。その他ベルギーの植民地だったコンゴは 1960 年に独立している（南米のスペイン植民地は 19 世紀初めに相次いで独立した）。

2. 西ヨーロッパ社会の変化と新たな動き

2. 1. 学生運動の高揚と経済不況

　経済成長と福祉国家の発展により繁栄を享受できるようになった西ヨーロッパ諸国の国民だが、実際にはその恩恵に浴さない人々（移民、後発地域の住民、低賃金労働者など）も存在した。1960 年代以降、高度経済成長が鈍化するとこれらの人々の窮乏が次第に露になってきた。また米国の公民権運動の影響やベトナム戦争反対の声がヨーロッパにも波及、ベトナム介入を続ける米国や、同盟関係にある自国政府に対する反体制運動が各地で巻き起こったのである。この運動の担い手は主に学生などの若者世代であり、反米・反戦運動の背後には西ヨーロッパに蔓延する旧態依然とした権威的な文化や既成の政党・エリートなどへの反抗が見え隠れしていた。運動は至ると

ころで起きたのだが、もっとも激烈だったのは 1968 年フランスの五月革命であろう。学生のみならず労働者も巻き込んだ反対運動は、左翼系政治勢力の荷担などもあり大規模なストライキに発展、最終的には当時の保守系大統領ド＝ゴールの辞任に至ったのである。

1970 年代になるとこれらの左翼系運動家は、既成の左翼政党内で過激化したり、男女同権や環境保護を訴える市民運動を結成・合流したりした。最も極端な者たちは左翼テロ集団と化し、政界・財界の大物の暗殺などを画策するようになった。

この 70 年代には、1971 年の金・ドルの交換停止（ニクソンショック）や 73 年の石油ショックの影響でヨーロッパ各国はスタグフレーションを惹き起こし、経済不況に陥る。1930 年代の世界恐慌時と異なり、関税同盟の普及により相互依存の度合いを高めていた西ヨーロッパ諸国ではあったが、この不況は諸国間の為替制度の連動など、経済制度の収斂の必要性を政治指導者に少なからず認識させるものであった。79 年の欧州通貨制度（EMS）は、欧州の首脳らの危機対処への一つの方法であったのだろう（「欧州統合とヨーロッパ連合（EU）」の項参照）。他方、70 年代不況以降、ヨーロッパで慢性的な問題となるのが失業である。80 年代以降に本格化する産業の空洞化（企業がより安価な労働力を求めて西ヨーロッパから後進国へ工場を移転させることで、国内の雇用が減少してしまうこと）の兆しや、高福祉による労働意欲の減退（潤沢な失業保険で無職でも安定した生活を続けられる）が、その原因として指摘された。

当時、高福祉を支える福祉国家、労働者の権利獲得のため圧力を行使する労働組合、さらには階級構造の固定化による就業者の非流動性など、ヨーロッパ社会の伝統的特質や長年の闘争で勝ち取った権利が一転して構造的な欠陥といわれるようになったのだが、その象徴となったのがイギリスであろう。同国は上記のような福祉国家のもたらした弊害、いわゆる「イギリス病」を患っているがゆえに構造的不況に陥っているというのである。

2. 2. 1980 年代の新たな潮流

福祉国家に甘えて働こうとしない人々を放置することはできないし、規律

ある生活を送るためシステムに変更を加える必要がある——1970年代より
イギリス保守党の一部で高まってきた「イギリス病」対策の波を大きなうね
りにしたのが、1979年にイギリス首相となったサッチャーである。

　サッチャーは一方では規律や道徳を重視し、家族の重要性を説いた。他方
で経済的には自助努力を奨励し、国有企業の民営化を推進したのである。ま
た対外的には当時のソ連を敵視する発言を繰り返し、軍拡などにも力を注い
だ。このような、外交・文化政策面での強い国家の推進と経済政策面での市
場経済重視（「新自由主義的経済政策」）のスタンスは当時、新保守主義（21
世紀の米国のネオコンとは異なる）と呼ばれ、サッチャー政権、米国・レー
ガン政権と日本の中曽根政権により実施され、これらの国での経済成長に寄
与、80年代の新たな潮流として注目されたのである。

　ほぼ同じ時期、新保守主義とは別の新潮流も出現した。一つは環境保護
から発したものである。日本同様、西ヨーロッパでも60年代より大気汚染
や水質汚濁が問題化していた。70年代になると大気汚染による酸性雨が北
欧や中部ヨーロッパの森林環境を破壊したり、核兵器への恐怖から核エネル
ギーを使用する原子力発電所の危険性が指摘されるようになると、環境保護
を求める政治運動が活発化してきた。運動の中心的存在は西ドイツの緑の党
である。79年に結成された同党（正式には緑の人々という名称で、反政党
的スタンスを取っている）には60年代の学生運動参加者などが合流し、80
年代には本格的に国政に参加するようになる。86年にウクライナのチェル
ノブイリの原子力発電所で事故が起きると、ヨーロッパ中に核や原発への恐
怖が拡がり、緑の党は西ドイツ以外の国でも発展したのである。

　もう一つの潮流は70年代の不況に端を発する外国人排斥運動である。50
年代の高度経済成長期には「客人」（ゲストワーカー）としてもてなしを受
けた外国人労働者であるが、70年代の不況下で西ヨーロッパが低成長の時
代を迎えると、次第に嫌悪の対象と見られる機会が増してきた。失業率の上
昇もこの動きに拍車をかける。外国人がいるから職に就けないのだ、という
風潮を生み出したのである。このような不満を吸収した右翼系の政党や政治
運動が80年代半ばより各国で台頭するようになってきた。例えばフランス
では84年の欧州議会選挙で外国人排斥を唱える右翼政党・国民戦線が躍進

している。フランス以外でも西ドイツやオランダ、ベルギー、オーストリアといった国でも右翼運動は盛り上がりを見せたのである。

2. 3. 南ヨーロッパ独裁政権の終焉と民主化

第二次大戦後も軍事独裁政権の続いた南ヨーロッパ諸国だが、70年代に体制が転換、民主化への動きが出てきた。ギリシャでは不況を契機に独裁政権への批判が高まり、大規模な抗議デモが起きた。73年、政府内部のクーデターによりババドブロス首相が失脚すると、翌74年に初の民主的な総選挙が実施され、ついで国民投票により君主制から共和制に移行したのである。

ポルトガルは長く独裁政権を続けてきたサラザール首相が1968年に引退し、70年に死去した後、74年に左翼系軍人のクーデターが勃発、軍部主導の革命評議会が発足した。翌年の制憲議会選挙で軍部からの民政移管が開始され、83年に社会党と社会民主党の連立政権が誕生した。85年には社会民主党（ポルトガルでは中道右派の政党）のガヴァコ・シルヴァ首相が就任し、95年の政権交代まで長期政権を運営することになる。

スペインでは1975年にフランコ将軍が死去すると、ファン・カルロス一世が即位した。77年の選挙で合法化された共産党なども議席を獲得、翌78年に国民投票で新憲法が承認された。82年にはNATOに加盟し、フェリペ・ゴンサレス（社会労働党）が首相に就任、96年までの14年間スペインの高度経済成長を支えたのである。

体制転換の後、三国は、EC（ヨーロッパ共同体）加盟をめざしてデモクラシーの定着と経済成長に尽力し、ギリシャが1981年、スペインとポルトガルが86年にECに加盟している。

2. 4. 70年代・80年代の西ヨーロッパの国際関係

東西緊張緩和が進んだ70年代前半に対して、後半では米ソの軍拡競争の激化により東西関係は再び悪化した。79年にソ連が反政府組織やイスラム過激派打倒のためアフガニスタンに侵攻すると、国際世論はソ連による侵略とみなし、米ソ関係は再び悪化した。

　西ヨーロッパでは 70 年代半ばよりソ連が配備した中距離核戦力（INF）・SS20 への対処が議論の的になった。SS20 の射程距離では西ヨーロッパまでは攻撃できるが、米国までは届かない。もし SS20 が発射された場合、自国が安全な米国が果たして西ヨーロッパ攻撃の報復として自国からソ連に向けて長距離ミサイルを撃つだろうか。この疑念を解消すべく SS20 に対抗するための NATO の INF を西ヨーロッパ諸国に配備する案が検討されるようになる。ソ連に軍縮を求めつつ、SS20 に備えて軍備増強も実施するという戦略は「二重決定」と呼ばれた。二重決定の案は西ヨーロッパの政治指導者には受け入れられたが、市民には不評であった。自国で統制できない NATO の核ミサイル（パーシングⅡ）を国内に配備するのは危険ではないのか、不安を募らせる市民による反核・平和運動が高まったのである。西ドイツでは間接的に政権の交代にまでつながる事態となったが、結局、84 年に INF は西ドイツやイタリアなどに配備されている。当時、米国のレーガン大統領やイギリスのサッチャー首相はソ連を「悪の帝国」と呼んで軍拡路線を推進、冷戦は再び深刻化した。

　1985 年にソ連でゴルバチョフ書記長が就任すると、東西関係は徐々に好転してくる。経済不振に悩むソ連・東欧諸国の苦境打開のためゴルバチョフはペレストロイカ（改革）を推進、1986 年のアイスランド・レイキャビックでの米ソ首脳会談で両首脳は、ヨーロッパからの INF 全廃について原則的に合意したのである。

　東欧諸国でも 80 年代後半には民主化の気運が高まってきた。88 年ハンガリーで改革派のネーメトが首相に就任、翌 89 年 5 月にハンガリーがオーストリアとの国境を開放し、東ドイツ市民の西側への往来が可能になったのである。以後東ドイツから西ドイツへ向う人は増え、同年 11 月 9 日にはベルリンの壁が崩壊し、東西間の行き来は自由になった。翌 90 年には東ドイツ初の民主的な選挙の実施、東西ドイツと占領 4 ヶ国（米英仏ソ）を交えた講和会議（2 ＋ 4 会議）の開催、東西ドイツ間での国家条約締結などを経て、10 月 3 日にドイツは再統一した。同年、東欧諸国の民主化も開始され、91 年にはワルシャワ条約機構が解体し、ソ連が崩壊したのである。

3. 冷戦後のヨーロッパ

3. 1. 噴出する地域の問題

　東欧革命とソ連の崩壊は、共産主義陣営の敗北、米国を頂点とする自由民主主義体制の勝利と喧伝された。19 世紀より発展してきた社会主義・共産主義は、ファシズム同様に敗北したといわれた。西ヨーロッパではヨーロッパ統合が急速に進み、東方拡大も視野に入ってきた。民主的な国民国家により構成された統合ヨーロッパの実現可能性が大いに広がったのである。長年戦争に明け暮れたヨーロッパが一体化し、米国に比肩する世界大国（群）になるのではといった期待も高まってきた。

　もっとも国を越えた共同体（EC、EU など）が発達し、国家間の敷居が低くなることは利点ばかりではない。世界的なグローバル化の影響で人の移動の自由が増したことがあり、「国家イコール国民による共同体」、という図式が必ずしも成り立たなくなり、そのことが新たな対立や問題を引き起こすようになったのである。

　19 世紀に多くの国民国家が確立した西ヨーロッパでは、モザイク状に民族が分布する東ヨーロッパよりは少数民族の問題は少ないかもしれない。だがヨーロッパ統合が進んだことで国家を越えた活動が増え、国家による統制が弱まった一部地域では、自治権や分離までを要求するようになっている。例えばイギリスにおけるアイルランド問題（カトリック多数派の国アイルランドをイギリスから独立させるよう求めるもの）は 19 世紀以降延々と続いており、アイルランド共和軍（IRA）によるイギリス本国でのテロ活動はその後も繰り返し見られた。

　19 世紀からの地域間対立という点では、イタリアの南北対立も有名である。貧しい南の後進地域に対して、北部イタリアはミラノを中心にヨーロッパでも有数の先進的な経済区域を形成している。イタリアの長年にわたる経済的低迷の原因は経済発展に遅れマフィアなどが横行する南部にあるとする批判は、北部から度々繰り返されていたが、89 年に北部地域の自治権を獲

得すべく地域政党・北部同盟が結成されると、要求や主張は過激化していったのである。その後の北部同盟は選挙で盛衰を繰り返しているものの、移民排斥などの主張を増して、新たな支持層を開拓している。

スペイン北部の自治州カタルーニャとバスクも本国スペインから自治権や独立を求めている。経済的に豊かなカタルーニャでは穏健な形での自治権の要求、言語や文化の保護のための様々な施策を行ってきた。78年の新憲法発布後、カタルーニャ語は同地の公用語として認められている。92年、カタルーニャの中心地バルセロナでオリンピックが開催されると同地域の経済成長はさらに加速し、スペイン王国に占めるカタルーニャの存在感はさらに増していった。ヨーロッパ統合の進展と並行するように、カタルーニャはフランスのレジオンやドイツの州との地域間交流を積極化させているのである。

このカタルーニャの独立志向は21世紀となった現在、さらに高まりを見せている。経済的な先進地域でありながら、2008年のリーマンショックや2009年のユーロ危機以降深刻な不況に陥ったスペインの中で膨大な財政赤字を抱えることになったカタルーニャでは、2014年と17年にスペインからの独立を問う住民投票が実施されている。国内の後進地域から分離し自主独立した方が経済のパフォーマンスは上がるはずというわけである。結果はいずれも賛成派が勝利したものの、投票率の低さやスペイン憲法に反する等の理由で実現には至っていない。とはいえ、同地域の独立問題は常に火種を抱えているといえる。

その他にも国内の言語対立の激しかったベルギーは1993年に連邦制に移行しているし、イギリス北部のスコットランドでも2014年に独立を求める住民投票が実施されている（結果は否決）。

3. 2. 移民の増加と選択的移民政策

地域間の相違による分離傾向の高まりとは別に、ヨーロッパ外から流入してくる移民の問題も冷戦後に深刻化してきた。すでに80年代より多くの国で外国人排斥運動は頻発していた。冷戦後、鉄のカーテンが消失し、さらにユーゴスラヴィアで戦争が始まると東部から難民が西ヨーロッパへ押し寄

せるようになった。90 年代初頭までは、移民の多くは経済大国ドイツをめ
ざしていた（ドイツが比較的移民に寛容なのは、ナチス時代に行った外国人
への蛮行への贖罪の念が大きい）。しかし急増する流入者に対してドイツは
耐え切れず、憲法（ドイツ基本法）を改正して入国手続の厳格化を図ったの
である。旧植民地からは宗主国へ流入する移民が相次いだ。イギリスでは旧
植民地からの移民は他地域出身者よりは優先的に入国できたが、同国では移
民流入の阻止が一貫して基本的な路線であった。フランスでは旧植民地出身
者はフランス国籍を取得できるためフランス人として受け入れられている。
ヨーロッパの経済大国が全般的に移民受け入れに消極的になって以降、イタ
リア、スペイン、ポルトガルなど南欧諸国への移民が増えたのだが、ヨー
ロッパ諸国間の移動の自由を規定したシェンゲン協定の発効により、例えば
ポルトガルに入国した移民がフランスやドイツに移動することも容易になっ
ている。そのためヨーロッパ諸国は全般的に新たな移民の受け入れには否定
的で、IT 技術者などヨーロッパの産業振興に有用な移民を優先的に受け入
れる「選択的移民政策」を遂行するようになった。

　他方で多くの国では外からの移民の流入制限を厳格化する一方で、すでに
ヨーロッパ内部にいる移民は速やかに統合していく方針が採られるように
なった。ドイツでは 1998 年成立のシュレーダー政権の下で二重国籍を導入
する案が浮上、保守派の反対で実現はしなかったものの、定住外国人のドイ
ツ国籍取得条件は緩和されたのである。フランスでは前述のように旧植民地
出身者にフランス国籍が付与されるのだが、フランス本国の人と社会的に同
等と認められるとは限らない。2005 年にフランス全国に広がった移民の暴
動は、フランス人でありながら、社会的にはフランス社会に統合されない移
民の怒りが原因といわれている。

3. 3. シリア難民とトルコ問題

　移民の問題は、周辺国の政情と深く関わってくる。2011 年より中東シリ
アで続く政府と反政府運動の紛争は、多くの政治的難民を生み出すことに
なった。周辺国に飛散したシリア難民はやがてヨーロッパをめざすように
なった。ヨーロッパの中では政治的難民の受容を憲法で規定しているドイツ

が当初より比較的積極的な対応を取り、やがて西ヨーロッパ諸国も少なからず受け入れの分担を引き受けるようになった。その後 2015 年夏にドイツのメルケル首相が、ダブリン規則（最初に入国した国が難民審査をする）によらない難民受け入れを表明、9 月以降、ドイツでの難民審査を当てにしたシリア難民が大挙して流入する事態となった。加盟国間での受け入れ分担を求めた EU のイニシアティブに対して、西ヨーロッパ諸国は承認の態度を示したが、多くの東ヨーロッパ諸国は難色を示している。東欧革命からおよそ 30 年が経過しているとはいえ、いまだ西ヨーロッパほどの経済水準に達していない東ヨーロッパ諸国では、難民受け入れに反対する保守政権が誕生している国（ポーランド、ハンガリーなど）もあり、EU レベルでの合意には程遠い状況である。他方、バルカン半島経由での難民の流入ルートが東欧諸国の受け入れ反対などにより閉鎖された後は地中海を渡ってイタリア南部に渡来する難民が増えてきた。難民の大量流入に難色を示すイタリアでは受け入れ反対を掲げる右翼政党・同盟が伸張。2018 年には左翼のポピュリスト運動・五つ星運動との連立政権を樹立、難民の受け入れに公然と異を唱えるようになった（2019 年、同連立は崩壊し、民主党と五つ星運動の左翼連立政権が誕生した）。

　一方、陸続きのバルカン・ルートは難民が押し寄せるもののヨーロッパへの流入が阻止されているため、トルコやギリシャに多くの難民が滞留する事態になっている。2016 年 EU はトルコと協定を結び、ヨーロッパ諸国によるシリア難民受け入れの代わりに、難民認定を受けられない経済難民をヨーロッパからトルコに移送することや、ヨーロッパによる資金供給などで合意した。しかし協定から 3 年あまり経ても事態は好転せず、さらに米軍のシリアからの撤退（2019 年 10 月）により、中東問題は再び悪化の兆しを見せ始める。米国の後ろ盾を失ったクルド系勢力は長年トルコとは敵対関係にある。トルコのエルドアン大統領はクルド人部隊が駐留するシリア北部への軍事介入を決定した。国内で圧政を敷くエルドアンに対してヨーロッパ諸国は非難の声明を出すのだが、エルドアンは、トルコ北部の国境を開放して難民のヨーロッパ流出の可能性を示唆してきた。再びバルカン経由での難民流入を恐れるヨーロッパでは、エルドアン政権との難しい関係に苦慮する事態と

なっている。

　一方、移民の流入に反対する英国では EU からの脱退を求める声が高まっており、2016 年 6 月には同国で EU 残留の是非を問う国民投票が実施され、脱退票が過半数に達した。これにより同国は EU を脱退することになった（「欧州統合とヨーロッパ連合（EU）」の項参照）。

3. 4. グローバリゼーションと福祉国家のゆらぎ

　地域や移民だけではない。グローバリゼーションの進んだ冷戦後の世界では通常の国民にも新たな問題を投げかけることになった。

　1970 年来の失業問題は冷戦後もヨーロッパの構造的問題となっている。高福祉国家の下、労働分配率（付加価値（利益）に占める人件費の割合）が高い西ヨーロッパは工場の立地場所としては条件が悪く、そのため企業は安い労働力を求めて 80 年代には南ヨーロッパ、90 年代以降は東ヨーロッパに工場を移転させたのである。そのため欧州の本国には企業の本社が残るものの、新たな雇用は創出されず、失業は慢性化することになる。ヨーロッパ先進国の労働者や労働組合は、新たな産業分野や商品の開発の必要性を唱えたり、先進国で作られる製品の品質の良さを主張したりして企業の国外流出に歯止めをかけようとしたが、労働分配率の高さは事実であり、議論は人件費の見直し、さらには福祉国家の再検討に向けられることになった。

　1980 年代にイギリス経済を復活させたサッチャー政権は、市場経済重視・民営化推進という新自由主義的な経済政策を進めてきた。しかしグローバル化の中で世界規模の競争を強いられ、効率優先になった社会で、敗者になった人や企業への福利はどうするのか。福祉国家はグローバル化の中でどうやって存続できるのか。グローバル化の席巻への不安から人々は、サッチャー流の効率優先とは違った解決策を求めた。こうして 1990 年代後半にヨーロッパ主要国で相次いで誕生した中道左派政権は、サッチャーの新自由主義的経済政策を修正する方策を模索したのである。その代表格がイギリスの労働党ブレア政権であろう。1997 年に首相となったブレアは、旧来の左翼労働党の施策（国有化など）とサッチャー主義の間を行く「第三の道」を選択するとした。具体的にはサッチャー流の民営化推進・市場経済重視を継

続しながら、教育を充実させて就業を促進するという機会の平等をめざすなどの政策を遂行したのである。また小国ながら充実した福祉制度を維持し続けるスウェーデンやワークシェアリングを恒常化させているオランダなどをモデルとする議論も出てきた。

　他国の左派政権も同様の問題に直面して、例えば福祉予算の切り下げ、就業促進のための規制緩和や新たな施策（比較的容易に就業できる機会や職業訓練の場を増やすなど）の実行、企業減税などを行ってきた。2000年代半ばの好景気時には一時的に失業率の低下は見られたが、どの国も根本的な問題の解決には至っていない。

3.5. 冷戦後のヨーロッパの国際関係

　冷戦終結後ヨーロッパ諸国の多くは、対共産圏防衛から地域紛争の調停に任務を変化させたNATOの枠内で平和維持活動に参加するようになった（ソマリア、ユーゴスラヴィア、コンゴなどNATOは加盟国域外でも活動するようになった）。

　このうちヨーロッパのお膝元・ユーゴスラヴィアでの紛争は、1990年代を通じてヨーロッパ外交最大の懸案事項だったといえよう。「七つの国境、六つの共和国、五つの民族、四つの言語、三つの宗教、二つの文字、一つの国家」といわれたユーゴスラヴィアは、1948年にソ連と対立して自主管理社会主義を採り、冷戦下の東欧の中で独自の路線を歩んできた。冷戦後の1991年にはスロベニア、クロアチア、マケドニア、1992年にはボスニア＝ヘルツェゴヴィナが相次いで独立を宣言、セルビアとモンテネグロが新たに新ユーゴスラヴィアを結成した。各国の独立のたびに内戦が勃発しており、1991年からのセルビア人勢力とクロアチア軍が1995年まで戦闘を続け、次いで1992年からはイスラム系住民とセルビア人、クロアチア人によるボスニア＝ヘルツェゴヴィナ紛争が始まった。NATOがセルビア人勢力に空爆するなど内戦に介入し、1995年にデイトン合意でボスニア和平協定が成立している。1998年にはセルビア軍がコソボ自治州で自治を求めるアルバニア人（コソボ解放軍）と対立、1999年にNATOがユーゴに空爆した後に和平が成立した。その後国連監督下に置かれたコソボは2008年に独

立を宣言し、国際的な承認も受けたが、現在も国連監視下にある。2001年にはマケドニアで少数派のアルバニアの民族解放軍（NLA）が権利拡大を求めてマケドニアと対決、同年、EUとNATOの監視下でNLAを排除した上でのアルバニア人の権利拡大で合意されたのである

　一連のユーゴ紛争で米国との軍事力の格差を思い知らされたEU諸国は、NATOや米国とは異なる軍事的役割を模索するようになる。そして戦闘行為を主導するNATOに対して、機動性のある緊急対応部隊で平和維持や後方支援を行う方向で合意ができてきたのである。しかしながら安全保障政策はあくまで国家単位を基本にしており、各国が常にEUとしてまとまった行動を採れるわけではない。自国の安全保障が関わるような場合には各国はなおさら自律的な政策を優先させるだろう。

　2003年に始まったイラク戦争は、ヨーロッパ諸国の安全保障政策上の違いを白日に晒すことになった。と同時に、それまで同盟国としてヨーロッパ諸国を支援し続けてきた米国の政策がヨーロッパ諸国を二分したのである。米国の同時多発テロ（いわゆる9.11.）に端を発したブッシュ政権のイラク戦争は、イラクが大量破壊兵器を保有しているという疑惑に基づいたものであった。その疑惑が真実かどうかを検証することなく、ブッシュは開戦を宣言、約2ヶ月で終戦を口にしたが、イラク情勢はその後も不安定な状態が続いた。ヨーロッパ諸国は、フランス、ドイツ、ベルギー、ルクセンブルクといった戦争遂行に反対する国々と、イギリス、イタリア、スペインやポーランド、ブルガリア、ルーマニアなど戦争支持の国々に分かれた。各国の賛否両論の理由はそれぞれ国内事情を反映したものであり一様ではないが、東ヨーロッパ諸国の米国への賛同は、プーチン政権下で再び強権化する感の強いロシアを恐れるがためであろう。逆に米国と対峙した仏独は、戦争に反対する点でロシアと賛同し、一時的にせよ米国に警戒心を抱かせることになった。

　21世紀のロシアとの関係では軍事面のみならずエネルギーでも重要性が増している。2005年末のロシアによるウクライナへの天然ガス供給停止以来、ヨーロッパ諸国にとってエネルギー供給国・ロシアの脅威は格段に高まった。ウクライナなどの旧ソ連共和国を経由するパイプラインなしには

ヨーロッパは天然ガスを補充できないのである。ヨーロッパ諸国は、ロシアとの二国間協定で新パイプライン敷設計画を設定したり（ドイツ・ロシア間による「バルト海パイプライン」敷設計画）、中央アジアへのエネルギー開発のための投資の促進、ロシアを回避してトルコなどを経由する南部ルートのパイプラインを敷設する案を進め出した（南部ルートは廃止）。

　2014年、ロシアとウクライナの対立は激化し、ロシアはクリミア半島を併合、米国主導の下、西側諸国は対ロ経済制裁を取るなどして対決姿勢を示した。歴史的経験からロシアの軍事行動を恐れる東ヨーロッパ諸国が米国に同調する姿勢を示す一方で、西ヨーロッパ諸国には、ロシアとの宥和を模索する動きが出てきた。これには、西ヨーロッパ諸国の多くの企業がロシアに進出しており、対ロ関係悪化は各国の経済に悪影響を及ぼす恐れがあることや、2013年に元米国国家情報局（NSA）局員が同盟国に対する米国の盗聴活動を暴露したことで米欧関係が悪化したことなどが理由であろう。2015年2月にはフランスとドイツの仲介でロシアとウクライナの間で停戦を謳うミンスク合意が成立している。しかし親ロシア派とウクライナ軍の戦闘はいまだに続いており、今後も停戦合意が遵守されるかは不明である。

　2011年の福島原子力発電所の事故はヨーロッパにも大きな衝撃を与えた。反原発運動が根強いドイツではメルケル首相が2022年までの原発全廃を宣言、その一方で原子力エネルギーを主要産業にする隣国フランスでは政府は原発路線維持を掲げている。とはいえ電力ももはや一国レベルで完結する話ではなくなってきた。80年代に西ヨーロッパで電力自由化策が導入されて以来、国境を越えた電力売買が積極化してきたのである。反原発国家ドイツでは再生可能エネルギーの開発に一層傾注することになったが、目下のところは隣国から電力を買うなどの措置を講じており、ヨーロッパ全体では原発への依存度はまだまだ高いといわざるをえない。

　他方、脱原発に向けた新たなエネルギーの模索も活発化しだした。環境に優しい再生可能エネルギーの開発が進む一方、二酸化炭素排出量削減に向けて石炭の採掘を制限する動きも一部で起きている。また上記のようなロシアの天然ガスや中東の石油、米国で採掘の進むシェールガスなど、エネルギー問題はヨーロッパの国際関係に一層緊密に関わってくるであろう。

　対外経済の面では、ヨーロッパにおける中国の存在が際立っている。米国トランプ政権とのにらみ合いを続ける傍ら、いわゆる一帯一路構想を進めている中国では、ドイツをはじめとするヨーロッパ諸国との関係を緊密化させてきた（一帯一路とは、中央アジアを経由して中国とヨーロッパをつなぐ「シルクロード経済ベルト」（一帯）と、中国沿岸部からユーラシア大陸の沿岸経由でアフリカ東岸に至る「21 世紀海上シルクロード」（一路）を指す）。中国の習近平・国家主席はスペインやポルトガルなどのヨーロッパ諸国を歴訪し、一帯一路への支持を取りつけたり、経済危機に苦しむギリシャへの投資を進めたりするなど、着実にヨーロッパ経済への浸透を図ってきた。

　このような中国の影響力拡大は経済面でプラスの効果がある反面、資金力にものをいわせたような、なりふりかまわない進出はヨーロッパ諸国の不安を助長させている側面もある。また共産党一党独裁が続く非民主国家・中国の派手な経済外交の背後で、チベット独立を阻む長年の抑圧的な政策や、近年の香港での反体制運動と、それを押さえ込むかのような中国の態度にヨーロッパ諸国でも非難が高まっている。

3. 6. テロリズムの横行

　2001 年のアメリカ同時多発テロ以降、世界各地でテロ襲撃事件が頻発した。ヨーロッパでもマドリードでの列車爆破事件（2004 年）、ロンドンでの同時爆破事件（2007 年）などが起きており、さらにはパリでの出版社シャルリー・エブド襲撃事件（2015 年 1 月）や同時多発テロ（同年 11 月）が記憶に新しい。とくに近年では、中東における「イスラム国（IS）」を名乗るイスラム過激派組織にヨーロッパの若者が加入することが報道され、ヨーロッパの社会問題とも深く結びついた問題として衝撃を与えている。

　EU では、国境を越えた情報の交換や警察司法協力、欧州逮捕令状や合同捜査団導入のための法的整備などを進めてきた。また国境管理の厳格化なども実施している。しかし他国同様、効果のほどは完全とはいえない。さらに昨今の難民大量流入で、テロリスト犯が難民に紛れて西ヨーロッパ諸国に潜伏していたことが発覚しており、ヨーロッパのテロ対策は新たな局面を迎えているといってよかろう。

3. 7. 共通通貨ユーロの危機

とくに経済面でヨーロッパ全体を揺るがす最大の懸案事項は共通通貨ユーロの危機的な事態だろう。2008 年のリーマンショックに端を発した世界の金融危機は、ギリシャをはじめとする南欧諸国の経済・金融危機につながり、ユーロに対する世界の信頼が失われかねない状況に陥っている。2010 年以降、ドイツをはじめとする EU 先進国は度重なる金融支援策を講じてユーロ体制堅持に努めており、一時の危機的状況は脱したかに見えるが、ユーロの未来には悲観的な意見も多いのが現状である（「欧州統合とヨーロッパ連合（EU）」の項を参照）。

3. 8. 難民問題とポピュリズム政党の台頭

前述のように、2015 年以降、ヨーロッパに流入する難民の数は激増し、受け入れ表明の是非にかかわらず、ヨーロッパ各国では反難民を掲げて、ヨーロッパ（EU）に批判的な態度を取るポピュリズム政党が台頭してきた。ポピュリズムとは「大衆迎合主義」ともいわれる。現在多くの国で勢力を拡大しているポピュリズム政党は、移民や難民のみならず、国内の既成政党や有名政治家、さらには EU 官僚などのいわゆる「エスタブリッシュメント」を糾弾することで、溜飲を下げた大衆の支持を集めることに成功しているのである。英仏独をはじめ中部から北部のヨーロッパでは、この反難民・反外国人といったナショナリスティックな主張をする右翼ポピュリズム政党の伸張が著しい。もっとも現在の右翼ポピュリズム政党はこれまでの反移民・反外国人を標榜していた右翼政党とは一線を画すともいわれる。グローバル化の進展により国境を越えた人やモノの往来が活発化し、少子高齢化で人材難が深刻化しつつある現在のヨーロッパでは、外国人との共生は不可避であるといえる。そのような状況下で右翼ポピュリズム政党は、ただ一方的に外国人を糾弾したり暴力的な振る舞いをしたりするよりは、例えば、外国人が寛容なヨーロッパの福祉国家体制に統合されて、十分な拠出金を出すことなく当該国の国民と同レベルの社会保障の恩恵を受けることを非難するのである。あるいはイスラムをはじめとするヨーロッパになじみの薄い異

宗教の信者が増加することで、「古き良きキリスト教」の文化が損なわれるといった批判も出てきている。

　一方、2015 年の危機勃発からしばらく、南ヨーロッパ（スペイン、イタリア、ギリシャ）では、右翼ではなく左翼ポピュリズム政党の台頭が特徴的であった。これらの国は前述のユーロ危機勃発後、国内の財政難・景気悪化に苦しんでいる国であり、国内政府に対して経済的不満をもつ人々が多い。地理的に中東に近いため難民の流入も多いのだが、中部や北部の国ほど国民全般にまで普及した福祉制度が発達していないか、福祉における家族の役割を重視する保守的な福祉制度をもつため、難民に福祉制度を「侵食される」といった不安が少ない。またユーロ危機で国内が不況であることから、難民もこれらの国に留まるよりは、よりよい雇用が期待できる北部の国をめざすことが多い。

　このことから反難民や反外国人よりは、国内の格差拡大や雇用不安などの経済問題に関して国内政府や EU（場合によっては EU 内の経済大国ドイツ）を批判する左翼ポピュリスト政党の支持が伸びたのである。

　ただしバルカン・ルートが閉鎖され、地中海を渡ってイタリアに来る難民が増えると同国でも右翼ポピュリストが勢力を拡大、さらにイタリアで入国拒否をされた難民をスペインが引き受けると、やはり地方レベルで右翼ポピュリズム政党が勃興している。

　一方、難民問題だけが理由でないにせよ、2016 年、米国でも難民受け入れに批判的な共和党のトランプ大統領が誕生した。歴代の米大統領に比べてトランプは、同盟国である欧州諸国に対して厳しい態度を取るようになり、NATO の軍事費負担の増額を要求したり、気候変動抑制を謳ったパリ協定や英仏独やロシアと共に締結していたイランとの核合意協定（イランの核開発制限を取り決めたもの）を離脱したりして、同盟国であるヨーロッパ諸国との軋轢が高まっている。

　以上のように冷戦後の約 30 年が経過したヨーロッパでは、国家が国民のみからなる共同体であるという図式が崩れ、また「国民」という概念も以前ほど明快ではなくなっている。他方、国際関係を見れば、冷戦時代の、米国

を中心とした自由民主主義陣営の同盟関係は維持されているものの、共産圏という脅威がなくなった結果、陣営内は以前ほどに一枚岩ではなく、諸国間の関係は複雑化している。その一方でかつての敵陣営の国々とも経済的相互依存は進んでいるため、利害が衝突しても一方的な敵対関係に陥る可能性は少ないと思われる。

　このように内外で環境が複雑化したヨーロッパはこれからどうなるのであろうか。興味深いところである。

■主要参考文献

・『新版世界各国史』シリーズ、山川出版社。

　　各国別の通史を知るには便利。西ヨーロッパ諸国の中では、イギリス、フランス、ドイツ、イタリア、スペイン・ポルトガル、スイス・ベネルクス、ギリシャ、中欧、北欧、がある。

・『世界歴史大系』シリーズ、山川出版社。

　　イギリス、アメリカ、ロシア、ドイツ、フランス、中国があり、それぞれ3巻構成。それぞれ少し高価だが、その分内容は詳しい。

・『ヨーロッパ史入門』シリーズ、岩波書店。

　　一つの歴史的事実には様々な見方があるということを教えてくれるシリーズ。本章との関連では、フランス革命、神聖ローマ帝国、ナポレオン帝国、帝国主義、といった本があり、現在も刊行中である。

・『世界史リブレット』シリーズ、山川出版社。

　　世界史の様々なトピックについて簡潔に解説した本。高校の教科書に出てくる事件などの背景や周辺事情を知るのに便利。ブックレットなので薄いし、安価である。日本史版もあり、こちらも面白い。

・遠藤乾他『複数のヨーロッパ』北海道大学出版会、2011 年。

　　若手の政治史研究者たちによる編著。国家史のみならず教会や団体など様々
なアクターを通した視点や、これまでとは違った解釈によるヨーロッパ統合史
の試み。

・ドルーシュ、F. 編／木村尚三郎監修／花上克己訳『ヨーロッパの歴史・欧州共
通教科書・第 2 版』東京書籍、1998 年。

　　各国別ではなく、ヨーロッパ全体をまとめて歴史の教科書にしたもの。大型
本だが、挿絵も沢山あり、読んでいて楽しい本。

・草光俊雄／甚野尚志『ヨーロッパの歴史（1）ヨーロッパ史の視点と方法』放
送大学教材、放送大学教育振興会、2015 年。

　　ヨーロッパ史の研究方法に言及した放送大学のテキスト。同書に限らず、放
送大学のテキストには好著が多いので、ぜひ参照されたい。

・ミュラー、J.W.／板橋拓己訳『ポピュリズムとは何か』岩波書店、2017 年。

　　近年、世界を席巻しているポピュリズム現象を分析した政治思想家の著作。
反多元主義など現代ポピュリズムの特徴を明快に述べている。論理的な展開も
面白く、厚い書物でもないので、お勧めの一冊。

ロシア・東欧の歴史と社会

上野　俊彦

1. はじめに ── 「東欧」という概念

　「東欧」という概念は時代により変化しており、定まったものはない。一般に 1980 年代末頃までは、東ドイツ（ドイツ民主共和国）、ポーランド、チェコ・スロヴァキア、ハンガリー、ルーマニア、ブルガリア、ユーゴスラヴィア、アルバニアを「東欧」と呼んでいたが、それは地理的概念というより、これらの国々が社会主義国[1]だからという政治的概念だった[2]。それゆえ、これらの国々を、社会主義国だったソヴィエト社会主義共和国連邦（以下、たんに「ソ連」という）とあわせて、「ソ連・東欧圏」と呼ぶことも多かった[3]。しかし、1980 年代末からこれらの国々の体制転換が進み、1990 年 10 月 3 日に東西ドイツ統一、1991 年末にソ連解体、その後に続くユーゴスラヴィアの解体により、旧東ドイツは西欧の一部になり、他方で、新たにウクライナ、エストニア、ベラルーシ、モルドヴァ、ラトヴィア、リトアニアといったソ連から分離独立した諸国が「東欧」あるいは「新東欧」と呼ばれる

---

1 ここでいう「社会主義国」とは、経済面では、企業や農地などが国有または協同組合所有であり、政治面では、共産党・労働党・社会（主義）党などの政党が支配的地位を占めていた諸国のことを指す。

2 これらの国々のうち、アルバニア、東ドイツ、チェコ・スロヴァキア、ハンガリー、ブルガリア、ポーランド、ルーマニアは、1955 年 5 月 14 日にソ連とともにワルシャワ条約機構を設立している。ただし、アルバニアは 1968 年 9 月に同機構を脱退しており、ユーゴスラヴィアは加盟していない。なお、ワルシャワ条約機構は、1991 年 7 月 1 日、加盟国による同機構を解散する条約の調印をもって解散した。

3 ユーゴスラヴィアは社会主義国であったがワルシャワ条約機構には加盟していなかったため、たんに「ソ連・東欧圏」といった場合に、そこにユーゴスラヴィアを含むか含まないかは必ずしも明白ではなかった。したがって、「ソ連・東欧圏」という概念は、政治的・軍事的意味を重視すれば、ワルシャワ条約機構諸国を意味し、経済的意味を重視すれば、ワルシャワ条約機構諸国にユーゴスラヴィアと 1968 年以降はアルバニアを含む概念だったといえる。

ようになると、かつての政治的概念としての「東欧」は意味を失い、地理的概念として、旧ソ連の西部諸国を含む広い地域を「東欧」と呼ぶことが多くなった。他方で、「東欧」と呼ばれる地域が旧ソ連の西部諸国を含むことで東方に拡大すると、冷戦期に「東欧」と呼ばれてきた諸国を新たに「中欧」と呼ぶことも多くなった。

　本章では、「東欧」の領域を、アルバニア、ウクライナ、エストニア、北マケドニア、コソヴォ、スロヴァキア、スロヴェニア、ギリシア、クロアチア、セルビア、チェコ、ハンガリー、ブルガリア、ベラルーシ、ポーランド、ボスニア＝ヘルツェゴヴィナ、モルドヴァ、モンテネグロ、ラトヴィア、リトアニア、ルーマニアとする[4]。これは、1980年代末まで「ソ連・東欧圏」と呼ばれていた国々から、旧東ドイツ、および旧ソ連のアゼルバイジャン、アルメニア、ウズベキスタン、カザフスタン、キルギス、ジョージア[5]、タジキスタン、トルクメニスタン、ロシアを除き、アルバニア、旧ユーゴスラヴィア諸国、ギリシアを加えた国々ということになる。

4　本稿における国名表記は、原則として、「在外公館の名称及び位置並びに在外公館に勤務する外務公務員の給与に関する法律」（1952年法律第93号、最終更新2019年3月30日［2019年法律第7号］）に基づくが、「ギリシャ」および「マケドニア旧ユーゴスラビア共和国」をそれぞれ「ギリシア」および「北マケドニア」と表記し、またローマ字表記の際に「v」と表記される箇所について「ヴ」の文字を用いるものとする。なお、北マケドニアは、旧ユーゴスラヴィアから分離独立した当初はたんに「マケドニア」と称していたが、マケドニアという地域名称がギリシアにまたがる広域地名であることから、ギリシアが「マケドニア」を国名として使用することに反対したため、2019年2月に「北マケドニア」と改称した。国連および日本政府は上述の「マケドニア旧ユーゴスラビア共和国」を使用しているが、本章では、同国の自称に基づき「北マケドニア」と表記する。

5　ジョージアは、2015年4月22日に前掲「在外公館の名称及び位置並びに在外公館に勤務する外務公務員の給与に関する法律」が改正されるまで、我が国ではロシア語の表記に基づき「グルジア」と表記されていた。この表記の変更は、2014年10月24日に東京で行われたマルグヴェラシヴィリ（Giorgi Margvelashvili）・ジョージア大統領と安倍晋三内閣総理大臣との首脳会談における同大統領からの日本における国名表記の変更についての要請に基づき、上記法律が改正されたことによる。

2. ロシア・東欧の共通性

2. 1. 多民族帝国による支配

　東欧諸国は、19世紀前半から第一次世界大戦頃まで、おおむねオースト
リア＝ハンガリー帝国、オスマン帝国、ロシア帝国という三つの多民族帝
国に支配されていた。それゆえ、それぞれ固有の歴史や文化を持ちながら
も、共通の特徴に従っていくつかのグループに分けることができる。

　東欧諸国のうち、クロアチア、スロヴァキア、スロヴェニア、チェコ、ハ
ンガリー、ボスニア＝ヘルツェゴヴィナ、ルーマニア北西部トランシルヴァ
ニア地方は、おおむねオーストリア＝ハンガリー帝国の支配下に、アルバ
ニア、北マケドニア、ギリシア、コソヴォ、セルビア、モンテネグロ、ブル
ガリア、ルーマニア（北西部のトランシルヴァニア地方を除く）は、おおむ
ねオスマン帝国の支配下に、ウクライナ、エストニア、ベラルーシ、ポーラ
ンド、モルドヴァ、ラトヴィア、リトアニアは、おおむねロシア帝国の支配
下にあった。

　それゆえ、東欧は、19世紀前半までの宗主国の違いによって三つの地域
に分けることができ、これら三つの地域は、それぞれ異なる宗主国の文化の
影響を受けることで、それぞれ特徴的な文化を形成してきた。そしてまた、
これらの地域は、それぞれの帝国支配下において、均質化することなく、む
しろその固有の言語、文化、宗教を保持し続け、東欧諸国の地域に、民族、
言語、宗教がモザイク状に入り交じった状況を21世紀の今日に至るまで残
すことになった。

2. 2. 社会主義経済体制から市場経済体制への移行

　第一次世界大戦によって、オーストリア＝ハンガリー帝国、オスマン帝
国、ロシア帝国が崩壊すると、東欧の諸民族の多くは独立して自分自身の国
家を持つことになるが、ウクライナとベラルーシは1922年末までに、また
エストニア、モルドヴァ、ラトヴィア、リトアニアは1940年には、それぞ

れソ連に編入された。残りの東欧諸国は、同様に 1940 年までにナチス・ド
イツの支配下に入ったが、第二次世界大戦で最終的にドイツが敗北し、ドイ
ツの支配から東欧諸国を解放したソ連の影響下で、ギリシアを除き、すべて
社会主義国となり、その体制は 1990 年前後まで続いた。しかし、1990 年
前後から社会主義経済体制から市場経済体制へと移行した。

2. 3. 言語

　東欧では、スラブ語派に属する、ウクライナ語[*]、クロアチア語、スロ
ヴァキア語、スロヴェニア語、セルビア語[*]、チェコ語、ブルガリア語[*]、
ポーランド語、ベラルーシ語[*]、ボスニア語、マケドニア語[*]、ロシア語[*]が
広く使用されている。他方、ロマンス諸語のルーマニア語とモルドヴァ語[6]、
バルト語派のラトヴィア語とリトアニア語、そのほか独立性の強いギリシア
語、アルバニア語などが使用されている。以上の言語は、いずれもインド・
ヨーロッパ語族に属するが、他方、エストニア語、ハンガリー語（マジャー
ル語）は、ウラル語族に属する。使用文字については、[*]印の言語がキリ
ル文字を、ギリシア語がギリシア文字を使用しているほかは、ラテン文字
（ローマ字）が使用されている。

2. 4. 宗教

　ウクライナ、北マケドニア、ギリシア、セルビア、ブルガリア、ベラルー
シ、モルドヴァ、ルーマニア、ロシアでは、正教徒が多く、そのほかの東欧
地域ではカトリック教徒が多い。アルバニア、コソヴォ、ボスニア＝ヘル
ツェゴヴィナ、ロシアではイスラム教徒も少なくない。なお、ロシアには仏
教徒も存在する。

6　モルドヴァ語は、ルーマニア語と同一言語であるが、1940 年にモルドヴァがソ連に編入され、
　モルダヴィア・ソヴィエト社会主義共和国となってから 1989 年まではキリル文字を使用して
　いた。なお、モルドヴァ領内において事実上分離独立状態にある沿ドニエストル・モルドヴァ
　共和国では、現在でもキリル文字が使用されている。

2.5. 多民族性・マイノリティー問題・未承認国家

　絶対王制のもとで統治下の国民の均質化が進んだ西欧がおおむね国民国家を形成したのに対し、東欧諸国は、長く多民族帝国の統治下にあって均質化が阻害され、多民族性および民族のモザイク的雑居性が維持された。そのため、第一次世界大戦後の比較的早い時期に国民国家化が進んだポーランド、ギリシア、ハンガリーなどを例外として、それ以外の国々は、複数の民族によって連邦制を形成するか（旧ソ連、旧チェコ・スロヴァキア、旧ユーゴスラヴィア）、国内に同質化していないマイノリティーを抱えこんだまま国民国家の理念を表面的に受け入れて近代国家を成立させた国が多く、ソ連解体およびワルシャワ条約機構の解体を契機に、1990年前後から連邦制の解体および分離独立の動きが進行した。

　すなわち、旧ソ連では、1990年3月11日にリトアニアが、1991年8月20日にエストニアが、同8月21日にラトヴィアが、同8月24日にウクライナが、同8月27日にモルドヴァがそれぞれ独立を宣言し、同年12月8日にベラルーシとロシアがウクライナとともにソ連からの離脱を宣言し、同12月25日にソ連が最終的に解体した。

　旧チェコ・スロヴァキアでは、チェコおよびスロヴァキアの議会が連邦制を解消する法律を採択し、それに基づき1993年1月1日にそれぞれ分離独立した。

　旧ユーゴスラヴィアでは、1991年6月25日にクロアチアとスロヴェニアが、1992年3月1日にボスニア＝ヘルツェゴヴィナが、同年9月8日に北マケドニアが、2006年6月3日にモンテネグロが、それぞれ独立を宣言し、セルビアがこれを追認したことで連邦が解体し、さらにセルビアのコソヴォ自治州が2008年2月17日に分離独立した。なお、ボスニア＝ヘルツェゴヴィナおよびコソヴォの分離独立の過程で民族間の武力紛争が起きている。

　また旧ソ連地域では、21世紀に入ってもなお、マイノリティー問題に起因する地域紛争や未承認国家の問題などが、いわば負の遺産として残されている。

　すなわち、旧ソ連のウクライナでは、2014 年 2 月 22 日にヤヌコーヴィッチ政権が過激なウクライナ民族主義者の暴動により崩壊したことを契機に、ウクライナ民族主義が強まり[7]、ウクライナにおけるマイノリティーであるロシア系住民が多く居住する東部 2 州（ドネツィク州、ルハーンシク州）[8]における自治権拡大および分離独立の要求が強まり、それに反対する政府との間で武力紛争となり、2019 年現在も紛争状態が続いている。また、1954 年 2 月 19 日に旧ソ連のロシア・ソヴィエト連邦社会主義共和国（現ロシア）からウクライナ・ソヴィエト社会主義共和国（現ウクライナ）に帰属変更され、ロシア系住民が圧倒的多数を占めるウクライナ南部のクリミア自治共和国[9]では、2014 年 3 月 16 日に、ウクライナの一部としてとどまるか、それともロシアへの編入かを問う住民投票が実施され、この住民投票で編入賛成が多数であったことから[10]、同年 3 月 18 日にロシアとの間で編入条約が調印され、クリミアはロシアに編入されることになった[11]。ウクライナ政府はこれに反発し、クリミアでの住民投票を無効とする決議案を国連総会に提出、国連総会は同年 3 月 27 日に 193 票中 100 票の賛成多数により決議案を採

7　2013 年 11 月 29 日、ウクライナのヤヌコーヴィッチ大統領が、ウクライナ・EU 連合協定の調印を見送ったことを直接的な契機としてウクライナ国内の一連の政変および紛争が始まった。連合協定調印がただちに EU 加盟につながるわけではなかったが、調印凍結は EU 加盟を望む親西欧派を失望させ、反政府運動が激化することとなった。反政府運動の中心は過激なウクライナ民族主義勢力で、2014 年 2 月 18 日には首都キエフで治安部隊との大規模な衝突が起き、75 名以上の犠牲者を出すに至った。その結果、同 21 日に EU の仲介でヤヌコーヴィッチ政権と野党は、大統領選挙繰り上げ実施と挙国一致政府樹立で合意した。しかし過激派はこれを拒否し、大統領即時退陣を要求して武力闘争を継続、23 日に大統領が逃亡して、ヤヌコーヴィッチ政権は崩壊した。その後に成立した暫定政権は、ロシア語を第二公用語として認めないなどロシア系住民の権利を制限する政策を打ち出したため、こんどは暫定政府とロシア系住民との対立が始まった。

8　2001 年の国勢調査によると、州人口に占めるロシア語母語話者人口の比率は、ドネツィク州が 74.9%、ルハーンシク州が 68.8% である。なお、2001 年の国勢調査に基づくデータ以降、この種の公式データはない。

9　2001 年の国勢調査によると、クリミア自治共和国人口に占めるロシア語母語話者人口の比率は 77.0% である。

10　公式発表によると、投票率は 84.17% で、投票者の 96.57% がロシアへの編入に賛成した。

11　正確には、ロシア連邦は、クリミアのセヴァストーポリ市を「連邦的意義を有する市」として、クリミアの残りの地域を「クリミア共和国」として編入した。この結果、ロシア連邦は、22 共和国、9 辺区、46 州、3 連邦的意義を有する市、1 自治州、4 自治管区により構成されることとなった。なお、ロシアでは、連邦を構成するこれら 85 の地域を連邦構成主体と呼んでいる。

択した。そして、その後、ロシアに対する米国、EU、日本などによる経済
制裁が実施され、この対露経済制裁は 2019 年現在も続いている。

　旧ソ連のモルドヴァでは、1990 年 6 月 23 日に旧ソ連のモルダヴィア・
ソヴィエト社会主義共和国がモルドヴァとして分離独立を宣言すると、同共
和国の東部を北から南に流れて黒海に注ぐドニエストル川の東側のロシア系
住民が多く居住する地域が同年 9 月 2 日に沿ドニエストル・モルドヴァ共
和国としてモルドヴァからの分離独立を宣言し、同年末には軍事紛争に発展
したが、1992 年 7 月 21 日に休戦協定が調印された。その後、モルドヴァ、
沿ドニエストル・モルドヴァ共和国、ロシアによる停戦監視が実施されてお
り、2019 年現在まで未承認国家のままとなっている。

　そのほか、東欧には含まれないが、旧ソ連における未承認国家には以下の
ものがある。

　旧ソ連のアゼルバイジャン・ソヴィエト社会主義共和国（現アゼルバイ
ジャン）内のアルメニア系住民が多数を占めていたナゴルノ・カラバフ自治
州が 1980 年代末からアルメニアへの帰属変更を求めていたが、ソ連崩壊の
過程で、1991 年 9 月 2 日にナゴルノ・カラバフ共和国（別名、アルツァフ
共和国）としてソ連およびアゼルバイジャンからの独立を宣言し、事実上、
アルメニアの支援のもと、未承認国家として今日に至っている[12]。ナゴルノ・
カラバフの独立をめぐっては、1988 〜 94 年にアゼルバイジャンとアルメ
ニアとの間で軍事紛争が起きている。

　同じく旧ソ連のグルジア・ソヴィエト社会主義共和国（現ジョージア）内
のアプハジア自治ソヴィエト社会主義共和国[13] であった地域が 1994 年 11
月 4 日に主権宣言を行い、アプハジア共和国としてジョージアからの独立

---

12 アゼルバイジャン人はイスラム教徒が多いのに対して、アルメニア人はキリスト教徒（アルメ
　ニア使徒教会）が多い。言語も、トルコ語に近いアゼルバイジャン語と、インド・ヨーロッパ
　語族に属するが、独自の文字を用い、孤立した言語であるアルメニア語とはまったく異なる。
13 地域名称の「アプハジア」（破裂音の「プ」）は、アプハジア語およびロシア語の発音に基づく。
　英語の表記および発音に基づくと「アブハジア」（濁音の「ブ」）となる。ここでは前者の表記
　に従う。

を主張して未承認国家となっている [14]。ここでも、1992 〜 94 年にジョージア政府とアプハジア分離独立派との間で軍事紛争が起きている。さらに、グルジア・ソヴィエト社会主義共和国では、南オセチア自治州だった地域が1992 年 5 月 29 日に国家独立法を制定、翌 1993 年 11 月 2 日に新憲法制定により南オセチア共和国としてジョージアからの分離独立を主張し、未承認国家となっている。ここでは、南オセチアをめぐって、2008 年にジョージアとロシアとの間で軍事紛争が起きている [15]。

3. ロシア・東欧近現代史

3.1. ロシアの立憲君主制への移行

　ロシア皇帝アレクサンドル 3 世は、1891 年、ウラジオストクにおけるシベリア鉄道の起工式に、皇太子ニコライ（のちのニコライ 2 世）を臨席させる [16] など、東アジアを重視する姿勢を見せていた。シベリア鉄道の建設は

14　ジョージア人はジョージア正教を信仰する者が多いが、アプハジア人はイスラム教徒が多い。また、ジョージア語はカルトヴェリ語族に属し独自のジョージア文字を使用し、アプハジア語（アブハズ語）は北東コーカサス語族に属しキリル文字を使用し、両語間の系統関係も立証されていない。

15　南オセチアのオセット人はロシア正教を信仰する者が多い。なお、南オセチアの北側のロシア領内に、同じオセット人が多数を占める北オセチア＝アラニア共和国があり、オセット人は、旧ソ連の解体後、ロシアとジョージアの国境線によって分断されてしまったことになる。なおオセチア語（オセット語）はインド・ヨーロッパ語族イラン語派に属する言語で、ジョージア語やロシア語とは異なる言語である。ただし、表記にはキリル文字が使われている。

16　この途中、皇太子ニコライは長崎、鹿児島、神戸などに寄港している。当時、長崎は、ロシア東洋艦隊の越冬地であり、多くのロシア海軍軍人が居住していたほか、ロシア海軍関係の療養施設・遊興施設などもあったため、長崎寄港はその慰問も兼ねていたと考えられる。皇太子ニコライは、京都見物のあと、東京に向かう予定であったが、大津行幸中に警備の警官に斬りつけられる事件（大津事件）が起こったため、軽傷だったものの上京は中止された。ニコライ 2 世は克明な日記を残していることで知られているが、日記を見ると、彼にとって、この時の日本訪問がいかに楽しくすばらしいものであったかを知ることができる。また「大津事件の結果、ニコライ 2 世が日本嫌いとなり、それが日露戦争のきっかけとなった」という俗説とは異なり、日記を見る限り、大津事件後も彼の親日的感情に変化がなかったこともわかる。また、大津事件後もニコライ 2 世が親日的であったことは、ニコライ 2 世帰国後の 1891 年 8 月および翌 1892年 1 月に現地の日本の公使から外務大臣宛に送られた二つの機密報告でも明らかである。しかし、なぜか日本国内ではそのことは広く明らかにされることはなく、その事実は隠蔽された可能性さえあり、司馬遼太郎の『坂の上の雲』などの小説も含め、前述の俗説が広く信じられてきた。

清国との協定に基づき、満州横断ルートとして計画され、満州中心部の哈爾浜（はるびん）から支線が南下して遼東半島南端の大連と旅順に通じる、T字型の敷設計画であった。つまり、シベリア鉄道は、満州・極東の経済開発のためのインフラ整備という目的があったと考えられる。ところが、日清戦争に勝利した日本が1895年に清国との講和条約で遼東半島を獲得したため、ロシア主導の満洲開発計画の一部が損なわれることになった。ロシアが、ドイツ、フランスとともに遼東半島の清国返還を日本に迫った（三国干渉）背景にはこうした事情があった。また、清国は多額の賠償金を日本に支払うことになったが、この賠償金も実際にはロシアが満州開発との関連で中国に貸し付けた資金から日本に支払われている。1900年の義和団事件後も、ロシア軍が満州に大規模な軍隊を駐留させることになったのも、すでに満州開発に資本を投じていたロシアが、その利権を守ろうとしたためであったが、そのことがはからずも、三国干渉以来、ロシアを敵視するようになった日本を無用に刺激することとなり、日本の対露戦争を引き起こす一因となった。

1904年から1905年にかけての日露戦争は、ロシア側からすれば、不用意に日本の対露警戒心を逆なでするような行動をとったために起きてしまった、予期せざる戦争であった。もともと海軍力が脆弱な上に、極東の戦場は首都からあまりに遠く、その結果、とてつもなく長くなってしまった兵站も、これまた脆弱なシベリア鉄道によってしか支えられていないという、戦略的に見ればまったく勝ち目のない戦争であった。

ロシアの農業は近代化が遅れていたため、とりわけ労働力への依存が大きかった。それゆえ、戦争のために兵士として農村の労働力がかりだされると、とたんに農業生産力が落ちるという性質があった。そのため、平時なら穀物を輸出するほどのロシアが、戦時には都市部で食料が極端に不足することになる。1904年から1905年にかけての冬も、首都のサンクト・ペテルブルクは食糧不足に悩み、普段から劣悪な労働条件に不満を持っていた労働者たちが連続的にストライキを実施するなど不穏な情勢であったが、1905年の年明け早々に宮殿の警備兵が平和的なデモ行進に対して発砲するという

「血の日曜日事件」[17] が起こると、首都は騒乱状態となり、皇帝ニコライ 2 世は、議会の開設を宣言し、言論・集会・結社の自由を承認した（十月宣言）。

　1906 年、ロシア政府は国家基本法（憲法）を制定して、統治機構を改編し、議会選挙を行った。選挙は多くの国民にとって不平等な多段階間接選挙であったが、ロシアは憲法と議会を持つ立憲君主制国家となった。ともかくも複数政党制のもとで 1906 年から 1912 年にかけて 4 回にわたって総選挙が実施されたことは、ロシアにとって貴重な歴史的経験となった。しかし、ロシアのこの立憲君主制のシステムは、英国などの制度とは異なって、皇帝の権限が強く、政府は皇帝によって任命され、皇帝に対してのみ責任を負うという制度であった。したがって、改革派の議員の間では、議会の多数派が政府をつくる英国的な議院内閣制の導入を求める声が強かった。しかし、この要求は皇帝に受け入れられなかった。しかし結局、そのことが帝政の崩壊をもたらすことになった。

3.2. 第一次世界大戦

　1908 年、オスマン帝国に青年トルコ革命が起こると、これに乗じてブルガリアはオスマン帝国からの独立を宣言、オーストリア＝ハンガリー帝国[18] もボスニア＝ヘルツェゴヴィナを併合した。この併合は、同地に多くのセルビア人が居住することからセルビアの反発を招き、セルビアはオーストリア＝ハンガリー帝国と激しく対立するようになった。1912 年、ロシアの指導下に、ギリシア、セルビア、ブルガリア、モンテネグロは、バルカン同盟を組織してオスマン帝国に宣戦し、バルカン半島に残されていたオスマ

---

17 事件は、当時のロシア暦（ユリウス暦）で 1 月 9 日、現在の西暦で 1 月 22 日に起きた。
18 オーストリアは、1859 年にはイタリア統一をもくろむサルデーニャ王国との戦争に敗北し、ミラノを含む北イタリアのロンバルディアを失い、1866 年にはプロイセンとの戦争（普墺戦争）に敗北し、プロイセンを中心とするドイツ帝国の成立から除外された。このオーストリアの国際的地位の低下と衰退は、国内のスロヴァキア人、チェコ人、ハンガリー人などの分離独立を招きかねなかった。かくして、オーストリアは、帝国内に 20％ の人口を有するハンガリー人と結び、ドイツ人とハンガリー人による帝国の維持を目指して、1867 年、帝国をオーストリアとハンガリーに二分した上で、軍事・外交を担うオーストリア皇帝兼ハンガリー国王を君主とし、その他の権限はオーストリアとハンガリーの二つの政府が独自に行使するというオーストリア＝ハンガリー帝国を成立させた。

ン帝国領の大部分を奪った（第一次バルカン戦争）。この間、アルバニアも1912年に独立し、永世中立国となった。しかし、戦後の領土分割問題から、バルカン同盟のギリシア、セルビア、モンテネグロと、ブルガリアとの間に内紛が起こり、オスマン帝国とルーマニアもギリシア、セルビア、モンテネグロ側につき、1913年にブルガリアを大敗させた（第二次バルカン戦争）。その結果、バルカン半島におけるロシアの影響力が強まるとともに、ブルガリアとオスマン帝国は、オーストリア＝ハンガリー帝国と接近するようになった。

1914年6月28日、オーストリア＝ハンガリー帝国の帝位継承者フランツ・フェルディナント夫妻が、ボスニア＝ヘルツェゴヴィナのサライェヴォで民族主義者のセルビア人青年に暗殺されるという事件（サライェヴォ事件）が起こり、オーストリア＝ハンガリー帝国は、これを機に7月28日、セルビアに宣戦した。ドイツはオーストリア＝ハンガリー帝国を支持し、8月1日にロシアおよびフランスに対して宣戦した。翌8月2日、ロシアもドイツに対して宣戦、3日にはフランスが、4日にはイギリスがドイツに宣戦した。6日には、オーストリア＝ハンガリー帝国がロシアに宣戦した。スラブ系のセルビア人がオーストリア＝ハンガリー帝国と対立する状況は、スラブ人・正教徒の盟主を自認するロシアを必然的にオーストリア＝ハンガリー帝国との対立に引きずり込んだ。ドイツはオーストリア＝ハンガリー帝国を支持していたし、他方で、ロシアの工業資本家はドイツ工業との対抗意識を持っており、地主は穀物輸出をめぐってオスマン帝国とそれを支援するドイツに敵意を持つようになった。こうして第一次世界大戦が始まった。

3.3. ロシア帝国の崩壊

1914年に始まった第一次世界大戦でも、依然としてロシアは、日露戦争の時と同じ失敗（農村の労働力不足による農業生産の低下）を繰り返し、1917年に入ると食糧難のために首都で暴動が起こるという悪いパターンに陥った。しかし、ロシアでは日露戦争の時と決定的に違うことが一つあった。それは、皇帝自らが最前線に立って文字通り陣頭指揮をとっていたことである。

　イギリスのビクトリア女王の娘がドイツの貴族に嫁入りし、そこで生まれたのがニコライ 2 世の妻アレクサンドラである。つまりニコライ 2 世の妻アレクサンドラは、大英帝国最盛期のビクトリア女王の孫娘である。ニコライ 2 世は、皇后アレクアサンドラとの間に 4 人の王女と一人の王子をもうけたが、王子アレクセイは、当時、不治の病とされていた血友病を持っていた。皇后アレクサンドラは、息子アレクセイの不治の病を癒す祈祷師として修道僧ラスプーチンを宮廷に出入りさせたが、アレクセイの病気は国家機密であったため、多くの人々はラスプーチンのような怪しげな人物が宮廷に出入りするのをいぶかしく思っていた。前線にいるニコライ 2 世に代わって首都に残り日常の政治を取り仕切っていたのが政治に不慣れな皇后アレクサンドラだったことは、それだけでもロシアの戦時体制にとって大きなマイナス要因だったが、彼女がラスプーチンの占いに従って政策を実施していたことは事態をいっそう悪化させた。

　ニコライ 2 世が、自ら最前線で陣頭指揮に立ち、妻が国政を仕切るのは、近代国家ではやはり無理がある。政府は、政策に失敗した場合は、総辞職して責任をとる。皇帝が陣頭指揮をとっていて、その戦争に敗北した時、皇帝が責任をとるとしたら、譲位か、帝政が終焉を迎えるかのどちらかである。1917 年 2 月、首都で労働者と兵士の反乱が起こったことを知ったニコライ 2 世は、それを鎮圧するために首都に向かおうとしたが、列車がストライキのために身動きができなくなり、弟のミハイルに譲位することで事態を収拾しようとした。しかし、ミハイルはそれを辞退し、ロマノフ王朝はあっけなく崩壊した。

　その後の政局の主導権は、議会で議院内閣制の導入を主張していた改革派が握り、臨時政府が成立した（二月革命 [19]）。この二月革命の主体は、労働者と兵士ではない。確かに、首都で労働者と兵士の騒乱が起きていたことは事実だが、本質は、帝政の自壊であり、もともと英国的な立憲君主制を目指していた議会改革派が、その後の政権を掌握した、いわば立憲君主制から立憲共和制への政権の移行が事態の本質である。臨時政府は議会改革派であっ

---

19 臨時政府の成立した 3 月 13 日は、当時のロシア暦では 2 月 28 日であるため、「二月革命」と
　呼ばれた。

た立憲民主党（カデット）、ロシア社会民主労働党、社会主義者＝革命家党（エスエル）を中心に組織された連合政府であり、その目標は新憲法制定のための憲法制定会議選挙の実施とその招集であった。他方、二月革命の前後に成立していた工場や企業のストライキ委員会の上部組織であるソヴィエト（労働者評議会）の主要な担い手もまた、臨時政府に加わっていたロシア社会民主労働党であった。したがって、臨時政府とソヴィエトは、当初は協力関係にあって、ソヴィエトは政府の労働社会政策の実施機関であり、労働者の利益の集約の場でもあった。

　しかし、臨時政府はやがて国民の、とくに首都の労働者と兵士の支持を失っていった。それは、臨時政府が「革命的祖国防衛主義」のスローガンの下で、戦争を終わらせることができなかったからである。臨時政府は、戦争に敗北した場合、ドイツ軍によってロマノフ王朝の血統による傀儡王政がうち立てられ、ロシア国内の改革派は一掃されてしまうだろうと考え、戦争に勝利するしかないと考えていたのである。

　そして、臨時政府にとって致命的だったのは、コルニーロフ将軍の反乱が起きた時、その鎮圧に政府反対派のボリシェヴィキ[20]が活躍したことで、首都のソヴィエトでボリシェヴィキの支持者が増えたことである。かくしてボリシェヴィキは、11月7日、クーデターによって臨時政府から政権を奪取した[21]。そもそも1917年2月以前はロシア政界でまったく影響力の無かったボリシェヴィキが、この年のわずか数ヶ月のうちに首都のソヴィエト内で急速に党勢を拡大することができたのは、この党だけが、即時休戦を唱えていたからである。それほど、首都の労働者の間では厭戦気分が広がっていた

---

20 正式には、「ロシア社会民主労働党ボリシェヴィキ派」で、1912年にロシア社会民主労働党から分離した過激派である。「ボリシェヴィキ」は、ロシア語で「多数派」という意味であるが、これは自称であり、ロシア社会民主労働党よりもボリシェヴィキのほうが多数派であったという事実を示すものではない。

21 1917年11月7日のクーデターによる政権奪取を、ロシア史では「十月革命」（この事件がロシア暦では10月25日に起きたため）と呼んできたが、実態からすれば、11月7日の事件を革命というのはやや大げさである。もちろん、1905年から1921年頃までの、帝政の改革と挫折、第一次世界大戦中の帝政の崩壊、臨時政府の成立、ボリシェヴィキの政権奪取、その後に続く内戦という、ロシア帝国の崩壊からソ連の成立までの歴史全体を「ロシア革命」と呼ぶのは妥当である。

のである。

　しかし、クーデター後に実施された憲法制定会議選挙で第一党になれな
かったボリシェヴィキは、招集された憲法制定会議を閉鎖した。ロシアの立
憲主義はここに潰えた。さらに、即時平和は実行されたが、それはウクライ
ナの独立（実質はドイツへの割譲）というロシア国家の解体をもたらした。
しかも、この平和条約はウクライナの農村を基盤とするエスエルの強い反発
を招き、内戦へと突入する引き金となった。

3. 4. ベルサイユ体制

　1918年11月、キール軍港の水兵の反乱を機にドイツ革命が起こり、ド
イツ皇帝は亡命、ドイツは共和制に移行し、11月11日、連合国との間に休
戦協定を結んだ。こうして第一次世界大戦は終結した。

　1919年1月、連合国はパリで講和会議を開き、6月28日、ドイツとの
間でベルサイユ条約が調印され、ドイツは、チェコ・スロヴァキア、フラン
ス、ベルギー、ポーランド、リトアニアに領土の一部を割譲した。これに続
いて、9月10日、オーストリア＝ハンガリー帝国との間でサン・ジェルマ
ン条約が調印され、オーストリア＝ハンガリー帝国は、ドイツ人居住地を
中心とする小国となったオーストリア、チェコ・スロヴァキア、ハンガリー、
ポーランド、セルブ＝クロアート＝スロヴェーニ王国（1929年にユーゴス
ラヴィアと改称）に分割された。これにより、オーストリアは面積・人口
が4分の1に減少した。さらに11月27日、ブルガリアとの間でヌイイ条
約が調印され、ブルガリアは、北マケドニア、エーゲ海沿岸などを失った。
1920年6月4日には、ハンガリーとの間でトリアノン条約が調印され、ハ
ンガリーは、ルーマニア、ユーゴスラヴィア、チェコ・スロヴァキアに領土
を割譲した。これにより、ハンガリーは、面積は3分の1、人口は5分の2
に減少した。さらに、8月10日、オスマン帝国との間でセーブル条約が調
印され、オスマン帝国は、欧州側領土はイスタンブール周辺だけとなり、メ
ソポタミア、パレスチナはイギリスの、シリアはフランスの委任統治領とな
り、キプロスはイギリスに割譲された。

　他方、ロシア帝国の崩壊に伴い、エストニア、フィンランド、ポーラン

ド、ラトヴィア、リトアニアは独立を宣言したが、社会主義政権を成立さ
せようとするロシアのボリシェヴィキ政権との間で紛争となり、最終的に
ボリシェヴィキ政権は、1920 年 2 月 2 日にエストニアとタルトゥ条約[22] を、
7 月 12 日にリトアニアとの間でモスクワ条約を、8 月 11 日にラトヴィア
との間でリガ条約を、10 月 14 日にフィンランドとの間でタルトゥ条約を、
1921 年 3 月 18 日にポーランドとの間でリガ条約を締結し、それぞれの独
立を承認した。とくに、この結果、ポーランドは、ロシアから現在のベラ
ルーシとウクライナの一部を獲得し、東欧の大国となったが、このことは、
ドイツとロシア（1922 年末からソ連）にポーランドに対する潜在的領土要
求を抱かせることとなり、第二次世界大戦の遠因となったと言える。

　こうした第一次世界大戦後に締結された一連の条約によって確定したヨー
ロッパの体制を、ベルサイユ体制と呼ぶが、ベルサイユ体制下の国境線は、
その後、第二次世界大戦後に再び変更されることになる。

3.5. 戦間期のソ連（1917-45）

　政治勢力としては少数派だったボリシェヴィキがクーデターによって政権
を奪取し、しかも民主的な選挙で行われた憲法制定会議で第一党になれな
かったために憲法制定会議を閉鎖するという暴挙に出たことが、内戦を引き
起こすこととなった。内戦は、ボリシェヴィキとそれに反対する政治勢力と
の武力闘争という側面もあったが、ロシア帝国の崩壊によって民族独立の可
能性が出てきた周辺の非ロシア人諸民族の独立戦争という側面もあり、そこ
に地主と小作人との戦い、キリスト教徒とイスラム教徒との対立という側面
もあって、状況は複雑である。しかも、それぞれの勢力を後押しすること
で、帝国崩壊後のロシアで利権を獲得しようという諸外国の介入もあって、
事態はいっそう複雑となった。

　しかし、最終的に内戦に勝利したボリシェヴィキは、1924 年にソ連を結
成した時、旧ロシア帝国領のうち、フィンランド、ポーランド、バルト 3
国を除いた領土を支配下に置くことに成功していた。内戦は数え切れないほ

---

22 エストニアの都市タルトゥは、英語およびドイツ語ではドルパート、ロシア語ではユーリエフ
　というため、条約名も各国語ごとに異なる。

ど多くの犠牲者を出したが、ともかくもボリシェヴィキは勝利し、ソ連が成立した。ボリシェヴィキの勝利の理由は、ボリシェヴィキが最終的に総兵力300 万となる赤軍を建設し、軍事的に周辺諸民族を圧倒したこと、外国の介入により、ロシア人がボリシェヴィキを中心に結束したことなどが考えられる。

　ボリシェヴィキは、内戦の過程で国民の支持を得る必要性を感じ、内戦がほぼ終結した 1921 年に、国民に対する宥和政策ともいえる新経済政策（NEP）を採用した。しかし、この政策も 1929 年までには終了し、その後は、まったく逆方向の農業集団化政策が採用された。当時の指導者スターリンは、革命と内戦で疲弊したロシア経済を復興させるためには、政府主導の中央集権的な工業投資・計画経済を実施する必要があり、その資金調達のためには富農を収奪する必要があると考え農業集団化に踏み切ったというのが経済学的説明である。この政策は経済復興を短期間で効率的に進めるという意味では成功したといえる。

　この政策は、当然、農民の反発を招き、1930 年代のソ連では農民暴動が多発したが、スターリンはそれに対して厳しい弾圧で臨み、またそうした弾圧政策に反対する政権内部の批判者を粛清した。

　その後、農業集団化に反対する農民の暴動は徐々に沈静化した。それは1929 年の大恐慌を経て、1930 年代に入るとドイツ情勢が徐々に危機的なものとなり、やがてヒトラーが台頭してくるといった欧州情勢の変化に対する警戒心から、国民の愛国心が強まる傾向にあったためと考えられる。

　1939 年は、東でノモンハン事件（5 月 12 日〜 9 月 15 日）、西で独ソ不可侵条約の締結（8 月 23 日）、ドイツ軍のポーランド進撃（9 月 1 日）があり、1941 年は東で日ソ中立条約の締結（4 月 13 日）、西で独ソ戦開始（6 月 22 日）があるなど、ソ連は日独情勢を相互にリンクさせながら、巧妙に二正面作戦を回避することに成功した。とはいえ、独ソ戦初期のソ連の大敗北は、ロシア史上最悪の結果であり、第二次世界大戦前のソ連の対独政策および対欧州政策は失敗だったといえよう。他方、日本との戦争は回避できたことから、対日政策は成功したといえよう。

　欧州における第二次世界大戦は基本的には東部戦線の独ソ戦が中心であ

る。ノルマンディー上陸作戦とそれ以降の米軍の戦いは、実はノルマンディー上陸作戦が 1944 年 6 月 6 日であり、その 11 ヵ月後の 1945 年 5 月 7 日にはドイツが降伏していることからも明らかなように、1939 年 9 月 1 日のポーランド侵攻から考えても、また 1941 年 6 月 22 日の独ソ戦の開始から考えても、ヨーロッパにおける戦争の最後の局面に過ぎない。つまり、ヨーロッパにおける第二次世界大戦は、米国がノルマンディーに上陸するまでに、そのドラマの重要な場面はあらかた終わっていたのである。そのことは、日本が 350 万、ドイツが 500 万、ソ連が 2 千数百万という、第二次世界大戦の犠牲者数[23] からも明白である。第二次世界大戦中にヨーロッパで失われた人命の大半は、独ソ戦で失われた独ソ両国とりわけソ連国民の命だったのである。

3. 6. 第二次世界大戦後のソ連（1945-91）

2 千数百万、つまり総人口の 1 割を失うという大きな犠牲を出した第二次世界大戦は、たとえ戦勝国であったとしても、戦後のソ連にいろいろな意味で大きな影響を与えることになった。ソ連は敗戦こそしなかったが、敗戦国以上にその傷は大きかった。とにかくソ連の最も人口密度の高いモスクワ以西のヨーロッパ・ロシア地域で地上戦闘が 4 年間も続いたのである。13 〜 4 世紀のモンゴル人による支配、16 世紀のポーランド・リトアニア王国の侵略、1812 年のナポレオン戦争、1914 〜 17 年の第一次世界大戦と、歴史上何度も外国からの侵略を受けてきたロシア人も、さすがに第二次世界大戦の大量殺戮には骨の髄までこたえたと見え、第二次世界大戦後は過剰と思えるほどの軍備を持ち、とくに西部国境とその西方に対する警戒心を強めて、実質的な国境線をなるべく遠くに置いておきたいという心理が働き、ソ連の西方のポーランド、ハンガリー、チェコ・スロヴァキア、東ドイツに自国軍を駐留させ、東西ドイツ国境を事実上の国境線と見なすという考え方を持つようになった。スターリンは第二次世界大戦後のこうしたソ連の国家防衛戦略を構築したが、これは、米英には、ソ連共産主義の世界制覇への野望の表

---

23 第二次世界大戦の国別の犠牲者数については諸説ある。ここであげた数字は、その中ではかなり控えめなものである。

れと見えた。米ソ相互の不信感は、すでに第二次世界大戦中に芽生えていたが、戦後、それは決定的なものとなった。

　戦後復興のメドがたった 1953 年 3 月 5 日、スターリンは、革命、内戦、第二次世界大戦という大きな波を乗り越えて、文字通り波乱の生涯を終えた。なぜかレーニンよりも人気の高い、神学校出身のこのジョージア人の生涯は、まだまだこれから何度も再評価がなされる可能性がある。いずれにせよ、スターリンの死は、粛清に怯えた経験を持つ共産党指導者たちに安堵感を与え、戦後復興のメドがたったこともあいまって、1954 年に出版されたエレンブルクの『雪解け』という小説のタイトルにふさわしい雰囲気をソ連社会にもたらした。しかし、時代は冷戦下にあって、西側はソ連社会の変化に気づいていなかった。

　ボリシェヴィキは、ソ連共産党と名前を変えていたが、それはすでに革命家の党ではなく、学校や職場で将来有望な若者たちが更なる立身出世を夢見て入党する、エリート選抜機関に変わっていた。職場の初級党組織から、トップはソ連共産党中央委員会に至るまで、共産党のそれぞれのレベルの組織の事務局や書記局には、立身出世を夢見るエリート候補の履歴書が「党員登録カード」（ロシア語でノーメンクラトゥーラ）という名称で保管されていた。各レベルの党書記の最も重要な仕事は、この党員登録カードを繰りながら、自分が人事権を握っている企業や行政機関のポストに、自分の党組織に属する党員の中から適任者を選んで就任させることであった。情実が働かないわけではなかったが、やはり優秀な人物をしかるべき地位に就かせて、いわゆる適材適所を実現していかなければ、自分の管轄地域に与えられた生産ノルマを達成することはできない。また将来の立身出世を夢見る若い党員にとっても、厳しい入党審査に合格してノーメンクラトゥーラに自分の名前が掲載され、その時々に共産党の上部機関が実施する様々な研修などを受講し、あるいは資格や技能を身につけていき、しかるべきポストに就くよう命令が下される日まで準備をおこたらないことが必要であった。戦後の共産党は、もはや恐怖による統治ではなく、人事管理によってソ連社会をすみずみまで統治していたのである。企業や行政機関に働く幹部職員である共産党員の就職、昇進、転職、配置、研修などに関する人事管理の仕事が、共産党の

仕事の最も中心的なものとなったのである。

　自由競争や自由選挙でなく、この党員登録カード（ノーメンクラトゥーラ）によって人材の選抜や配置を行なう制度を、ノーメンクラトゥーラ制というが、この制度がそれなりに合理的な制度であったことは、この制度のもとで、世界最初の有人宇宙ステーションを飛ばすことに成功する科学技術力を持つことができたし、バレエ、音楽、映画などの文化や、スポーツなどでも高いレベルを維持してきたことからも、立証できる。しかし、この制度に問題があるとすれば、日常生活に必要な消費物資のレベルで技術革新やニーズへの対応がどうしても遅れることである。そうしたレベルでの技術革新やニーズへの対応は自由競争に基づく市場メカニズムのほうが優れているといえよう。

　そもそも、ソ連は、1930年代に形成された集団農場と中央集権的計画経済のシステムを、スターリン後もずっと維持してきたのである。このシステムは発展途上経済においては効率がよく有用であることは歴史的に明らかとなったが、社会が安定し、ある程度の生活水準が保証されると、国民のニーズが多様化し、それに対応できなくなるのである。戦後、とりわけ1960年代後半以降、ソ連国民の教育水準は飛躍的に向上し、都市人口は増加し、流通・サービス・商業などの第3次産業就業人口も増大していった。このように戦前とは社会が大きく変化してきたのに、政治や経済のシステムは1930年代のままというのでは、ソ連社会は徐々に停滞し活力を失っていき、国民の不満は鬱積していった。こうした状況をさらに悪化させたのは、1970年代末期の冷戦下での国防費の増大、老齢人口の増加による年金負担の増加であった。

　かくしてソ連社会にも根本的な構造改革が必要となった。これが1985年3月にゴルバチョフが書記長となると同時に開始されたペレストロイカ政策である。経済の活性化のためにゴルバチョフはノーメンクラトゥーラ制を廃止して、人事に競争原理を導入した。しかし、これは共産党の重要な機能を奪うこととなり、他方で政治分野での自由選挙の導入は、共産党の組織的解体を速めた。共産党組織の弱体化は多民族国家を束ねていた唯一の仕組みが弱体化するということであり、非ロシア人地域での自立化傾向が強まる要

因となった。とくにウクライナやバルト三国などの先進地域や重要な農業
地域でのロシア離れの強まりは、ついにソ連解体へと進むことになった。し
かし、ソ連の解体をいっそう速めたのは、皮肉なことにこうした状況に危機
感を抱いて、ゴルバチョフの自由化政策をストップさせて引き締めをはかろ
うと 1991 年 8 月 19 日に引き起こされたクーデターが失敗したことであっ
た。このクーデターの失敗に力があったのは、ソ連の 15 の共和国のうちの
一つのロシア・ソヴィエト連邦社会主義共和国の大統領だったエリツィンで
あった。このクーデターの失敗のあと、ゴルバチョフとエリツィンの力関係
は逆転し、エリツィンは、ゴルバチョフに対抗するために、ソ連を構成する
15 の共和国の自立を推進する勢力の中心となり、ソ連解体の原動力となっ
た。ゴルバチョフの改革は 6 年間でソ連崩壊をもたらして終わった。あと
には経済混乱だけが残った。

3. 7. ロシアにおける立憲主義の復活

　ソ連解体半年前の 1991 年 6 月にロシア史上初の国民の直接選挙により
大統領に選出されたエリツィンは、ソ連解体後、市場経済へ向けての改革
と新憲法の制定をめぐって、1990 年 3 月に選出され憲法上解散のない旧議
会（人民代議員大会とそれの互選により選出される最高会議）と鋭く対立し
た。この対立は、1993 年 10 月の旧議会過激派の武装蜂起と、それに対す
るエリツィン政権による鎮圧という血の惨劇（死者 200 名以上）によって
終止符が打たれた（十月事件）。その直後、かねてより憲法協議会により審
議されてきた新憲法の最終草案が提示され、1993 年 12 月 12 日、新憲法採
択のための国民投票が、新議会（上院にあたる連邦会議と下院にあたる国家
会議からなる二院制の連邦議会）選挙と同時に実施された。採択された新憲
法は、最新の人権規定を含み、三権分立を基礎とする国家機構を定めたロシ
ア史上初めての近代的憲法であった。ここにおいて 1918 年の憲法制定会議
閉鎖によって潰えた 1906 年の国家基本法制定・帝国議会発足以来のロシア
の立憲主義の流れが、75 年の歳月を経て復活した。

3. 8. エリツィン政権下の政治経済情勢概観

　1992 年 1 月、ロシアは市場経済へ向けて改革のスタートを切った。若手経済学者ガイダルが政府議長（首相）代行に就任、ロシア政府は国際通貨基金（IMF）の改革プログラムに沿って価格自由化を断行し、その上で緊縮財政を基礎とする経済改革を実施しようとした。しかし、国営企業の私有化が未実施であったこと、通貨供給量を管理する中央銀行人事権が野党が過半数を占める議会に掌握されていたために通貨供給が過剰気味となったこと、旧ソ連の地域分業体制が崩壊したことなどにより、ハイパーインフレが起こり経済は混乱した。かくして、野党が多数を占めていた議会と政権との対立が激化し、前述のように 1993 年の十月事件に至った。

　この間、私有化が徐々に進められたが、この私有化プロセスで、国際競争力のあるエネルギー産業を中心とする優良鉱工業企業が、後にオリガルヒ（金融寡頭制支配者＝財閥）と呼ばれるようになる少数の新興資本家の手中に集まることとなった。オリガルヒは、1996 年のエリツィン大統領の再選に際して選挙資金調達を担当することによってエリツィン政権と癒着し、政治的影響力を強めることとなった。他方、1995 年 12 月の国家会議（下院）選挙で野党の共産党が第一党となり、国家会議（下院）では野党の政権批判がいっそう強まることとなった。その結果、エリツィン政権は、政局運営に苦慮することとなり、連邦構成主体（共和国、辺区、州など）の利益を代表する連邦会議（上院）の支持を取り付けようと、有力な連邦構成主体に対して連邦制度上の管轄権に関して譲歩せざるをえなくなった。このことがさらに国家的規模での経済改革の推進を困難にするという悪循環をもたらした。

　1998 年 8 月、ルーブルと株価の暴落（金融危機）が起こり、政府は総辞職した。エリツィン大統領は、野党の押すプリマコフ外相を政府議長（首相）とし、産業、財政などの重要経済分野を担当する大臣には共産党などの野党から有力議員を入閣させ、議会内左翼主導の危機管理政府を組織し、難局を乗り切ろうとした。結果的にプリマコフ政府議長（首相）の政策は功を奏し、金融危機によるロシア経済のダメージは最小限にとどまった。ルーブル切り下げにより輸入が減って、国産品の売り上げが増大するとともに、欧

州ではロシア製工業製品の価格下落が起きて輸出が増え、西欧向け輸出産業を中心に国内産業が息を吹き返し始め、それとともに主要な輸出品目であった石油価格も上がり始め、ソ連解体後低迷していたロシア経済が上昇に転ずることになった。金融危機翌年の 1999 年、ロシアの高度経済成長が始まった。

　左翼主導のプリマコフ政府の政策の成功は、リベラル系を中心とする自陣営から後継大統領を当選させたかったエリツィン大統領にとっては痛し痒しであった。エリツィン大統領は、1999 年 12 月の国家会議（下院）選挙と翌年の大統領選挙が野党優位の状況で実施されることを回避すべく、1999 年 5 月、プリマコフ政府を総辞職させ、リベラル系のステパーシン内相を政府議長（首相）に抜擢した。ところが 8 月、モスクワ市内のアパートなどでチェチェン人武装勢力による連続爆弾テロ事件が勃発するとともに、カフカース山岳地帯でのチェチェン人武装勢力の攻撃が開始され、第二次チェチニア紛争[24]が始まった。エリツィン大統領は、こうした非常事態に指導力を発揮できないリベラル系のステパーシン政府議長（首相）を解任し、プーチン保安庁長官を政府議長（首相）に抜擢し、チェチニアにおける戦争の遂行とテロ鎮圧をプーチンの手にゆだねた。

3.9. プーチン政権下の政治経済情勢概観

　2000 年 3 月 26 日に大統領選に初当選したプーチンは 2008 年 5 月 7 日まで 2 期 8 年間大統領を務めた（第一次プーチン政権）。この間、プーチンは一貫して国民から高い支持を得た。プーチンの初当選時の得票率は 53% で 2 位候補を 24 ポイント上回っていたが、2004 年 3 月 14 日の再選時の得票率は 71% とさらに高く、2 位候補を 57 ポイントも引き離していた。また世論調査でもプーチンはつねに 70% 前後の高い支持率を維持していた。また 1999 年 12 月 19 日に行われた下院選では与党 4 派（統一、国民

---

24 チェチニア紛争とは、北カフカースに位置するロシア連邦チェチニア共和国において起きた分離独立を目指すイスラム武装勢力とロシア政府治安部隊との武力紛争であり、1994 から 1996 年にかけての紛争を第一次チェチニア紛争、1999 年から 2009 年にかけての紛争を第二次チェチニア紛争という。

議員、ロシア地域、祖国＝全ロシア）で全450議席のちょうど50％の225議席を占め、2003年12月7日の下院選では、「統一」と「祖国＝全ロシア」が合同して成立した与党「統一ロシア」が単独で下院の3分の2を超す306議席を占めた。初めて完全比例代表制選挙で実施された2007年12月の下院選でも「統一ロシア」は圧倒的な強さを発揮し315議席を獲得した。こうしたプーチン大統領と与党に対する高い支持率の最大要因は好調なロシア経済であった。ロシア経済は、1998年の金融危機から脱したあとは一貫して高い成長率を維持し、これは2000〜2008年のプーチン政権の時期と完全に一致している。ロシア経済の好調は、主要産業部門のエネルギー部門が国際原油価格の高値安定を背景に活況を呈していたからだが、プーチン政権の国内政策が、持続的な経済成長を可能にする社会基盤を作り出していたことも見逃してはならない。この間、チェチニア紛争は全体としては沈静化し、現地での正常化が進められた。かくして、プーチン政権は、2000年以降、下院の与党優位体制を基礎に安定した政局運営を続けた。

　プーチン大統領は、1年目の2000年中に、エリツィン政権下で連邦構成主体に譲歩しすぎたために生じた、行き過ぎた分権化の流れを押しとどめて、中央集権制を強化し、他方、末端の地方自治体の行財政権限の強化も実行している。またエリツィン政権下で政権中枢との癒着を深めたオリガルヒ幹部を経済犯罪により逮捕するなど、その政治的影響力の弱化を進めた。2004年5月7日から2期目に入ったプーチン政権は、議会内の多数与党を基礎に、強力なリーダーシップのもとで行財政改革を進めた。

　2008年3月2日、メドヴェージェフ前政府第1副議長が大統領選挙に当選、5月7日に大統領に就任すると、プーチン前大統領は政府議長に就任し、いわゆるタンデム体制がスタートした。しかし、このタンデム体制は、発足後まもない2008年夏には、早くも対外関係、国内政治の両面にわたって試練にさらされた。すなわち北京オリンピック開会式前日の2008年8月7日、ジョージア軍が、ジョージア領内の少数民族地域である南オセチアに軍事侵攻し、それに対抗して、もともと当地に平和維持軍を置いていたロシア軍が反撃、ジョージア領内に侵攻するというロシア・ジョージア紛争が勃発したのである。この紛争はEU等の仲介により2008年中には収束したも

のの、南オセチアとアプハジアはこれを契機にジョージアからの分離独立を
宣言、これを承認したのはロシアを初めとする数ヶ国にすぎず、2019 年現
在も紛争の火種は依然くすぶったままである。

　他方、ロシア国内では 1999 年以来、年率 5 ～ 8% 前後の成長率を維持
してきた経済が、2008 年夏に米国に端を発した国際金融危機の影響を受け
て景気後退を余儀なくされた。しかし、2009 年には国際原油価格も再び上
昇に転じ、それを受けて、2010 年からは再びロシア経済は成長へと転じ、
2011 ～ 2014 年の国別国内総生産（購買力平価 GDP）で世界第 6 位を占
めた。こうした好調なロシア経済を背景に 2012 年 5 月 7 日にスタートした
第二次プーチン政権[25] に対する国民の支持は、2014 年 2 月のソチ冬季五輪
で絶頂に達した。

　まさにその時、ウクライナで政変が勃発した。ロシアは、2014 年 3 月
18 日、クリミアを編入、その後、ウクライナ東部でウクライナ政府とロシ
ア系住民との対立が激化した。これに対して、米国・EU・日本は対露経済
制裁を発動、これに加えてシェールガスの開発や新興国経済の停滞に起因す
るエネルギー需要の後退などに伴う原油価格の低下がロシア経済を直撃し、
2015 年のロシア経済は 2009 年以来のマイナス成長となった。

　しかし、2016 年には、鉱工業生産はプラスに転じ、2017 年以降、GDP
成長率はプラス 1 ～ 2% 程度に回復した。2016 年 9 月 18 日に実施された
下院選でも与党「統一ロシア」が議席の 3 分の 2 以上を占め、2018 年 3
月 18 日に実施された大統領選でもプーチン大統領が圧倒的多数で再選され
た。政権長期化によるマンネリ化、年金財政の逼迫から支給年齢を女性は
55 歳から 60 歳へ、男性は 60 歳から 65 歳へ引き上げることへの不満など
から、プーチン支持率はわずかに低下しつつも、依然として高い支持率を維
持している。今後のロシアは、政治分野では、投票率低下などに示される政

---

25 ロシア連邦大統領の任期は、当初、4 年であったが、2008 年 12 月 30 日のロシア連邦憲法改
　正により、6 年に延長された。この 6 年の任期は、2012 年 3 月 4 日に選出され 5 月 7 日に就
　任したプーチン大統領（メドヴェージェフ大統領の 1 期を挟んで 3 期目）から適用された。そ
　の後、プーチンは 2018 年 3 月 18 日に再選され（初当選から数えれば 4 選目）たので、2024
　年 5 月 7 日まで大統領の職にあることになる。なお、この憲法改正により、国家会議の任期も
　それまでの 4 年から 5 年に延長され、2011 年 12 月 4 日に選出された議員から適用された。

治的無関心層の増大を克服しつつ市民的権利を拡大していくこと、経済分野ではエネルギー産業以外の分野の工業の発展が課題といえる。

4. 東欧の抱える諸問題

4.1. EUとNATOの東方拡大

ソ連崩壊後、東欧諸国は西欧への接近をはかり、いずれもヨーロッパ連合（EU）、北大西洋条約機構（NATO）への加盟を目指すことになった。

EUへの加盟について見ると、早くも1981年1月に加盟している、旧ソ連圏に属さず非社会主義国であったギリシアは別として、そのほかの国々のEU加盟は、エストニア、スロヴァキア、スロヴェニア、チェコ、ハンガリー、ポーランド、ラトヴィア、リトアニアが2004年5月、ブルガリア、ルーマニアが2007年1月、クロアチアが2013年7月のことであった。

EUへの加盟は、それぞれの国にとって、西欧諸国からの経済的支援や投資の拡大を期待してのものであり、確かにそうした期待はある程度は実現されたが、他方で、物価の上昇、労働力の流出など、マイナス面も生じている。また、経済的な効果とは別に、EU加盟に際して、マイノリティー問題や人権問題などの解決を求められ、国内の民主化が進行した点はプラス面として評価できるだろう。

NATOへの加盟については、やはり1952年2月に加盟しているギリシアは別として、それ以外の国々では、チェコ、ハンガリー、ポーランドが1999年3月、エストニア、スロヴァキア、スロヴェニア、ブルガリア、ラトヴィア、リトアニア、ルーマニアが2004年3月、アルバニア、クロアチアが2009年4月に加盟している。これら東欧諸国のNATO加盟は、NATOの東方拡大としてロシアの警戒心を引き起こすこととなり、ロシアは一貫してこれら東欧諸国のNATO加盟に反対してきた。今後、ロシアに近接するウクライナの加盟が問題となるが、ウクライナ国内にはロシア系住民も多く、ロシアとの経済的・文化的つながりも強いため、国内でもNATO加盟への反対は少なくなく、対露関係上、微妙な問題をはらんでお

り、紆余曲折が予想される。

4.2. 経済発展

EU および NATO の東方拡大は、西欧諸国からすると、政治的には東欧諸国の民主化、経済的には市場拡大、軍事的には武器供給先の拡大が期待できた。他方、東欧諸国の側では米国・西欧・日本などからの投資の拡大による経済発展が期待された。東欧諸国のそうした期待は、ある程度は満たされたともいえるが、発展の規模や程度は国によってばらつきがあり、アルバニア、コソヴォ、ブルガリア、ルーマニアなどの経済発展は必ずしも順調とはいえない。

4.3. 民主化

「民主化」は促進されたといわれているが、各国ごとにかなり事情は異なり、個別の詳細な分析が必要である。マイノリティー差別などの問題が完全に克服されたわけではなく、とくにバルカン半島地域では、民族紛争の火種が完全になくなったわけではない。また東欧一の大国ウクライナでは、2013 年以降、東部における紛争、クリミアのロシアへの編入問題など、政治的危機が続き、2020 年 3 月現在も解決していない。

■主要参考文献

・『新版 東欧を知る事典』平凡社、2015 年。
　　東欧諸国の歴史と現状を知るための基礎的文献。図版なども豊富。地域・国名編、現代東欧 Who's Who、文献案内、ホームページ案内もある。

・『新版 ロシアを知る事典』平凡社、初版第 3 刷、2007 年。
　　ロシアと旧ソ連諸国の歴史と現状を知るための基礎的文献。図版なども豊富。地域・国名編、現代東欧 Who's Who、文献案内、ホームページ案内もある。なお、第 1 刷、第 2 刷に対し、第 3 刷は内容が増補されている。

・伊東孝之・他『新版世界各国史 ポーランド・ウクライナ・バルト史』山川出版社、
　1998 年。

　　ポーランド、ウクライナ、エストニア、ラトヴィア、リトアニア諸国の通史。

・桜井万里子・他『新版世界各国史 ギリシア史』山川出版社、2005 年。

　　ギリシアの通史。

・塩川伸明・池田嘉郎編『社会人のための現代ロシア講義』東京大学出版会、
　2016 年。

　　クリミア問題からエネルギーや北極海航路の問題まで、現代ロシアの政治・
　経済事情について、第一線の研究者が解説した最も信頼できる概説書。

・塩川伸明・小松久男・沼野充義編『ユーラシア世界 5　国家と国際関係』東京
　大学出版会、2012 年。

　　ソ連解体後の旧ソ連地域および旧ソ連周辺地域の変容を扱った論文集。

・柴宜弘・他『新版世界各国史 バルカン史』山川出版社、1998 年。

　　アルバニア、ギリシア、クロアチア、スロヴェニア、セルビア、ブルガリア、
　ボスニア＝ヘルツェゴヴィナ、北マケドニア、モルドヴァ、モンテネグロ、ルー
　マニアの通史。

・柴宜弘・他『東欧地域研究の現在』山川出版社、2012 年。

　　オーストリア＝ハンガリー帝国とオスマン帝国の支配下にあった「東欧」の
　冷戦終結後の「今」を歴史学・政治学・社会学・文学など様々な視点から考察。

・渋谷謙次郎『法を通してみたロシア国家：ロシアは法治国家なのか』ウェッジ、
　2015 年。

　　ロシアの立憲制度と権力のあり方をソ連成立時にまで遡って歴史的にたどり、
　「社会と法」について考察。プッシー・ライオット事件、同性愛宣伝禁止法など
　最近の問題にもふれている。

・上智大学外国語学部ロシア語学科編『地域研究のすすめ：ロシア・ユーラシア編』
　上智大学外国語学部、2018 年。
　　ロシア・ユーラシア地域研究のためのインターネットの使い方および文献の
　紹介のほか、正教の歴史、ロシア国際関係史、現代ロシア経済、現代ロシアの
　民族間関係、ロシア文化とヨーロッパ、などに関するエッセイを含む。

・仙石学ほか編著『スラブ・ユーラシア叢書 9：ポスト社会主義期の政治と経済』
　北海道大学出版会、2011 年。
　　比較政治学・比較経済体制論研究者によるロシア・東欧地域研究論文集。

・羽場久美子ほか編『世界政治双書 4：ロシア・拡大 EU』ミネルヴァ書房、2011 年。
　　グローバル化、EU 拡大、経済危機下におけるロシアと中東欧の政治動向を
　克明に分析。

・パスカル・マルシャン『地図で見るロシアハンドブック』原書房、2017 年。
　　地図によって解き明かすロシアの歴史・地理・政治・経済。

・廣岡正久『キリスト教の歴史 3　東方正教会・東方諸教会』山川出版社、2013 年。
　　カトリックやプロテスタントに比べ情報の少ない「東方正教会」の歴史を詳
　述する。

・溝端佐登史編著『ロシア近代化の政治経済学』文理閣、2013 年。
　　社会・政治・経済状況を多角的・重層的にとらえ、エネルギー産業、環境問題、
　近代化政策を軸に、ロシア社会の現状と今後について考察する。

・南塚信吾・他『新版世界各国史 ドナウ・ヨーロッパ史』山川出版社、1999 年。
　　ドナウ川に沿ってヨーロッパの中央に位置するオーストリア、ハンガリー、
　チェコ、スロヴァキアの通史。

・六鹿茂夫編『黒海地域の国際関係』名古屋大学出版会、2017 年。

　西欧・ロシア・中東の狭間に位置し、歴史上つねに国際政治の焦点だった黒
海。冷戦後の EU ／ NATO とロシアの綱引きの中、紛争や跨境性を伴いつつト
ルコ、ウクライナ、ジョージア、バルカン諸国等が織りなす地域の動態を、外交・
経済から宗教まで多面的に分析、その全体像を描く。

・百瀬宏・他『東欧 第 2 版』自由国民社、2001 年。
　　現代史に重点を置きながら、東欧諸国全体を俯瞰する。

・横手慎二『現代ロシア政治入門』慶應義塾大学出版会、第 2 版、2016 年。
　　現代ロシア政治の最良の入門書。ロシアのいまを理解するために必要と考え
　られる事項を簡潔に述べ、次のステップに進むための学習の手引きとして詳細
　な参考文献を付している。

・横手慎二・他『CIS［旧ソ連地域］』自由国民社、1995 年。
　　ロシア・旧ソ連諸国の通史、現代政治・経済情勢を俯瞰する。

・和田春樹・他『新版世界各国史 ロシア史』山川出版社、2002 年。
　　ロシアの通史。

第2章

ヨーロッパの
政治と経済

欧州統合とヨーロッパ連合（EU）

河﨑　健

I. 欧州統合の歴史

1. 前　史

　ヨーロッパを一つにする——国民国家体制が確立した 20 世紀において、国を超えたヨーロッパの統合が唱えられたのはいつからだろうか。

　相互に争っていたヨーロッパ諸国（19 世紀以来の対立の中心はフランスとドイツであった）が手に手を取り合うのはいかなる場合だろう。大きな契機は二つあるように思われる。一つは国同士が互い協力した方がそれぞれの利益が増大すると考えられた時、もう一つは外部に共通の脅威が存在する時である。

　第一次世界大戦後、戦場となったヨーロッパの東と西に超大国が登場した。西にはそれまでの孤立主義を捨ててヨーロッパの戦争に参戦し、一躍世界大国となったアメリカ合衆国、東にはロシア革命を経て共産主義体制を膨張させつつあったソ連がヨーロッパの大きな脅威となったのである。オズワルド・シュペングラーの『西洋の没落』という書物が多大な反響を呼んだのは 1920 年代であり、まさに世界の覇権はヨーロッパから米ソ二大国家に移ろうとしていた。

　その 20 年代にチェコスロバキア人のクーデンホーフ・カレルギー伯爵という人物が「パン・ヨーロッパ構想」を唱えたのが、ヨーロッパ統合の先駆けといわれる。伯爵の統合案は政治運動として広まり、その後フランス首相のブリアンやドイツの外相シュトレーゼマンがヨーロッパ合衆国案を掲げるようになった。しかし 1929 年に世界恐慌が起きると、協調的な経済体制が確立していなかった当時のヨーロッパ諸国は自国経済の運営に専心するしか

なく、それはやがてイギリス・フランスなどの連合国とドイツ・イタリアなどの枢軸国との対立につながり、1939年の第二次世界大戦勃発に至るのである。

2. ヨーロッパ統合の開始

2. 1. ヨーロッパ統合はなぜ始まったのか

　第二次世界大戦の終戦後、ヨーロッパは以前にもまして疲弊した状態に陥った。世界政治をリードしてきた覇権国イギリス（英国）の凋落は明らかで、フランスは戦勝国といえども、ナチス・ドイツによる占領から国土に大きな打撃を受けていた。ドイツに至っては敗戦国として断罪されたあげく、米英仏ソの4ヶ国に分割統治をされて、やがて東西に分断されることになった。これに対して米ソの覇権はそれまで以上に強大なものとなり、世界政治におけるヨーロッパ諸国の影響力は減退の一途を辿っていたのである。

　当時の英国首相チャーチルが「ヨーロッパ合衆国構想」を口にしたのも、凋落するヨーロッパを憂いての発言であろう。もはやヨーロッパ諸国はそれぞれ一国では世界の中心たりえない、互いに協力して国力を結集するしかない――ヨーロッパの人が抱いたこのような思いは、第一次世界大戦後以上に大きかったことであろう。

　しかし理念だけでは国を超えた協力や統合など進むわけがない。それでなくとも各国とも戦争の荒廃の中、自国の復興で手一杯だったのだから。統合を進めるには、理念に加えて実利があることを自覚する必要があった。その実利はヨーロッパの外と内から投げかけられた。ヨーロッパの外側から統合を促したのは、アメリカ合衆国（米国）である。

　第二次世界大戦後のヨーロッパ大陸における米国の戦略は、共産主義国家ソ連の封じ込めと独裁国家ドイツ復活の阻止にあった。大戦後のソ連の勢力圏は東欧を越えてドイツの一部（ソ連占領地帯）にまで延びていたのである。ソ連のさらなる西進を防ぐにはソ連勢力圏の西の端に防波堤を造る必要があろう。この西の端とは米国中心の西側の自由主義・資本主義国家の東の

端であり、それはドイツの一部である西側三国（米英仏）の占領地帯の東の端に当たる（と同時に、同じドイツのソ連占領地帯の西の端に当たる）。この地域を強化してソ連のさらなる西方への膨張に歯止めをかけるのが必須となった。とはいえ占領を長期的に続けることにはコストがかかる。英国とフランスが自国の復興を優先させざるをえない以上、占領の負担は超大国である米国に重くのしかかる。そこで負担を軽減するには被占領国であるドイツを自立させるしかない。ドイツ人自らに西側陣営の東の端を防衛させるのである。

　だがドイツを自立させることは、米国のもう一つの戦略〜独裁国ドイツの復活〜に抵触する恐れがある。何よりドイツの復活には積年の敵国であるフランスが難色を示していた。ドイツを民主的に復活させること（しかもドイツの東側はソ連占領地帯なので、西側の一部のみを）、そしてそれを周辺国、とくにフランスに納得させるには、これらの国にもドイツ復活によるメリットを認識させる必要があろう。そこで米国はヨーロッパ復興計画を策定、1948 年より西ヨーロッパ 16 ヶ国への経済援助を開始したのである。いわゆるマーシャル・プランである。この計画は大きな成果となり、ドイツは 1949 年に西ドイツ（ドイツ連邦共和国）として復活し、急速に経済成長を遂げ、西ヨーロッパの中核国として、米国の期待する役割を果たすようになっていく。なおソ連占領地帯は、西ドイツ建国後、共産主義の国・東ドイツ（ドイツ民主共和国）として成立している。

2. 2. ヨーロッパ石炭鉄鋼共同体の設立

　ではヨーロッパ内部から生じた実利とは何か。それは困窮するヨーロッパの復活の助けになるものであった。まず議論されたのが、西ヨーロッパの地下資源である。終戦直後のこの時期、石油、天然ガスさらには原子力といった現在の主要エネルギーの使用比率がまだ低く、また大気汚染や地球温暖化は問題になっていなかった。当時の主要エネルギーは石炭であり、西ヨーロッパの主要な石炭採掘場はドイツ国内のルール工業地帯であった。ここはすでに第二次世界大戦前にフランスとベルギーが占領、その後ヒトラーが攻め落とした地域である。他方、西ヨーロッパには鉄鉱石も豊富に埋蔵されて

いた。鉄鉱石は鉄鋼の原材料となる。石炭を使って鉄鉱石を加熱し鉄鋼を製造する——経済発展の中核となる重化学工業の整備には両資源とも欠かせない。

　大陸ヨーロッパの中心で戦勝国でもあるフランスは、自国の経済成長のためにこの両方の地下資源を確保しようとした。だがルール工業地帯はドイツ（西ドイツ）の領土内にあり、鉄鉱石が豊富なのは主にベルギーやルクセンブルクである。まさか戦前のように、軍隊を送って地下資源埋蔵地域を占領する訳にはいくまい。どうしたら豊富な地下資源を自国産業の発展に活かせるか。それには各国が石炭や鉄鉱石を採掘・精製する機関を共同で作ったらどうか。つまり、各国が個別に行うことを放棄し、国を超えた新しい機関に石炭・鉄鉱石の管理・運営の一切を任せるのである。これによりフランスは自国の（乏しい）石炭・鉄鉱石の単独管理権を失うが、代わりに他国と共同でルールやベルギー・ルクセンブルクの地下資源を管理できるのである。

　では（当時は）石炭が豊富だった西ドイツ、鉄鉱石埋蔵量の多いベルギーなどには、このような機関を設立するメリットはあったのだろうか。前述のように1949年に建国された西ドイツは、共産主義国家東ドイツと国境を接していた。東西冷戦の中、最前線で敵国（同じ民族の国だが）と向かい合っていたのである。このような危険極まりない状況下で西ドイツの初代首相アデナウアーが考えたこと——それは自国の安全保障の確保である。それには、西ヨーロッパの資本主義国家との同盟関係の強化が最優先されねばならない。とりわけ中心国フランスとの関係改善は不可欠である。こう考えた西ドイツ側にとってフランスとの地下資源の共同管理は、経済面・エネルギー面での連帯を進め、自国の安全を確保する上で好都合だった。

　一方、小国ベルギーやルクセンブルクにとってのメリットは何か。これらの両国はすでに1920年代より経済を中心に協力関係を進展させてきた。両国は周辺国（とくにフランスとドイツ）との貿易を進めていたのだが、二国間関係（例えば、ドイツとルクセンブルク）では大国の意向に押されがちであった。だが多くの国が一堂に会して話し合う場合はどうか。二国間関係の下で大国から直接受ける圧力はかなりの程度緩和されるし、大国同士（フランスとドイツ）が競合する場合には、例えば両国の間で調整役を演じるなど

して漁夫の利を得るなど、政治的な行動を取れる余地が出てくる。大国との
規模の違いによる不利益を縮小する上で、多国間での共同機関の創設は小国
にとって好ましいといえよう。

こうして 1950 年に、フランス、西ドイツ、ベルギー、ルクセンブルクと
オランダ、イタリアの 6 ヶ国の参加により設立されたのが、欧州石炭鉄鋼共
同体（ECSC）である。国を超えて設立された機関（超国家機関）である
ECSC が、ヨーロッパ統合の最初の一歩となったのである。

2.3. ヨーロッパ防衛共同体の挫折と NATO

ECSC は順調にスタートし重化学工業は発展、加盟国は統合のメリット
を享受し始めていた。このメリットを他の分野にも援用しない手はない。そ
う考えた参加国の政治指導者は、やがて最大の懸案分野である軍事の分野を
意識し始める。この分野でも最初の焦点は、西ドイツの扱いであった。

1950 年代初め、敗戦国ドイツの再軍備は抑制されていた。だが終戦後の
ソ連軍の東欧諸国制圧、53 年の東ベルリンでの労働者の暴動に際してのソ
連軍の介入など共産主義陣営の脅威は確実に西側に迫っていた。前述のよ
うに防波堤として西ドイツを機能させるには、同国に武装させて万一の東か
らの侵攻に備えなければならない。だが独裁国家だったドイツに再び武器を
もたせることを周辺国は危惧していた。そこでフランスのプレヴァン外相ら
は ECSC の成功を参考にし、西ドイツをヨーロッパの枠内で再軍備させる
案を提示した。石炭や鉄鉱石同様に、防衛権も各国から超国家機関に移譲し
ようというのである。西ドイツの軍事力を統制できるという点がこの「ヨー
ロッパ防衛共同体」（EDC）案の利点であったが、反面、批判も多かった。
経済の分野は相互依存により加盟国の利益は相乗的に増加する可能性があ
る。しかし国家主権の中核である軍事力を譲渡することは国防の観点からも
危険すぎないだろうか。事実、EDC は発案国のフランス国内でも賛否両論
があり、右派などは激しく反対した。1954 年、EDC は ECSC 加盟国首脳
の間で合意され調印されたものの、その後のフランス国民議会での批准（国
際条約は調印後、各加盟国内でなんらかの民主的な方法で承認されなければ
ならない）の投票で否決されたのである。

　EDC 設立は失敗したのだが、ソ連の脅威と西ドイツの再軍備の問題が解消した訳ではない。そこで代案として浮上したのが西ドイツの再軍備と北大西洋条約機構（NATO）加盟である。NATO とは、ソ連などの共産主義陣営封じ込めのために 1949 年に米国主導で設立された防衛同盟である。1954 年の時点で米国・カナダの他、英仏、イタリアなどの西欧の民主国家や、ポルトガル、ギリシャ、トルコなど民主主義体制ではなかったものの、共産圏封じ込めや米国の戦略上重要とされた地域に位置する国々が加盟していたのである（ちなみに地中海入口のジブラルタル海峡を領土とするスペインも NATO の戦略上、重要な国である。だが 1930 年代のスペイン内戦以降、ナチス・ドイツやファシズムのイタリアに加担したことから、戦後国連による「スペイン排斥決議」が可決され、NATO 加盟が困難になった。そこで米国はスペインと二国間協定を締結し、経済援助と引き換えにスペイン国内に米軍基地を設けたのである）。

　EDC と NATO の違いは何だろうか。米国加盟の有無とは別に、両機構には構造的な相違がある。EDC が ECSC のように、国家主権の一部を譲渡された超国家機関なのに対して、NATO は国家間の協力によって成り立っている。主権は各加盟国が保持し続けるのである。軍事に関する権限の譲渡は国家主権にかかわる。各国の防衛はあくまで国防を軸にしているのである。英国主導の下、1954 年に西ドイツは主権回復、翌 55 年に NATO 加盟を果たすことになる。EDC の失敗により各国は政治面での統合には慎重になり、以降ヨーロッパ統合は経済中心に進んでいく。

2. 4. ヨーロッパ経済共同体と原子力共同体

　1957 年 ECSC 加盟国は、他分野でも超国家機関を準備することに合意した。同年、ローマ条約が調印され、ヨーロッパ経済共同体（EEC）とヨーロッパ原子力共同体（EURATOM）が設立されたのである。EEC の目標は共同市場と関税同盟の設立、共通農業政策の実施にあった。共通農業政策と関税同盟は 1962 年に実現、EEC 域内の貿易は一層活性化した。一方EURATOM は未来のエネルギーとして期待された原子力分野の統合案だが、農業同様、原子力も主要産業とするフランスのリーダーシップの下で迅

速に設立されたのである。

　統合を進める 6 ヶ国以外の国はどういう状況だったのだろうか。英国は終戦後も仏独などの大陸ヨーロッパとは一定の距離を保ってきた。戦後も英国経済は植民地との交易中心に営まれてきたのだが、植民地が次々に独立していく中で次第に政策の転換を迫られていた。そんな英国にとって大陸ヨーロッパの経済成長は魅力的になっていく。しかし統合に伴う主権の一部譲渡に難色を示したイギリスは、ブロック経済化に向かう EEC に対抗するように、自由貿易推進のため（主権を譲渡しない）国家間協力によるヨーロッパ自由貿易連合（EFTA（加盟国 7 ヶ国））を設立したのである。EFTA は英国経済のヨーロッパシフトに一役買ったのだが、国家間協力という「緩い」統合形態、EEC に比べて相対的に経済力に乏しい加盟国が主だったことなどから、必ずしも首尾よく発展したとはいえなかった。そこで 1961 年、英国は EEC 加盟を求めたのである。

3. ヨーロッパ共同体設立から冷戦の終結まで

3.1. ド=ゴール大統領とヨーロッパ

　だが英国の EEC 加盟は拒否される。加盟反対の主唱者は当時のフランス大統領ド＝ゴールであった。ド＝ゴールは第二次世界大戦中、ナチス・ドイツに占領されたフランスで対独抵抗（レジスタンス）運動の主導者として母国の解放に尽力した軍人である。戦後、政治の世界から身を引いていたものの、フランスが植民地問題で荒れる中で政界に復帰、1958 年に憲法改正で成立した第五共和制の初代大統領に就任したのである。

　フランスの国益重視を掲げるド＝ゴールは、さらなる主権譲渡によるヨーロッパ統合の推進には懐疑的であった。またヨーロッパ問題への米国の過度の介入には嫌悪感すら示していたのである。1960 年、英国が米国の核の傘への編入を表明すると、ド＝ゴールの英国不信は高まる。核兵器という、主権にかかわる最重要事項を他国に委ねる——そのような英国を統合ヨーロッパに入れることは、EEC などへの米国の影響力も免れない。結局、68 年の

辞任までド＝ゴール大統領は英国の加盟を拒み続けたのである。

　ド＝ゴールの米国嫌いは他分野にも波及する。1963 年には米国志向を強める西ドイツと友好条約（エリゼ条約）を締結、66 年には NATO 軍事機構から脱退。以降フランス軍は 90 年代半ばまで NATO とは別組織として活動する。統合ヨーロッパとの関連では、EEC 等の権限強化を求める勢力に対して、1965 年に EEC 会議への出席ボイコットで対抗した。交渉の末、三機関（ECSC、EEC、EURATOM）内の加盟国代表からなる閣僚理事会で拒否権発動の自由を認めさせたのである。以後 80 年代半ばまで、統合ヨーロッパの決定中枢である閣僚理事会の決定方式は事実上全会一致制となり、大胆な統合推進は困難になったのである。

3. 2. ヨーロッパ共同体の誕生と統合の停滞期

　1967 年に上記の三機関は統合し、ヨーロッパ共同体（EC）となった。70 年代に入り EC はようやく英国の加盟を承認、73 年に英国、アイルランド、デンマークの三国が新たに EC のメンバーとなったのである（第一次拡大。加盟国は 9ヶ国）。70 年代、不況期のヨーロッパ経済は 73 年の石油ショック、ニクソン・ショックによりさらに停滞、各国は統合推進よりも自国の経済運営に腐心せざるをえなくなった。

　そのような中、次の時代を見越すような新たな動きもいくつか起きている。第一に 1970 年、欧州政治協力（EPC）が発足した。（超国家機関ではなく）国家間協力ではあるものの、EDC ショック以降、EC はようやく政治統合にも目を向けるようになったのである。第二に、通貨統合への模索がある。変動相場制の下で EC の域内経済は、為替変動のリスクに悩まされるようになっていた。不況の最中、EC 内の貿易を活発化し景気浮揚を図るには加盟国間の為替変動幅を一定の枠内に収めておきたい。さらに将来は加盟国間の為替レートを固定化し、共通の通貨を導入する、そうすればヨーロッパ経済は一国規模を超えて巨大化し、多大な成長も見込める——当時の EC 各国の首脳（とりわけフランス大統領ジスカールデスタンと西ドイツ首相のシュミット）はこのような将来構想を抱きながら、1979 年、欧州通貨制度（EMS）を導入した。架空の基準通貨 ECU を想定し、各国の通貨の為替

レートを ECU 中心に上下一定幅に固定する——こうすることで輸出入など
の際の為替の変動による損失を極力抑制する。EMS 構想は失敗に終わるの
だが、理念は継承され、やがて共通通貨ユーロに結実していく。第三は、欧
州議会の進化である。ECSC の時代より欧州の機関には加盟国の国政議会
の議員が兼務で議員を務めていた。統合の進展と共に、EC レベルでの民主
的な制度の拡充を求める声が高まり、1979 年に初めて直接選挙による欧州
議会議員が選出されるようになったのである。

3.3. ヨーロッパ統合の再活性化

　70 年代の深刻な経済不況から西ヨーロッパは構造的な失業問題に苦しん
でいた。対照的に米国と日本は世界の経済大国としての立場を築きつつあっ
た。80 年代の日米の経済成長は主に国営企業の民営化や企業減税など、市
場経済重視の経済政策、いわゆる新自由主義的な政策を強めたことに起因す
る。西ヨーロッパでも英国のサッチャー政権が同様の政策を推し進めたが、
仏独などの大陸ヨーロッパの国々には日米ほどの大胆な政策転換は見られな
かった。民間活力により経済的に飛躍しようとする日米の後塵を拝する訳に
はいかない。ヨーロッパ凋落への危機感からヨーロッパ統合を再び加速させ
るためのイニシアティブが発せられた。その一つは欧州議会議員数人による
欧州連合案、もう一つは西ドイツとイタリアの外相による欧州連合条約案で
ある。いずれもド゠ゴール時代以来の全会一致の慣行からの脱却と EC の強
化を謳ったものである。両案を受けて 1984 年の欧州理事会では、EC の機
構改革とともにローマ条約以来の共同市場の完成をめざす点で合意がなされ
た。

　共同市場が完成すると、EC 域内での「人・モノ・財・サービス」の流通
が自由化することになる。この共同市場案はいわば EC 版の新自由主義の実
践ともいえよう。米英よりも経済に対する国家の規制が強い大陸ヨーロッパ
諸国だが、EC 域内で市場統合が完成した場合、国家が国を超えて経済を規
制することは困難になる。EC レベルで市場経済を活発化させることで企業
間競争を促進させ、経済成長へとつなげる。この案は翌 85 年に調印された
「単一欧州議定書」（SEA）に結実することになった。SEA の目標はとくに、

（1）理事会での決定方法に関して全会一致の原則に加えて特定多数決（76票中54票で法案可決）という制度を採用すること（これにより拒否権が発動されても決定が下る可能性が高まるので、ECの権限が強まる）、（2）ECの政治分野であるEPCを条約化すること（単一というのは、それまで別々であった経済と政治を一緒（単一として）に扱うという意味である）にあった。また条約ではなく議定書としたのは、加盟国に対する法的拘束力を弱めたためである。これは英国に配慮した結果であった。

　英国は仏独と並ぶEC内の大国である。フランスがEC内でのイニシアティブ確保のため、また西ドイツが安全保障上の必要性と過去の重荷（ヨーロッパ中でのドイツという立場を取らず、単独で行動することは周辺国にナチスの再来と非難される恐れがある）から、経済のみならず政治の統合も視野に入れている。対して英国には仏独ほどにはヨーロッパ統合に深く関与する動機がない。自国の利益に合致する限りでのみEC統合を推進するという立場を取り、超国家機関に主権を譲渡することにも消極的である。

　ヨーロッパ型の新自由主義政策である市場統合は、英国のサッチャー首相をEC統合に積極関与させる上で有効であった。もっともあまり過度にEC内に拘束することは、主権喪失を恐れる英国を却ってヨーロッパから遠ざける恐れがある。政治統合までをめざす仏独にとっては、思惑の異なる英国をどこまでつなぎ止めることができるかが問題になってくる。そこで議定書という体裁で条項の中に遵守義務のない例外条項を設け、英国と妥協したのである。SEA以降の条約には選択的に離脱（オプトアウト）のできる条項が設けられるようになる。

　この時期ECにはギリシャ（1981年）、スペイン、ポルトガル（1986年）が加盟している（第二・三次拡大。12ヶ国）。これらの南欧の三国は70年代半ばまで非民主的な政権が存続していた。独裁者の死去などで体制が変革されると、EC加盟を目標に急速に民主化が進展し、加盟にこぎつけたのである。

　1985年に就任した欧州委員会のドロール委員長は政府間会議を開催し、ECのさらなる深化の可能性として、①経済通貨同盟（共通通貨導入について）②政治同盟（外交面での統合の可能性について）の検討を開始した。そ

の直後にヨーロッパは大転換を迎えることになる。1989 年にベルリンの壁が崩壊、翌 90 年には東西ドイツが統一、東欧革命が起き、共産主義政権が次々に崩壊、91 年にはソ連が解体した。これにより統合ヨーロッパの東への拡大の可能性が開けてきたのである。

4. ヨーロッパ連合の誕生と共通通貨ユーロの導入

4. 1. マーストリヒト条約と共通通貨ユーロ

　80 年代からの目標であった市場統合は 1992 年末に完成した。同年、ドロールの二つの政府間会議の成果から 11 月、オランダ・マーストリヒトで新条約・欧州連合（EU）条約（通称マーストリヒト条約）が調印され、EU が誕生することになった。EU は三本の柱から構成されている。第一がこれまでのヨーロッパ共同体（EC）で、超国家機関として経済分野を中心に管轄する。第二が共通外交安全保障政策（CFSP）、第三が司法内務協力（CJHA）で共に政府間協力が基盤となっており、前者が外交・防衛、後者が司法や警察・治安などを管轄する。

　しかし 1993 年初頭に発効予定だったマーストリヒト条約は、1992 年に批准の段階でデンマークの国民投票で否決された。フランスの国民投票では可決されたものの、賛否の票差はわずかであった。EC 加盟国はデンマークに社会政策などでの例外を認める決定を下し、翌 93 年再度の国民投票でようやく可決されたのである。

　批准過程での否決は、EU 市民が必ずしも統合の進展に賛同していないことを白日に晒すものであった。ブリュッセル（EU 本部の所在地）の官僚支配が国家主権を脅かす、といった批判は、90 年代の統合の進展と共に大きくなっていく。換言すれば、ヨーロッパ統合はヨーロッパ市民にとって無視できないほど巨大な存在になってきたということである。

　この 90 年代、一般市民の不安・不満を最もあおったのが共通通貨ユーロの導入をめぐる措置であろう。共通通貨導入が困難だったのは、各国の経済力と通貨の強さの格差が大きかったためである。EU でもっとも経済力のあ

るドイツは、自国通貨を経済力に劣る国と統合することを恐れていた。そこで最終的に合意する際、共通通貨も自国同様の強い通貨であるべく、具体的な経済的条件の遵守を導入予定国に求めたのである。その条件のうち、各国をもっとも苦しめたのが、財政赤字を GDP3% 以内に抑えるというものであった。借金のない健全な財政運営をしている国のみが共通通貨導入の資格があるとしたのである。

　共通通貨（ユーロ（EURO））の導入を決めるのは各国であることから、仏独は通貨導入を希望する国・導入可能な国のみで統合する先行統合案を提示した。経済力に欠ける国々はこの提案に反発しながらも同時導入に遅れることを懸念して、緊縮政策や公務員のリストラ策などを敢行し、財政赤字の削減に努めたのである。この結果、1999 年には EU 加盟国 15ヶ国（1995年、オーストリア、スウェーデン、フィンランドの中立国が冷戦終結により EU に加盟している（第四次拡大））中、11ヶ国が同時にユーロを導入したのである（帳簿上の取引のみ。一般の通貨として流通するのは 2002 年より）。ユーロ加盟国は 2020 年 1 月現在、19ヶ国に及んでいる。

4. 2. ヨーロッパ統合のさらなる深化と拡大

　通貨政策以外の政策分野でも EU の統合は着実に深化してきた。1999 年発効のアムステルダム条約では司法協力や域内での人の移動の自由について追加がなされ、CFSP の改正により平和維持・人道的支援のための EU の戦闘部隊についての条項などが加えられた。さらに民主化した東欧諸国の EU 加盟（EU の東方拡大）に備えた機構改革の準備が始まり、2000 年末のニース条約の締結に至った。そして 2004 年、東欧 10ヶ国（ポーランド、チェコ、ハンガリー、スロバキア、バルト 3 国（ラトビア、エストニア、リトアニア）、スロベニア、キプロス、マルタ）が EU に加盟（第五次拡大）、2007 年にはブルガリアとルーマニアが加盟（第六次拡大）した。2013 年にクロアチアが加盟し、加盟国は 28ヶ国となっている。

　この 90 年代、EU の外交上最大の懸案事項はユーゴスラヴィアの戦争であろう。1995 年以来ヨーロッパ諸国は紛争調停のための軍事介入を強めていくのだが、主体となったのは EU ではなく NATO であった。とりわけ

1999 年のコソボ空爆で EU 諸国は、米国主導の NATO と EU の装備の違いなど軍備面での遅れを痛感せざるをえなかったのである。冷戦が終結し、戦争の比重は共産圏からの防衛ではなく地域紛争の予防・解決・平和維持に移行していた。隣国で起きた地域紛争に EU はどのような役割を果たせるのか、NATO との役割分担はどうあるべきか。CFSP の深化の過程で EU は緊急対応部隊を整備、欧州地域で起きた小規模の地域紛争への迅速な対処を目指したのである。そして 2003 年には、ボスニア＝ヘルツェゴヴィナの警察活動を実施、EU 部隊はマケドニアにも派遣され、翌年にはボスニアでも活動を開始した。

5. 21世紀の EU

5. 1. EU憲法の失敗とリスボン条約

　これまでのヨーロッパ統合の流れを概観すると、統合の進展は一様ではないことが分かる。——重要な条約が締結され新たな分野の統合が軌道に乗ると、今度は 10 年以上先を見越した中期的な目標を設定する。この中期計画は公表時には実現困難に見えるが、政府間会議などを開催して内容を検討し、実現可能な分野からの改正を積み重ね、やがて新条約にまとめる——。2000 年末のニース条約締結と前後して発表されたドイツのフィッシャー外相のヨーロッパ連邦構想も、当時は将来への願望を交えたものであった。外相は、将来の EU ではさらに統合が進み、欧州委員会は国内の行政府に近い存在となり、欧州議会も改革され、EU には大統領職が置かれるといった案を述べたのである。フランスはこの構想に同意はしなかったものの、ニース条約での不備を補完するための機構改革の必要性は認識していた。その後の話し合いの末、2001 年には元フランス大統領ジスカールデスタンを座長とする EU 諮問会議が結成され、中期的な機構改革の検討に着手し、EU 憲法案を起草することになったのである。諮問委員会では、フィッシャー外相案にも見られた EU 大統領と外相職創設の他、特定多数決制度の改革、欧州議会の強化などが盛り込まれ、2003 年に草案が採択された。翌年各国首

脳が調印、各加盟国での批准過程に移ったのである。しかし2005年のフランスとオランダの国民投票で同憲法案は否決されてしまう。

　この否決により統合の流れは一時的に止まったかのようであった。2007年になりようやく欧州憲法に代わる新条約を策定することで各国は一致、同年、憲法案のうち加盟国で批准可能な条項のみを改定した改革条約が採択されたのである。

　この条約（リスボン条約）では、CFSPと警察・刑事司法協力（PJCC（CJHAの発展分野））に関するEUの権限が拡大した。またマーストリヒト条約以来の三本の柱という概念は廃止された。代わってEU関連の権限が三分割され、排他的権限、共有権限（EUと加盟国が権限を共有する）、支持権限（EUが加盟国による政策遂行を支持する）という枠組みになったのである。また欧州憲法条約の審議で議論されてきた機構改革については、輪番ではない常任の欧州理事会議長職、欧州の外相に相当する欧州連合外務・安全保障政策上級代表職の設置、欧州議会の強化などについて規定された。リスボン条約はアイルランドの否決など紆余曲折はあったものの、2007年に調印、2009年より発効している。

5. 2. 共通通貨ユーロの危機

　2008年秋のリーマン・ショックによる金融危機以来、ヨーロッパ諸国は経済立て直しに忙殺されるようになった。EUの機関である欧州委員会は、域内の金融機関への公的資金投入などで加盟国が歩調を揃えるように呼びかけているが、多様な金融制度を持つ各国が一致するのは困難である。また不況が深刻化する中、ユーロを支える財政規律（安定成長協定（財政赤字のGDP3%以内））を見直すべきといった意見も出てきた。そのような最中にギリシャとアイルランドで債務不履行（デフォルト）（＝借金を返せない破産状態のこと）の懸念が高まってきたのである。両国では財政赤字が深刻な上に、国債の利払いや元本償還が困難と見なされるようになってきた。要するに借金返済ができないほどに国家財政が悪化してきたのである。アイルランドでは国内の銀行が不動産業などに投資していた多額の融資が焦げついたことで銀行の財務状況が悪化、政府の救済策による財政悪化が危機の原因で

あった。その後アイルランドは緊縮政策を断行し、短期間で最悪の状況は脱している。一方のギリシャの状況はより深刻であった。元来第二次産業も脆弱な上に、経済システムも非常に非効率的といわれ、失業率も高い。また多すぎる公務員や高すぎる年金額なども財政を圧迫している。それゆえに同国の債務（国家の借金）は拡大の一途を辿ってきた。2009 年まで問題が表面化しなかったのはギリシャ政府が財政状況を隠蔽し、政府の債務を過少に公表していたためである。同年 10 月の政権交代により前政権の内幕が暴露されたことで、国内のみならずユーロ圏全体にギリシャの財政に対する不信感を芽生えさせることになった。国家は国債（国の株式のようなもの）を発行して国家運営のための資金を調達する。元々経済力の低いギリシャの国債は信用度が低いため、市場での売れ行きは良くない。それどころか信用を失ったギリシャ国債は世界中で手放され売却されだし、価格が下落した。ギリシャ国家は自身の発行する国債が売れないと資金が手に入らないため国債の利回り（利率）を上げざるをえない。その高利率の国債償還も、輪をかけてギリシャの財政に負担となってきたのである。

　ギリシャほどではないにせよ、類似した財政の構造的な問題を抱えているのがポルトガル、イタリア、スペインなどの南欧諸国である（アイルランドも含めて、この 5 ヶ国は PIIGS と呼ばれる）。これらの国でも財政危機は深刻化し、政府は国際社会や EU の圧力で緊縮財政を断行せざるをえない状況に陥っている。そのため景気はさらに停滞し、国民の不満は高まり、与党は批判に晒され、政権交代が相次いだ。その結果、野党が政権に就いたり（スペイン、ポルトガル）、財政立て直しのため、政党から距離を置いた財政の専門家を首相にした挙国一致の政権（ギリシャ、イタリア）が誕生したりしている。

　これら南欧諸国の脆弱な経済状況は共通通貨ユーロの為替レートにも影響している。リーマン・ショック以降下落し出したユーロだが、このギリシャなどによる欧州金融危機で下落はさらに進んだ。もっともユーロの下落（ユーロ安）はマイナス面ばかりではない。

　ユーロ安が追い風になり、ユーロ圏最大の輸出大国ドイツはさらにその輸出量を伸ばしてきた。ふつう輸出が拡大すれば自国の通貨価値は上昇するの

だが、ユーロの場合、ドイツの輸出が伸びても、同じ通貨を使うギリシャなどの経済状況への懸念から為替レートが上がりにくいのである。2000年代前半の構造改革も奏功し、ドイツは目下のところヨーロッパ諸国の中で最大の繁栄を享受している。ユーロ導入のきっかけの一つは強すぎるドイツの通貨マルクとドイツ経済を牽制することにもあったのだが、皮肉なことにユーロを導入したことでドイツはユーロ圏内で唯一最大の利益享受国になっているといっても過言ではなかろう。

　もちろんこのままでいいわけはない。いくらドイツが繁栄しているとはいってもユーロの崩壊は避けなければならない。2010年以降、ドイツやフランスが中心になってユーロ圏でのギリシャやアイルランドへの金融支援策が論じられるようになり、同年5月にギリシャへの財政支援策が決定された。その財源はユーロ圏加盟国が拠出するEFSF（欧州金融安定ファシリティ）の最大4400億ユーロ（各国の経済規模に比例）と、欧州委員会拠出の最大600億ユーロの合計5000億ユーロである。さらにIMF（国際通貨基金）も、1997年の東アジア金融危機への対処の失敗から、積極的に支援に協力するようになった。2012年3月現在、ユーロ圏諸国は第二次のギリシャ支援策実施を決定した。

　その後ギリシャでは2015年1月の総選挙で反緊縮策を訴える急進左派政党・急進左派連合が勝利した。折しもギリシャでは国債償還によるデフォルトが再度懸念されるようになり、新首相チプラスは選挙での公約である反緊縮策と、追加支援の条件としてギリシャの社会経済制度の構造改革と緊縮策の継続を求めるEUとの板挟みに苦しんだが、最終的にはEUの案を受け入れ、追加支援820億ユーロの合意がなされた。これによりギリシャ金融危機は回避され、その後も堅調に推移している。

　一方、ユーロ圏でも、ユーロ圏共通の債券、ユーロ債の導入や財政条約の締結、ユーロ圏諸国のみで経済問題を管轄する経済政府の創設など、様々な対策が議論されている。そのような対策の中で目下のところ進捗しているのはEUの銀行同盟であろう。銀行同盟では、銀行監督の一元化、単一破たん処理の制度化、預金保険制度の統合を3本柱として導入が検討されている。

5. 3. 英国の EU 離脱問題

　イギリスは 1973 年に EC に加盟したものの、大陸ヨーロッパ諸国と異なり、EC（や EU）に対してはつねに損得勘定を行いながら半身でつきあってきたといえよう。1980 年代からのヨーロッパの市場統合推進には、自国経済にプラスになると値踏みして積極的に加担するも、共通通貨ユーロの導入や社会政策の統合などには、自国の主権が脅かされるとして拒絶の姿勢を取ってきた。かつての世界大国イギリスはいまだに旧植民地国と浅からぬ関係にあり、ヨーロッパのみに拘泥しなくても世界レベルでのネットワークを駆使した繁栄が可能であるという思いが未だに強いのかもしれない。

　そのイギリスでは、EU 加盟による東欧諸国からの移民の流入や 2015 年のシリア難民のヨーロッパへの大量流入以降、移民や難民受け入れに対する拒絶的な動きが高まってきた。移民や難民の大量流入による治安や雇用の悪化、国民の経済負担やイギリス固有の文化的特徴の喪失などが懸念される事態となり、EU 脱退が俎上にのるようになったのである（イギリス（英国）（Britain）の離脱（Exit）を合わせて、ブレグジット（Brexit）と呼ばれる）。

　当時の首相キャメロンは EU 残留支持であったものの脱退を求める自党・保守党内の離脱派の攻勢に苦慮していた。そこで彼は EU 脱退の是非を問う国民投票の実施を発案、脱退をちらつかせることで、EU 側から移民受け入れに関する特例等の譲歩を引き出し、それを成果にして、国民投票での EU 残留派勝利を目論んだのである。2014 年にスコットランド独立を問う住民投票で残留派が勝利したことも、キャメロンを楽観視させた理由かもしれない。

　こうして 2016 年 6 月 23 日にイギリスで EU 脱退の是非を問う国民投票が実施された。しかし大方の予想に反して、離脱派が僅差で勝利し、その後イギリス社会は大混乱を招くことになる。

　残留派勝利を目論んでいたキャメロンは首相を辞任、後任のメイはサッチャーに次ぐイギリス史上 2 番目の女性首相として、EU 側との離脱交渉を担うことになった。その後 EU 条約（リスボン条約）50 条が発動され、当

初は 2019 年 3 月 29 日までの離脱が予定されることになった。

　離脱に際して懸案事項となったのは主に、（1）EU 圏内に残留するイギリス市民の権利、（2）英国の EU への未払い分担金の処理、（3）アイルランドおよび北アイルランドの国境問題、の 3 点であった。とりわけ宗教戦争につながりかねない両アイルランドの扱いは EU にとっても慎重を要するテーマである。EU 加盟国であるアイルランドと脱退するイギリスに属する北アイルランドの間の国境管理を厳しくすることは、往来の盛んな現状を大きく変更することになる。他方で、両アイルランドの国境をこれまでどおりにゆるやかに保つことは、アイルランド経由で EU とイギリス間で従来の経済関係が維持され、場合によってはイギリスが一方的に恩恵を享受する可能性もある。

　メイは単一市場に残る代わりに人の移動の自由も承認するという妥協案で EU 側と合意し、アイルランド問題の解決も目論んだが（ソフト・ブレクジット）、完全離脱（ハード・ブレクジット）をめざす自党・保守党の強行離脱派の反対に遭い、国内での同意取りつけに失敗した。同様の試みが何度か繰り返されたものの、EU と英保守党内の離脱派の板挟みになったメイは 2019 年 7 月に首相を辞任、後任には 2016 年の国民投票で離脱派の急先鋒であったジョンソンが選出された。ジョンソンは終始、公約どおりの完全離脱を主張、場合によっては EU との「合意なき離脱」も厭わないとして、予定どおりの 10 月末日の離脱に固執し続けた。

　10 月 17 日、EU と英国は離脱の条件に合意、10 月末日の離脱には間に合わなかったが、2020 年 1 月 31 日、英国は正式に EU から離脱した。今後は離脱後の双方の関係を規定するための話し合いが進められる予定である。

Ⅱ. EUの制度

　27 もの加盟国から構成される EU には数多くの制度・機関が存在する。ここでは主なものを紹介する。

欧州委員会：超国家機関（= EU 全体の利益を代表）

　EU の政府に当たる機関。現在は 27 名の委員（欧州委員）（加盟国毎に 1 人）により構成。うち 1 人がウルズラ・フォン＝デア＝ライエン（ドイツ）委員長。委員の任期は 5 年。欧州委員会の任務は、法案の発議・制定（唯一の法案提出機関）、ヨーロッパ法の監視、行政機関としての条例制定、欧州社会基金・地域開発基金などの管理、構成国間の対立調停、共通外交安全保障分野への関与などがある。

欧州理事会：政府間協力による機関（= 加盟国の利益を代表）

　加盟国首脳より構成される機関。EU の全般的な政策的方針を定める。欧州委員会委員長も参加して通常は年 4 回開催。統合ヨーロッパの政策の方向づけ、政策調整、外交関係の宣言などを行う。加盟国が最終的な決定権を持つことから、事実上、EU の最高の意思決定機関である。リスボン条約で議長は輪番制から常任の議長に変更された。2019 年 12 月より新議長にはシャルル・ミシェル（ベルギー）が就任した。

閣僚理事会：政府間協力による機関（= 加盟国の利益を代表）

　いわゆる理事会のこと。欧州理事会の下で個別分野別に開催される。EU の立法機関。各分野の具体的な政策について審議し決定する。理事会の下部には加盟国大使などから構成される常駐代表委員会があり、理事会運営の下準備などを行う。

欧州議会：超国家機関（= EU の一般市民（選挙民）の利益を代表）

　1979 年より EU 市民が各国別に直接選挙で議員を選出できるようになった。2019 年現在議員は計 751 人。任期は 5 年。選挙制度は各国独自に決定（比例代表制等いくつかの条件下で）。議会内は、国内議会同様にイデオロギー別の政党グループ（会派）に分かれている（現在は 7 会派）。欧州議会は当初諮問機関にすぎなかったが、法案によっては修正を

施すことができるほどに権限が高まってきている。近年、欧州委員会委員長の人選に際して、欧州議会選挙で勝利した会派の推す人物を委員長にするという風潮が高まってきた。これに対して、強国を中心とした各国首脳の一部からの反発が大きい。2014年にはイギリス・キャメロン首相が最大会派・欧州人民党の推すユンケル（ルクセンブルク）の委員長就任に反対、紆余曲折の末、メルケル首相（ドイツ）のとりなしなどでユンケルの就任に至っている。2019年も同様に、フランス・マクロン大統領らが欧州人民党のウェーバー（ドイツ）の就任に反対、最終的には独仏首脳による話し合いで、欧州議会推薦者ではないドイツの防衛相フォン＝デア＝ライエンが就任した。

経済社会評議会：諮問機関（＝EU内の社会団体の利益を代表）

地域委員会：諮問機関（＝EU内の地方の利益を代表）

　両機関とも法案の修正などの決定には参画できない。前者にはEU内の多様な利益集団（例：経営者団体、労働組合、農業団体）が、後者にはEU内の様々な地域代表（州や地方自治体など）が参加し、法案や新たな政策決定についての意見交換などを行う。

欧州司法裁判所：超国家機関（＝EU市民、団体、各加盟国などの間の紛争調停）

　25人の裁判官と9人の裁判補佐官より構成される。ヨーロッパ法が各国の国内法に優先することから、欧州司法裁判所の判決により国内法が改正を求められる場合もある。

欧州中央銀行：超国家機関（＝EUの中央銀行）

　1998年に発足。各国の中央銀行総裁・理事により構成されている。共通通貨ユーロの安定維持やEUの金融政策全般の決定・執行を行う。

■**主要参考文献**

・遠藤乾『ヨーロッパ統合史』名古屋大学出版会、2008年。

　ヨーロッパ統合の歴史に関する文献。別巻で資料集もある。やや高価だが、

統合の歴史が詳しく理解できる。同著者による『欧州複合危機』（2016 年）も
現代ヨーロッパの問題を知るのに好適である。

・庄司克宏『欧州連合』岩波新書、2007 年。

　EU の歴史的発展や制度、現状についてまとめた好著。筆者は政治学・法学
者であり、EU 法についての説明もあり（同じ著者による『EU 法』（基礎編・
実践編）という概説書もある）、分かりやすい。新書なので読みやすい。

・庄司克宏『はじめての EU 法』有斐閣、2015 年。

　EU 法の専門家が平易に紹介した、分かりやすい入門書である。

・庄司克宏『ブレクジット・パラドクス：欧州統合のゆくえ』岩波書店、2019 年。

　本編で紹介したイギリスの EU 離脱問題の解説。EU の将来像を見据えた同
著者の『欧州の危機』と併せて読むと理解が深まる。

・田中素香『ユーロ──危機とギリシャ反乱』岩波新書、2016 年。

　日本の EU 経済研究の第一人者によるユーロ問題の概説書。ギリシャ危機に
ついての詳細が分かる。岩波新書からは同著者による他のユーロ関連書籍（『ユー
ロ──その衝撃とゆくえ』、『ユーロ──危機の中の統一通貨』）もあり、こちら
も併せて読むことを薦める。

・田中素香他『現代ヨーロッパ経済』第五版、有斐閣、2018 年。

　ヨーロッパ経済の歴史や制度的特徴から、主要政策の説明、さらに主要国の
経済の特徴を紹介した包括的な教科書。版を重ねており、最新の事情も理解で
きる。

・田中俊郎『EU の政治』岩波書店、1998 年。

　やや古いが、EU 政治についての入門書。EU の歴史、制度、政策、国際関係
などの全般的な特徴が分かる。

・Nugent, N., *The Government and Politics of European Union*, 8th, 2017, Macmillan.

・Wallace,H./M.A.Pollack/A.R.Young,(ed.), *Policy-Making in the European Union*, 7th, 2014, Oxford Univ. Pr.

　EU に関する外国語の文献も数多い。ただし EU は日進月歩で進化しているので、本の内容がすぐに古くなってしまうのが難点。教科書は分厚いものが多いが、内容は充実している。また数年で改訂されるので最新情報が比較的多く記述されている。上記の本は EU の制度と政策に関する定番的な教科書。

ヨーロッパの福祉国家とジェンダー

牧　陽子

1. はじめに

　「将来はバリバリ仕事をしたい」「子どもが小さいうちは家にいたい」「将来は妻と育児を分担したい」「専業主婦になりたい」。大学卒業後、学生が描く将来像は様々だろう。そのような、若者が抱く夢や未来像、そしてそれらが将来、どのくらい実現しやすいかに、国家が行う政策が一定程度、影響してくるということを、みなさんは意識したことがあるだろうか。

　福祉国家が行う政策には、社会保険（医療、年金、雇用等）や福祉のサービス提供・現金給付のほか、雇用政策や家族政策がある。これらの政策や制度がどのような家族モデルを前提としているのかにより、自分が希望する将来像が実現しやすかったり、しにくかったりすることが起こりうる。政策的に意図される家族モデルを自分の中で「そうあるべきもの」と内面化し、それと反するような姿を想像することすらしないかもしれない。あるいは反対に、政策上のモデルとは違う姿を求めて人々が行動し、政策を変えることもあるだろう。

　ヨーロッパの各国では高学歴化や女性解放運動の影響もあり、女性の労働市場への進出が国により時期や程度に差こそあれ、1960年代以降、進んだ、あるいは進みつつある状況にある。そこで問題になっているのが、それまで女性が担っていた子育てや介護などの「ケア」をどうするかである。ヨーロッパの福祉国家はこのような状況の中、家族政策や雇用政策などにより何らかの形で家族を支援したり、支援を迫られたりしている。

　女性の労働市場進出だけでなく、1980年代以降、福祉国家は経済の停滞やグローバル化、人口の高齢化など社会状況の変化から、変容を迫られてい

図1　OECD加盟24ヶ国の出生率と女性労働力率

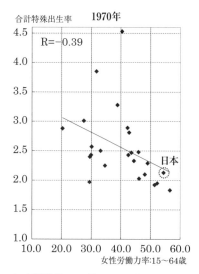
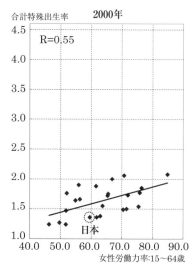

データ出所）Recent Demographic Developments in Europe 2004, 日本:人口動態統計, オーストラリア:
Births, No.3301, カナダ:Statistics Canada, 韓国:Annual report on the Vital Statistics, ニュー
ジーランド:Demographic trends, U.S.:National Vital Statistics Report, ILO Year Book of
Labour Statistics
出典）内閣府男女共同参画会議「少子化と男女共同参画に関する専門調査会」「少子化と男女共同参画に
関する社会環境の国際比較報告書」（平成17年）

る。子どもをもつ家庭への支援である家族政策や、ジェンダー平等政策が、
政策課題の「主流」になったとも言われる。EU では 1990 年代以降、育児
休暇に関する指令の採択や男女の機会均等強化など、ジェンダー問題が最重
要課題の一つになっている。

　仕事と家庭生活の両立は、その国の出生率と労働力に関わる重要な問題で
ある。かつては女性が家庭にいた方が子どもを産み育てやすいと考えられ、
実際にそのような傾向が見られた。しかし 2000 年までにその関係は逆転し、
両立支援策を整えた国の方が出生率も高いという、女子就業率と出生率の間
の正の相関関係が現在では指摘されている（図１参照）。

　日本は男性稼ぎ主と専業主婦からなる世帯を想定した「男性稼ぎ主モデ
ル」の強固な国だが、1990 年代以降、「少子化対策」として様々な家族支
援政策が打ち上げられ、2000 年代からは仕事と家庭の両立支援の強化や男
性の育児参加を促す政策がとられてきた。女性の多くが第１子の出産で退職

する状況が続いていたが、近年ようやく就業継続をする女性が増加する傾向にあり（第 15 回出生動向基本調査）、2010 ～ 2014 年には第 1 子妊娠前に就業していた女性の 53％が就業を継続しており、前回調査（2005 ～ 2009 年）から 10 ポイント近く上昇して初めて 5 割を超えた。保守政権を率いる安倍首相も少子高齢化による労働力不足の懸念から、2010 年代に入り「女性の活躍」を掲げるようになるなど、変化の兆しが現れている。

　日本より早く、女性が労働市場へと参入を始めたヨーロッパでは、福祉国家はどのような変容を遂げ、現状はどうあるのだろうか。ここでは、日本から見ると一元的にも見えるヨーロッパ福祉国家の家族政策・雇用政策について、子をもつ親、特に女性の就業の視点から各国の特徴を取り上げる。

2. 福祉国家を分類する試み

　第二次世界大戦後の経済繁栄のもと、ヨーロッパの福祉国家は飛躍的な発展を遂げた。そしてその後の社会的・経済的状況の変化や女性の労働市場進出などにより、20 世紀終盤から変化を迫られている。その点では各国ともある程度共通しているが、そのあり方はヨーロッパ内だけを見ても、実は多様である。福祉国家の発展や多様性をどのようにして理解するか、様々な研究がなされてきたが、その中でも研究動向に特に大きな影響を与えたのが、デンマーク出身の政治経済学者 G. エスピン＝アンデルセンによる三類型論である。

　エスピン＝アンデルセンは著書『福祉資本主義の三つの世界』（1990 ＝ 2001）において、福祉国家の形成過程において力を持った政治勢力の影響力を重視しつつ、様々な統計から「脱商品化」と「階層化」という指標を測定し、福祉国家を「社会民主主義的福祉レジーム」「保守主義的福祉レジーム」「自由主義的福祉レジーム」の三つに分類した。聞きなれない言葉であるが、「脱商品化」とは労働者が市場において「商品」として働けなくなった時、疾病・失業保険や年金により生活していける程度を、「階層化」とは、社会政策が階層ごとに生み出す不平等の大きさを表す。その後、彼は女性研究者らからの批判を受け、福祉において家族が果たす役割への視点が欠如し

ていた点を改め、ケアが社会化された度合いを示す「脱家族化」という指標を新たに取り入れている。

　新川敏光ほか著の『比較政治経済学』に、エスピン＝アンデルセンの類型論がわかりやすく表と図に整理されているため、以下に引用したい。

表1　福祉国家の三つの類型

レジーム	脱商品化	階層化	脱家族化	重要なセクター
社会民主主義	高	低	高	政府
保守主義	高	高	低	家族
自由主義	低	高	中	市場

出典）新川敏光ほか著『比較政治経済学』有斐閣アルマ、2004年、188頁。筆者が一部改正。

図2　福祉レジームとの各国の位置

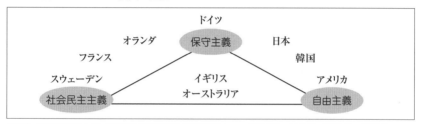

出典）新川敏光ほか著『比較政治経済学』有斐閣アルマ、2004年、189頁。筆者が一部改正。

　「社会民主主義福祉レジーム」とは、エスピン＝アンデルセンの三類型では、脱商品化の度合いが高く、階層化程度は低く（＝不平等を是正するように資源が再分配されている）、ケアの脱家族化が進んだ福祉国家を指し、北欧、なかでもスウェーデンをその典型としている。他方、大陸ヨーロッパは脱商品化の度合いは高いが階層化の程度も高く、家族が福祉の責任を第一に負う、家族主義の強い「保守主義福祉レジーム」とされ、ドイツをその典型としている。最後の「自由主義福祉レジーム」は脱商品化の度合いが低い、すなわち公的セーフティネットが乏しく、階層化の程度も高く、脱家族化の程度は中くらいであるとし、アメリカをその代表例としている。

　図2のように、実際には典型的な3類型にあてはまる国ばかりではなく、むしろその中間的、もしくは「ハイブリッド」と呼ばれる国や、南欧のようにこの三類型とは別のレジームにあると指摘される国もある。エスピン＝アンデルセン自身、著書で記しているように、三つの類型は現実を理解しやす

くするための「理念型」、あくまでモデルである。

　以上が最「主流派」とされる福祉国家の比較研究論だが、先にも述べたように当初、国家と市場の関係ばかりに関心があった従来の研究動向に対し、「家族」が果たす役割の重要性を指摘したのは、欧米の女性研究者たちであった。保育や介護などの公的ケアが乏しい国でも、自立できない子どもや高齢者が生活できるのは、家族（ほとんどの場合、女性）が、家庭内で育児や介護という無償労働（unpaid work）を担っているからである。にもかかわらず、家庭は「私的領域」であるとして従来の研究においては、十分に考慮されることが乏しかった。こうした主流派の研究動向に異論を唱え、1990年代に「家族」「女性」「ケア」の問題やジェンダーの視点を取り入れた分析が、欧米の女性研究者を中心に活発に行われるようになっていく。折しも、家庭でケア役割を主に担っていた女性が賃労働に進出したことにより、「ケアの赤字」や、有償労働と家庭での無償労働との相克が広く認識されていく時期である。

　イギリスのJ.ルイス（1992）は福祉国家分析に「男性稼ぎ主（male-breadwinner）モデル」の強弱を導入し、福祉国家を男性稼ぎ主モデルの「強い」国（＝イギリス）、「弱い」国（＝スウェーデン）、そして「修正された」男性稼ぎ主モデルの国（＝フランス）のように分類している[1]。

　またスウェーデンのD.セインズベリ（1999）はジェンダー政策レジームとして、男性が一手に稼ぎ、男性を通じて手当を支給する「男性稼ぎ主レジーム」と、性別役割分業を重視し、ケアを提供する女性に手当を支給する「ジェンダー役割分離レジーム」に分類している。その上でさらに、男女がともに稼いでともにケア役割を担い、国家が強力にケアに関与する「各人稼ぎ手－ケアラーレジーム」という体制を提唱している。

　このほか、アメリカの哲学者N.フレーザー（2003）も、ジェンダー公正に近づく道への考察において、女性が男性並みに働く「総稼ぎ手モデル」と、ケア役割を担う女性に支援する「ケア提供者対等モデル」の二つを検討

1　フランスが「修正された」男性稼ぎ主モデルである理由として、ルイスは家族政策により女性の就業支援がなされている点などを挙げている（Lewis 1992）。

しつつ、どちらもジェンダー公正ではないとし、真のジェンダー公正に近づく第三の道として、男性が女性並みに働きケアも担う「総ケア提供者モデル」を提案している。

このように、家庭における有償労働と無償のケア役割の配分のあり方や、ジェンダー平等、そしてこうした個々の行為者の選択に影響する福祉国家の政策について、様々なモデルが提示されている。ここでは、先行研究の知見を参考にしつつ、ヨーロッパの主要国であるスウェーデン、オランダ、ドイツ、フランス、イギリス、スペイン・イタリアの六つの事例について、それぞれの特徴を把握するよう試みたい。その際、福祉国家の形成に影響力を持った政治勢力と、ケア役割を持つ親への支援政策を中心に、各国におけるジェンダー観を交えながら検証する。保育所整備や女性の就業支援をするかどうかの決定には、家族に関する価値観が極めて密接に関わる。政治に着目するのは、以下の各国の例からも分かるように、現在では女性の就業を支援する傾向が強い左派、家庭での伝統的母役割を重視することが多い右派と、どの勢力が政権を担うかが、その国の政策に大きく影響するためである。

また、各国が政策の変容を迫られる理由の一つである、将来の労働力を左右する出生率の動向についても注視する。福祉国家のあり様と出生率では、家族主義が強い国、エスピン＝アンデルセンの類型でいう保守主義福祉レジームでは出生率が低い傾向があり、深刻な低出生率がしばしば政策変化をもたらしているからである（章末の図3参照）。

3. ヨーロッパ各国の状況

□ スウェーデン……男女平等に最も近い社会民主主義的福祉国家

ヨーロッパの周辺に位置する農業国から、わずか一世紀あまりで目覚ましい工業化と先進福祉国家への成長を遂げたスウェーデン。現代にいたる高福祉の国家建設は主に、1930年代から長期間政権にある社会民主党により行われてきた。北欧諸国はスウェーデンと同様、20世紀前半から労働者政党が長期間政権を握り、資本主義と社会主義の「中道の道」とも言われる社会

民主主義の理念に沿った福祉国家づくりを主導していった。

　社会民主党内にもかつては男性が妻子を養うに足る賃金をもらうようにすべきという意見があったが、他の国より早い1960年代に女性が労働市場に進出し始め、党内の女性たちが共働きを前提とした課税や公的保育サービスを要求していった。その背景には、建国の理論的父・母とも言えるミュルダール夫妻が著書『人口問題の危機』（1934年）で、女性の労働環境の整備を早期に提唱し、ジェンダー平等と就労が密接につながる下地を作ったことが指摘されている。

　1969年に社会民主党は党大会で「平等」と題した報告書を採択し、平等政策が党の最優先項目になる。1971年に夫婦分離課税に転換し、1974年には世界で最も早い時期に、男女ともに取得可能な育児休暇である「親保険」制度が導入された。1970年代から90年代にかけては公的な保育所整備が強力に進められたほか、幼稚園と保育園も一元化し、現在は保育の問題は解決していると言われる。

　親保険は幾度もの改正の末、2018年現在は子ども1人につき480日間の育児休暇手当が給付されており（うち390日までは所得の80％を補償）、そのうち90日間は「パパの月」「ママの月」としてそれぞれに割り当てられるなど、男性の育休取得を進める「パパ・クオータ」も取り入れられている。スウェーデンには、子どもが1歳になるまでは親が家庭で育てるべきと考える「1歳児神話」があり、ほとんどの親は子が1歳になるまで休業したのちに復職するため、ゼロ歳児保育はほとんど整備されていない。早くから両立支援を行ってきたスウェーデンでは出生率は1990年頃に回復し、不況による出生率低下を経つつ、現在も1.85（2016年）と、高いレベルを維持している。

　スウェーデンの福祉の基本理念は「就労原則」にあり、障害をもつ人も育児中の親も、働ける人すべてが働いて福祉国家を支えようというものである。その理念どおり、男女ともに高い就業率で知られ（章末の図6参照）、ジェンダーギャップ指数やジェンダー開発指数で常に上位に位置し、現在では男女平等のモデルともされている。

　ただし、先進福祉国家スウェーデンにもいくつかの課題は残っている。育

児休暇ののべ取得日数の7割がたは女性が取得しており、その内実はまだ完全に「平等」ではない。また女性の就業は公的セクターに集中し、民間部門での女性管理職はまだ男性の3分の1にとどまるなど、男女の「職域分離」が乗り越えるべき壁として指摘されている。

□ **オランダ……保守主義的福祉国家→大規模な雇用改革、1.5稼ぎ手モデルへ**

絶対王政下のスペイン領ネーデルラントから、カルヴァン派の影響力が強かった北部7州が17世紀に独立を果たしたのが現在のオランダの誕生である。オランダでは20世紀初頭から終盤までのほとんどを、カルヴァン派やカトリックの宗派系政党がキリスト教民主主義を推進する中道勢力を形成し、右派や左派と連立しながら政権で重要な位置を占めてきた。そして、このキリスト教的価値観に基づく中道勢力が、福祉国家建設においても重要な位置を占めることになった。

その歴史からオランダは、宗派や主義（自由主義・社会主義）ごとに縦割りの柱が日常生活から政治レベルまで存在する「柱状社会」である傾向が1960年代まで強かった。そのような中、柱ごとの分離を超えて一致していたのが、結婚したら女性は家庭に入るべきという価値観だったという。オランダでは1957年まで、既婚女性の政府での労働を禁止する法律が存在するほど、既婚女性が働くことに対して抵抗感が強かった。1970年代まで女性の就業率は30％に届かず、欧米諸国の中で最低水準だったという。オランダ女性の労働市場への参入が本格化し始めるのは1980年代後半と遅く、保育サービスの整備も1990年代にようやく進み始めるなど、男性稼ぎ主モデルの強さを示している。

オランダは地理的には大陸ヨーロッパに位置し、ケアを家族に委ねる家族主義が強いこと、産業別の社会保険が発達しているなどの点で、大陸型の「保守主義的福祉国家」の特徴を持つ。一方で、普遍主義的所得保障という点で「社会民主主義的福祉国家」に近く、北欧と大陸の両面的性格を持つ「ハイブリッド型」と分類されることもある。

男性稼ぎ主を想定したオランダのこの手厚い所得保障は、1980年代の経済停滞の中、就労を抑制し、社会保障費がひっ迫するなど「オランダ病」と

も称される悪循環に陥った。事態を打開するため、1982年に歴史的とも言える労使の「ワセナール合意」協定が結ばれ、労働時間の短縮と賃金抑制による雇用確保の方針が示され、同時にワークシェアリングを補完するために、パートタイム労働を推進する方向へと舵を切った。労働組合もそれまではフルタイムを標準としていたが、女性組合員たちの働きかけでパートタイム労働者の均等処遇を求める戦略に転換した。

　1990年代からはさらに、「フレキシキュリティ」という新たな概念のもと、労働市場の柔軟性（flexibility）と雇用の安定性（security）を同時に高める「実験」が進められていく。1996年に「労働時間差別禁止法」により労働時間による差別が禁止され、1999年には「フレキシキュリティ法」などにより派遣労働者にも正規労働者に準ずる待遇が与えられた。また2000年には、「労働時間調整法」により労働者が働く時間を調整できる権利が認められた。構造不況に悩まされたオランダは、政労使の協調による徹底した雇用改革などで90年代には失業率の改善と経済成長を実現させ、「オランダの奇跡」と呼ばれている。

　現在、オランダはヨーロッパで他に例をみないほど、パートタイム労働が発展した国である。雇用労働者（男女共）に占めるパートタイム労働者の比率は、OECD平均が16.5％であるところ、オランダは37.3％であり、女性では6割近くがパートタイム勤務である。現在、かつてのように結婚したら専業主婦という考えは弱まり、第1子出産後も就業継続する人が多いが、子どものいる女性の週当たり希望労働時間は20~27時間が多く、女性自身がパートタイムを希望して選択している。男性はフルタイム労働である人が多いため、「1.5稼ぎ手モデル」とも称されている。ただし、パートタイムといっても日本のパート労働とは違って「正規化（normalization）」が進み、契約期間の定めはなく、日本でいう「短時間正社員」の待遇にあると考えて良いだろう。

　女性がパートタイム労働を選ぶのには、オランダでは現在も性別役割分業意識が強いことが影響している。中谷文美の『オランダ流ワーク・ライフ・バランス』によると「クッキーと紅茶を用意して子どもの帰りを待つ母親」へのノスタルジーを多くの人が持ち続け、保育所も、施設数の不足や保育料

の高さだけでなく、子どものためには「週3日が限度」という考えから、利用が多いのは週2回であるという。男性はフルタイム就労が多いため、パートタイムの母が実家の支援により、週2日で間に合わせているという。

□ ドイツ……保守主義的福祉国家→男性稼ぎ主モデルから移行途中

宰相ビスマルクのもとで19世紀終盤、世界で最も早く社会保険を誕生させ、1919年には生存権や社会権を初めて盛り込んだ民主的憲法であるワイマール憲法を制定したドイツ。同憲法には、「婚姻と家族の保護」が国家の義務として規定されていた。その後、ナチスドイツの優生思想に基づいた人口政策という負の歴史を経て、戦後の西ドイツではその反省から、国家による個人や家族への介入につながる家族政策には、慎重な姿勢がとられてきた。

ドイツでは現在の憲法にも「婚姻と家族の特別な保護」が規定され、子の扶養に伴う「経済的負担の軽減を求める権利」が明記されている。ドイツは子どものいる家庭への現金給付の手厚さで知られ、2019年現在、第1・2子にはそれぞれ月204ユーロ（2万4千円余に相当）、第3子210ユーロ、それ以降は235ユーロの児童手当が支給されている。

ドイツは第二次世界大戦後、東西に分断され、自由主義陣営の旧西ドイツでは、中道右派や中道左派を中心とした連立政権が戦後の福祉国家を形成してきた。左派・社会民主党主導のシュミット政権のもと、育児休暇である「母親休暇」と手当（子が6か月まで、最大月約750マルク）が1979年にもうけられ、次の右派・キリスト教民主・社会同盟主導のコール政権で1986年、父親にも休暇の権利が開かれた。だが同時に、母親が育児に専念できるよう専業主婦も育児手当（月600マルク）の受給ができるようにしたほか、1992年には育児休暇が3歳まで延長され、「就業—離職—再就職」の3期モデルが想定されたという。

手厚い給付の一方で、保守主義的福祉国家の典型ともされる旧西ドイツでは家族主義が強く、3歳までは母親が家庭で育てるものという規範意識のもと、保育施設はあまり整備されてこなかった。幼子を保育園に入れる母親には「カラスの母」という汚名が着せられるほどであり、3歳までの保育所利

用率は 1995 年時点でも 4.2％にすぎず、幼稚園や小学校は午前のみで給食はなく、母親が就業を続けるのは厳しい状況にあった。出生率は 1990 年代には 1.2 台にまで低下し、特に子を持たない女性数がヨーロッパでも際立って多く、高学歴女性では 30％超（1971-2003 年）に上った。社会主義体制下にあった旧東ドイツでは、女性もひとりの労働者として働けるよう保育所が整備され、出生率も 1980 年代半ばまで 1.7 〜 1.9 超のレベルだったのとは対照的である[2]。

　2000 年、「新しい中道」を掲げる左派のシュレーダー政権時に育児休暇を、両親が同時に取得したり、短時間勤務をしたりしながら取得可能にするなど、柔軟な仕組みが導入された。両親ともに労働時間を短くして育児を分担する「共同モデル」が初めて示されたと受け止められている。第二次シュレーダー内閣では保育施設の整備と北欧を模した改革が提示されたが実現には至らず、次の右派メルケル首相の大連立政権で 2007 年に実現をみる。7 人子持ちの女性であるフォン・デア・ライエン家庭相のもと、メルケル首相の支持もあり、連立相手や党内での反発にあいながらも、前政権下の「新しい家族政策」が継承された。働く親への育児手当（両親手当に改称）による補償を所得の 67％に拡充し、さらに北欧を模して育児休暇に 2 ヶ月の父親割り当て月をもうけたため、父親の育休取得が加速した。ただ、東西の違いは統一後、時を経ても大きく、3 歳未満時の保育所利用率は 2015 年に旧西独地域で 28.2％、旧東独地域では 51.9％となっている。

□ フランス……手厚い家族政策とケアの脱家族化で共働き支援

　フランスの近現代史は、革命や体制転換など政治的不安定に特徴づけられるが、第五共和制（1958-）以降は右派と左派の間の安定した政権交代が定着した[3]。ドイツやオランダとは異なり、フランスではキリスト教民主主義政党は宗教の影響力が弱まった 1960 年代に姿を消している。

2　1990 年の東西ドイツの統一後、旧東ドイツ地域では出生率が 0.77 にまで急低下した。統一後は、旧西ドイツの制度が適用されている。

3　2017 年に政権に就いたマクロン大統領は「右派でも左派でもない」と自称し、現在は伝統的な既存政党からの脱却という新たな局面に入りつつある。

　フランスは 18 世紀末という、世界で最も早い時期に人口の減少が始まった国の一つである。1870 年の普仏戦争の敗北は人口不足が原因と喧伝されたこともあり、早い時期に出生増加を目指した家族支援政策の萌芽が見られている。一部の民間や公的部門で始まった子どものいる男性労働者のための家族手当は、1932 年には労働法典に規定された国の制度へと発展し、戦後の社会保障計画では家族手当が社会保険と並ぶ制度の一つに位置付けられた。現在も、子ども 2 人以上の世帯に対して所得により月 33 ～ 132 ユーロ（約 4 千円～ 1 万 5 千円余に相当）の手当と、3 人目からは一人あたり 21 ～ 83 ユーロが支給される。さらに 3 子以上の世帯には、補足手当として子ども 3 人で月 171 ユーロ（2 万 520 円）もしくは 257 ユーロの手当を受けられる。家族手当は長い間、2 子以上のすべての家庭に一律で支給されていたが、社会保障費の財政圧迫により社会党政権のもとで 2014 年、所得に応じた金額に是正された。

　家族政策では長きにわたり男性稼ぎ主と専業主婦世帯が想定され、出生率向上のために妻が働かない世帯に支給する単一給与手当等も存在したが、1970 年代の女性解放運動と女性の労働市場進出を背景に、共稼ぎを支援するモデルへと変貌を遂げる。それまでの右派政権から、1974 年に中道右派で若手のジスカールデスタン大統領が誕生したこと、また 1981 年には、ミッテラン大統領の下、社会党が第五共和制で初めて政権についたこと、その社会党内では女性が権利向上を掲げて活発に活動したことが、その後の女性の就労支援にはずみをつけたと言えるだろう。1972 年に初めて保育費補助制度ができたほか、1977 年にはまず母親優先の育児休暇が誕生し、単一給与手当が廃止される。育児休暇は 1984 年に両性に開かれ、1985 年には育児休暇中の所得補償である育児手当が導入された。

　1990 年代の右派政権時代にパートタイム制度の充実や、保育所整備よりも保育ママやナニーによる在宅保育を支援する政策がとられたが[4]、その後 21 世紀に再び政権についた社会党により、パートナーの出産時に父親が取

4　保育ママ（assistant maternel）とは、行政の認定を受けて自宅で 4 人までの子どもを保育する制度。日本での法律名は「家庭的保育者」であり、自治体により様々な名称が存在するが、通称として「保育ママ」が用いられることも多い。ナニーは子ども宅に来て保育する。

得できる 11 日間の父親休暇（2002 年）のほか、育児休暇に父親割り当て月が導入された（2014 年）。

　エスピン＝アンデルセンの類型では「保守主義的福祉国家」に分類されるが、フランスの研究者からは異論もあり、「ハイブリッド型」が主張されている。エスピン＝アンデルセン自身、フランスとベルギーには家族主義があてはまらない可能性を認めている。

　現在のフランスでは、家族手当のほか在宅保育を利用する世帯への補助や、就業中断した人、短時間勤務で就業継続する人が受給できる育児手当（最大で月 397 ユーロ：4 万 7 千円余に相当）などがある。3 歳から幼稚園にほぼ全入し、保育時間も午後 4 時半まで、延長保育も 6 時ごろまで可能であることや、幼い子どもをもつ母親が働くのは現在では当然と考えられているため、女性の就業率は北欧に次いで高い。仕事と子育ての両立が難しくなるのは 3 人目からと言われており、第 1 子の出産で仕事をやめる女性は非常に少ない。育児休暇は第 2 子から 3 歳まで取得可能だが（第 1 子は 6 か月まで）、所得補償が多くないこと、また女性の就業意欲が高いこともあり、多くの女性は産後 3～4 か月程度で復職し、仕事を続けている。このような両立支援策と手厚い家族手当もあり、出生率は 2000 年代には 2.0 前後を記録し、現在もヨーロッパでトップレベルの高水準にある。

□ イギリス……自由主義的−保守主義的福祉国家→「第三の道」で改革へ一歩

　1942 年に発表された社会保障の基本構想ベヴァリッジ報告を基に、戦後誕生した労働党内閣により「ゆりかごから墓場まで」と言われる、包括的で、当時としては先進的な社会保障制度を整えたイギリス。1945 年に「家族手当法」、1946 年には「国民保険法」と「国民保健サービス（NHS）法」を整えるが、必要最低限度に抑えた保障（ナショナル・ミニマムの原則）が基本概念にあり、それ以上は自己責任によるものという、自由主義的立場に拠って立つ。その後、保守党と労働党が政権交代を繰り返すが、基本的な枠組みは維持された。

　戦後の福祉国家建設が男性稼ぎ主と専業主婦の妻と子を想定していた点は他の国と同様であるが、スウェーデンやフランスが 20 世紀後半の早い時

期に共働きを支援する方向へとシフトしたのに対し、イギリスは J. ルイスが「強い」男性稼ぎ主モデルの国であると指摘するように、女性の就業をめぐっては長い間、伝統的家族観が支配的であった。特に 1979 年から 1997 年まで 20 年近くに及んだ保守党政権、とりわけサッチャー首相の時代には、他のヨーロッパの国で産休や育児休暇など、子を持つ親が就業継続するための制度が整えられる中、伝統的家族を重視する姿勢から保育や女性の就業にはほとんど目が向けられなかった。1976 年に産後 29 週という長い出産休暇がもうけられたが、2 年以上同じ雇用主の下で働いている人のみ対象とするなど、資格要件を伴うものだった。保育サービスの拡充は親の養育責任放棄につながるという見方も保守党内にはあり、保育環境の整備は他国に比べて非常に遅れていると言われる。保育所はほとんど整備されておらず、保育サービスの中心は認定保育ママ（チャイルドマインダー）であった。

　イギリスの家族政策・雇用政策に変化が訪れるのは、1997 年のブレア労働党政権の誕生によってである。ブレア政権が思想的基盤とした A. ギデンズの「第三の道」は社会民主主義に新自由主義的な路線を取り入れたものであり、目標として「男女の平等」や「協働した子育て」を優先課題とし、「民主的な家族」像を示している。労働党のこの選択は、男性稼ぎ主モデルからの脱却であったとみなされている。イギリスにおいても 1970 年代以降、育児期女性の労働市場進出がパートタイム労働を中心に広がっていた。保育が整備されない中、親族や近所の知人を頼ったり、子どもが学校に行っている間のみの就労であったりしたという。

　1996 年の EU 指令を受け、労働党により 1999 年にようやく所得補償の伴わない育児休暇がもうけられた。一方で所得補償のある産休はその後、1 年に拡大され、保守党のキャメロン政権で、両親による共有制度も導入された。このほか、6 歳以下の子どもを持つ親にはフレックスタイムやジョブ・シェアリングなど柔軟な働き方を求める権利が認められている。保育所（デイナーサリー）の整備も進められ、労働党が政権を握った 1997 年から 2007 年の 10 年間に、保育所の定員は 19 万 3800 人から 59 万 8700 人へと約 3 倍の増加を見せている。だが保育定員は 1980 年代末で 5 歳未満児の 3 ％にも満たしていなかったため、いまだに他国に比べて遅れている状況に

ある。またその経営は企業や個人など、民間営利部門が中心であるため保育料が高く、倒産などもあり経営は不安定である。保育料は 2005 年時点で、ロンドンの 1 歳児で週あたり 200 ポンド近く（約 4 万円）、月にして 10 万円を超える金額であった。所得により最大 8 割の税控除が受けられるが、低所得世帯にとっては残りの 2 割も負担が大きいという。

□ スペイン・イタリア……南欧型の後発福祉国家＋根強い男性稼ぎ主モデル

世界的に強いインパクトを与えたエスピン＝アンデルセンの三類型に対して、大陸ヨーロッパにありながら保守主義的福祉国家の特徴にあてはまらないとして、現地の研究者から強い異論が出されたのがイタリア、スペイン、ポルトガル、ギリシャである。これらの国は地理的な特徴やその共通点から、「南欧型」や「地中海型」として議論されることが多い。

中島晶子の『南欧福祉国家スペインの形成と変容』によると、これら 4 ヶ国に共通するのが、権威主義的もしくは全体主義的政権を有した歴史があることや、第一次産業中心で工業化が進んでいない点、福祉の供給に果たす家族主義の役割の大きさ、教会の影響力の強さ、インフォーマル経済の大きさなどであるという。とくにスペイン、ポルトガル、ギリシャは大戦後の独裁体制の存在により民主化が 1970 年代と遅れたことが共通している。日本の研究者の関心は主に先進福祉国家にあるため、南欧福祉国家の建設と現状についての研究は非常に乏しい。そのためここでは限られた文献から可能な範囲で、スペインとイタリアの女性の就労に関する政策と状況を簡単に述べるにとどめたい。

この 2 ヶ国に共通しているのは、女性の家庭での役割が大きく、女性の就業率が低いこと、また出生率も低い点である。イタリアにはマンミズモ（母親至上主義）と呼ばれる「女性が家庭を守る」という考えがあり、男性の家事分担は少なく、仕事と家庭生活の両立は極めて厳しいとされる。スペインも、女性が就業を続けるための環境は整えられておらず、家族政策への支出もヨーロッパ最低レベルにとどまっていた。女性の就業率は、EU 平均が 1997 年時点で 51.1％のところ、スペイン、イタリアとも 30％代にすぎなかった。また出生率は両国とも 1990 年代に 1.1 台にまで低下した。

　だが1995年の北京世界女性会議や、EUの母性保護に関する1992年指令や育児休暇に関する1996年指令は、スペインでは1999年に「家庭生活と職業生活の両立支援法」として右派の国民党政権のもとで国内法化されるなど、南欧福祉国家にも影響力を持った。また出生率の低下も深刻な政治課題と受け止められるようになり、スペインでは左派の社会労働党政権のもとで出産に対して2,500ユーロを母親に支給する「赤ちゃん手当」がもうけられ、給付額で一躍EU首位になるなど、大幅な変革を行っている。女性の就業率は高学歴化もありスペイン・イタリアでも増える傾向にあり、2006年にはEU平均57.4%に対してスペイン53.2%、イタリアは46.3%と、その差は縮まる傾向にある。

　だが、伝統的価値観から保育の整備は十分ではなく、多くは親族、主に子どもの祖母や、移民女性を雇うことで対応を迫られているという。

4. おわりに

　以上、ヨーロッパの六つの事例をみたが、大陸ヨーロッパ内だけをみても、オランダ、ドイツ、フランス、イギリス、南欧2ヶ国でこれだけ大きな違いがあることが理解できるだろう。

　すべての国に共通しているのは、第二次世界大戦後の福祉国家建設において、当初は男性稼ぎ主と専業主婦という伝統的家族像が想定されていたこと、その後の社会・経済状況などの変化、とりわけ女性の労働市場進出が進んだことにより、時期に差はあれ変革を迫られたという点である。

　まずスウェーデンをトップバッターに、1970年代にはフランスも共働きを支援するようになった。オランダでは1980年代の不況から抜け出すべく90年代に「フレキシキュリティ」に向けた取り組みが行われ、パートタイム労働の待遇改善が図られて女性の労働待遇改善につながった。自由主義的、保守主義的なイギリスと保守主義的なドイツでは、1990年代後半に「第三の道」を目指したブレア労働党、「新しい中道」のシュレーダー社会民主党政権により、従来の伝統的家族観から新しい家族政策への変換がもたらされている。民主的福祉国家の建設で後れをとり、かつ家族主義が強固なス

ペイン・イタリアにおいては、とりわけ「男女の平等」や「就業と家庭生活の調和」のための EU の指令、世界女性会議などの外圧と、1.1 台という出生率の低下が、家族政策転換の要因と目されている。いずれの国も、家族政策の転換前に女性の労働市場への進出が脈々と進み始めており、国内での環境整備の遅れから生じていた様々な問題や要求を、政策が追認する形で変化が生じている。

　これらヨーロッパでの福祉国家の変容に対し、日本はどうだろうか。図 6 の年齢別女子労働力率のグラフの線の間隔が狭いことから分かるように、日本ではヨーロッパと比べて 1960 年代以降の女子労働力率の上昇は少なかった。1990 年代には共働き世帯が専業主婦世帯数を上回ったが、第 1 子の出産で一度、労働市場を退出し、パート労働で市場に戻る M 字カーブが特徴であった。だが冒頭で述べたように、第 1 子出産後も就業継続する人が 2010 年代に入って 5 割を超え、この M 字の底はかなり浅くなっている。

　2000 年代以降、イクメンブームなど男性の育児参加も進みつつある。日本でも外圧に押され、1985 年に男女雇用機会均等法、1992 年には育児休業法のほか、2003 年には次世代育成支援推進法が成立したほか、少子高齢化に伴う労働力不足への懸念から、保守政権である安倍内閣において、2010 年代に「女性の活躍」が掲げられるまでになっている。

　だが雇用の二極化が進み、正規雇用男性の長時間労働がなかなか改善されていないだけでなく、パート労働と正規雇用の格差は著しく、既婚女性の多くは男性の扶養内で働いている。性別役割分業観の強い日本は、オランダのような 1.5 稼ぎ手ならぬ 1.2~1.3 稼ぎ手モデルになるのだろうか。正規雇用で就業継続する女性が増えるのだろうか。日本社会の今後は、政策や企業の対応だけでなく、女性、そして男性の選択にもかかっているだろう。

◆各国の支配的政党の大まかな政治的位置

	革新（＝左）	保守（＝右）
スウェーデン	社会民主党（SAP）	———
オランダ	キリスト教民主主義政党（中道 94年まで）	
（旧西）ドイツ	社会民主党（SPD）	キリスト教民主同盟（CDU）
フランス	社会党（PS）	共和国連合（RPR） →人民運動連合（UMP）など
イギリス	労働党（LP）	保守党（CP）
スペイン	社会労働党（PSOE）	国民党（PP）
（参考）日本	———	自由民主党

※長期支配的な政党がある国はその政党を、左右で定期的に政権交代がなされている国は両方を記載。オランダは 94 年以降、労働党や中道右派の自由民主人民党も政権についている。

■ 補　足

＜革新＝左＞……主に労働者の利益を代表。平等に価値を置くことが多い。

＜保守＝右＞……主に経営者の利益を代表。伝統的価値に重きを置く傾向がある。

　為替レートは 2019 年時点の金額は 1 ポンド＝ 134 円、 1 ユーロ＝ 120 円で、過去の金額はその時点のレートで換算。

■主要参考文献

※本書全体のスタイルに合わせ、文中では引用していないが、本稿の多くは以下の著書に依っている。

・エスピン＝アンデルセン（岡沢憲芙、宮本太郎監訳）『福祉資本主義の三つの世界』ミネルヴァ書房、2001 年。

　————（渡辺雅男、渡辺景子訳）『ポスト工業経済の社会的基礎』桜井書店、2000 年。

　————（大沢真理監訳）『平等と効率の福祉革命—新しい女性の役割』岩波書店、2011 年。

　比較福祉国家論に一石を投じたエスピン＝アンデルセンの類型論を理解するのに重要な主要 3 冊。

・Lewis, Jane, 1992, "Gender and the Development of Welfare Regimes", *Journal of European Social Policy*, (2).

・Sainsbury, Diane, 1999, "Gender and Social-Democratic Welfare States", Sainsbury, D. ed. *Gender and Welfare State Regimes*, Oxford：Oxford University Press.

・ナンシー・フレーザー , 仲正昌樹監訳『中断された正義―「ポスト社会主義的」条件をめぐる批判的省察』御茶の水書房、2003 年。
　福祉国家研究に、ジェンダー視点を取り入れた新たな分析を提示している。

・新川敏光・井戸正伸・宮本太郎・眞柄秀子『比較政治経済学』有斐閣アルマ、2004 年。
　比較政治経済学の本だが、第 7・8・9 章は比較福祉国家論の研究動向を分かりやすくまとめている。

・田中拓道『福祉政治史』勁草書房、2017 年。
　自由主義レジーム（英米）、保守主義レジーム（仏独）、半周辺国の戦後レジーム（日、スウェーデン）を対象に、その形成と再編の過程を緻密に比較考察している。

・法政大学大原社会問題研究所・原伸子編『福祉国家と家族』法政大学出版会、2012 年。
　家族政策の今日の動向のほか、スウェーデン、フランス、ドイツ、イギリスなどの家族政策や雇用政策が詳しく述べられている。本稿のドイツについての部分は、特に第 7 章「ドイツ社会国家と家族政策」（齋藤純子）に多くを負う。

・水島治郎『反転する福祉国家―オランダモデルの光と影』岩波現代文庫、2019 年。
・中谷文美『オランダ流ワーク・ライフ・バランス』世界思想社、2015 年。
　前者はオランダ福祉国家の形成について、後者はパートタイム労働の実態について詳しく分析している。

・内閣府経済社会総合研究所・（財）家計経済研究所『フランス・ドイツの家族生活』
『スウェーデンの家族生活』2006 年。

　　内閣府の委託による調査をまとめた報告書。雇用政策、家族政策、教育制度、
カップルの状況等、やや古いデータだが現地調査を含めた豊富な資料で提示さ
れている。

・江口隆裕『「子ども手当」と少子化対策』法律文化社、2011 年。
・福島都茂子『フランスにおける家族政策の起源と発展―第三共和制から戦後ま
での連続性』法律文化社、2015 年。

　　前者は元行政官の視点から、後者はヴィシー政府の意味に関心を寄せつつ、
ともにフランスの家族手当の歴史を丹念に追っている。

・中島晶子『南欧福祉国家スペインの形成と変容―家族主義という福祉レジーム』
ミネルヴァ書房、2012 年。

　　南欧福祉国家について、スペインを事例に政治学的に分析している。

・阿藤誠編『先進諸国の人口問題』東京大学出版会、1996 年。

　　1996 年出版のためその時点までのデータに限られるが、20 世紀後半の欧米
各国の出生率の動向が、家族政策、育児休暇政策なども含めて緻密に分析され
ている。

・椋野美智子・藪長千乃編『世界の保育保障』法律文化社、2012 年。
・山田敏『北欧福祉諸国の就学前保育』明治図書、2007 年。
・バルバーラ・マルティン＝コルピ『政治のなかの保育―スウェーデンの保育制
度はこうしてつくられた』かもがわ出版、2010 年。

　　上 2 著は各国の保育改革の動向や理念、現状が詳細に紹介されている。マル
ティン＝コルピの本は、スウェーデンの保育制度成立の歴史を知るための必読
書。

図3　各国の出生率推移

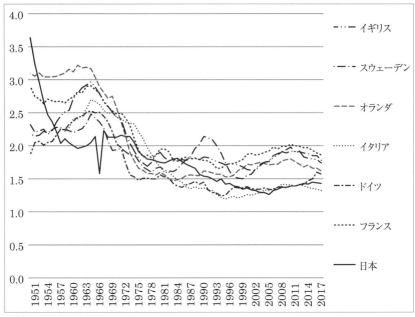

出典）OECD Family Database
　　　http://www.oecd.org/els/family/database.htm　2019年9月20日取得
　　　1950〜1959年はUN Demographic Yearbook
　　　https://unstats.un.org/unsd/demographic/products/dyb/dybhist.htm　より2020年2月12日取得

図4　女性の就業に占める
　　　パートタイム比率（2018年）

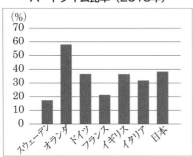

出典）OECDDataより　https://data.oecd.org
　　　/emp/part-time-employment-rate.htm
　　　2019年9月25日取得
　　　※パートタイムは週30時間労働より少ない人

図5　各国の年間労働時間
　　　（男女共　2018年）

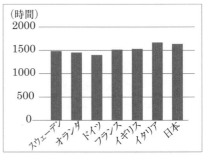

出典）OECDDataより　https://data.oecd.org/
　　　emp/hours-worked.htm#indicator-chart
　　　2019年9月25日取得
　　　※日本の不払い残業はカウントされていない。

図6　各国の女子労働力率の推移

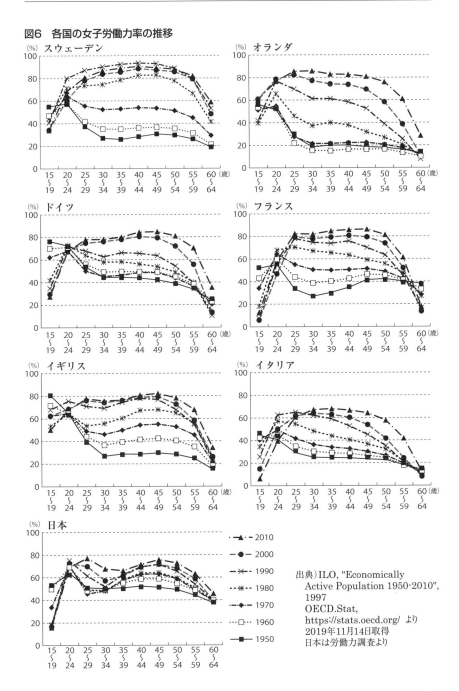

出典）ILO, "Economically Active Population 1950-2010", 1997
OECD.Stat,
https://stats.oecd.org/ より
2019年11月14日取得
日本は労働力調査より

欧州経済——連合の絆は恒常的に深化するのか

モンフォール　ブリウー

1. 序　章

　第二次世界大戦後の欧州において欧州統合は常に説得力のある物語として機能してきた。75年以上もの間、欧州統合の歴史はほぼ直線的で、あらかじめ運命づけられたものであるかのように語られてきた。1957年ローマ条約に調印した欧州の国々とそれ以後に加盟した国々は「恒常的に深化すべき連合」[1]にコミットした。欧州連合の権限は徐々に拡大し、権力が加盟国から欧州の共通制度へと移譲された。また当初6ヶ国を基軸として展開された欧州連合は今や27ヶ国の加盟国を持つ。過去20年の間欧州連合に属する19ヶ国が一体となって欧州の共通通貨ユーロも共有してきた。このように欧州連合は深化と拡大のプロセスによって発展してきた。

　2010年から2020年までの10年間に、これまで当たり前と思われてきたこの一直線の物語に疑問が投げかけられるようになった。2016年には初めて、一国つまりイギリスが国民投票による欧州連合離脱を決定し、それは当初3年後に実施されるべく計画された。しかしここでより重要な事象として2008-2009年の世界的な財政危機が2010年以降のユーロ圏に深刻な危機を誘発したことも想起したい。この危機によって、それまで欧州統合の誇るべき実績とみなされてきたものの欠陥が白日のもとにさらされた。多くの分析家は、これらの欠陥はあまりにも根が深いゆえ危機後の制度的改革だけではユーロを救うには不十分である、とみなした。欧州統合の緩やかな解体が始まる中、それまでとは真逆の物語も生まれた。ユーロ危機とイギリスの

1　1957年の欧州共同体を設立したローマ条約の序文には、その目的として「欧州の諸国の人民の間の恒常的に深化していく連合のための土台を作る」と書かれている。

EU 離脱がその最初のきっかけだった。

　今日、一つの単体として見た場合、欧州連合は世界で二つ目に大きな経済圏で、それは世界の GDP の 5 分の 1 を占める。欧州は名目 GDP ではアメリカに次いで 2 位であり、実質 GDP で計算した場合も中国に次いで 2 位となる。欧州統合の経済的比重について説明するための技術的な問題は横に置くとして、欧州連合とはアメリカや中国のような国民国家とはかなり異なる条件を持った経済主体であることをここでは強調したい。統合と分裂の競合的な力のせめぎ合いを考慮すると、ここで問われなければならない問題とは、この経済圏の結束力およびその未来についてである。

　これらの問題に答えるために、本論文ではまず欧州連合の経済史を再訪する。次に第一に欧州連合内、そして第二にユーロ圏内における加盟国間の協力関係について論じる。あらかじめ二つの事柄について断っておく。一つめはこの論文の焦点は欧州連合の経済に関するものであるが、欧州では経済と政治が連動していること。二つ目に、本論文では欧州人、非欧州人、欧州統合の賛成派、反対派などの多様な立場の人々の意見を視野に入れる一方で、著者自身は欧州統合賛成派で、フランスの政治議論の影響を受けた市民であることをあらかじめ断っておく。

2. 欧州経済——なぜ協力するのか

　いい意味でも悪い意味でも、経済というのは欧州統合の成功、失敗を測定するためのものさしである。欧州連合というのは一言で言えば、欧州経済共同体の化身であるのに間違いないからである。共通政策は、貿易、経済競争の分野においてより緊密な統合を進めてきたが、ユーロ圏に加盟する国々にとっては、そこに通貨政策が加わった。同時に欧州連合は世界的な金融危機から市民を守り抜くことができず、この世界的危機が欧州特有の危機へと変容した結果、市民の窮状に追い打ちをかけてしまう結果となった。一方、欧州統合に対する市民の支持は一般に失業率の推移と一致する。また欧州連合は時には、より政治的、社会的な展望を犠牲にしつつ努力のすべてを経済に集中させてきた、との批判を受けることもある。

2. 1. 協力関係を学ぶ過程で――冷戦期の欧州

　経済主導の統合というのは、多分創設者があらかじめ意図した計画ではなく、それは歴史の産物だった。1951 年に最初の欧州統合計画だった欧州石炭鉄鋼共同体（ECSC）が設立されたが、その目的は経済的なものと政治的なものの両方だった。それはロベール・シューマン氏の言葉を借りれば「戦争を考えられないものとするのみではなく、物理的に不可能にしてしまうこと」だった。欧州石炭鉄鋼共同体の経済効果に関しては異論の余地があったにしても、この組織はその後の 1957 年のローマ条約によって同じ 6 ヶ国の創設メンバー、西ドイツ、フランス、イタリア、ベルギー、ルクセンブルグ、オランダによる欧州経済共同体（EEC）の先駆けとなったことには間違いない。

　1958 年反欧州統合派として知られたドゴール将軍の政権復帰と同時に欧州協力が滞る可能性もあった。1954 年にドゴール将軍は、フランス国民議会がすでに是認した欧州防衛共同体（EDC）の計画に強い反対の意を表明していた。しかしながら大統領となったドゴールは実際には共通市場にはコミットした。また彼は核エネルギーの分野における協力について消極的だったため、欧州経済統合と同時に創設された欧州原子力エネルギー共同体のその後の実績は芳しくなかった。

　欧州共同体の域内では関税が廃止され共通通商政策が採用された結果、貿易面では堅調な進展が見られた一方、加盟国間の政治協力関係には不確かな要素が残った。また 1951 年欧州石炭鉄鋼共同体に超国家権力が移譲されたが、それはその後の欧州経済共同体においては否定され、代わりに政府間協力が統合の推進力となった。また 1979 年に欧州議会で直接選挙制が採用されたが、それは欧州における民主主義の赤字に対する批判を即座にかわすとともに、欧州議会へのさらなる権限移譲を制限するための妥協策でもあった。

　欧州統合の歴史の直線的な解釈とは真逆に、実際の欧州統合とは間断なき試行錯誤の点が線となったものである（表1）。このことは 1979 年の通貨協力から 1999 年のユーロ圏創設までの努力についても言える。1989 年のベ

ルリンの壁が崩壊する前夜、欧州統合の主要実績とは経済の領域に関するものだと言われていた。それに加えて、恒常的に深化すべきである、という公的言説によれば、欧州統合の源として第二次世界大戦の役割が強調される傾向があった。しかし実際には、アメリカ合衆国が当初統合の協力な賛同者だったという意味では、冷戦も同じぐらいに重要な統合の要因だった。

表1　欧州統合の歴史

年	事象／条約／制度	分野	結果
1951	欧州石炭鉄鋼共同体 (ECSC)	産業	✓成功
1954	欧州防衛共同体(EDC)	防衛	×後退
1957	ローマ条約: 欧州経済共同体(EEC)	経済	✓成功
1957	ローマ条約:欧州原子力共同体(EURATOM)	エネルギー	×後退
1973	第一次拡大: イギリス、アイルランド、デンマークの加盟	政治	／
1979	欧州議会の直接選挙制度	政治	／
1979	欧州通貨制度 (EMS)	通貨	〜 部分的成功
1986	単一欧州議定書(SEA): 単一市場誕生	経済	✓成功
1989	ベルリンの壁崩壊	政治	／
1990	シェンゲン協定	国境	／
1990	ドイツの再統一	政治	／
1992	マーストリヒト条約: デンマークが批准を否決	経済	〜 部分的成功
1993	欧州通貨制度危機、第二段階へ	通貨	×危機
1999	共通通貨ユーロの導入	通貨	✓成功
1999	アムステルダム条約	政治	／
2001	ニース条約: 制度改革	政治	／
2004	中央、東欧ヨーロッパへの拡大	政治	✓成功
2005	欧州憲法: フランスとオランダが批准を否決	政治	×後退
2007	リスボン条約: 特定多数決方式	政治	／
2010	ユーロ危機の始まり	経済	×危機
2012	欧州税制協約 と単一監督機構 (銀行同盟)	税制	／
2016	イギリスのEU離脱: イギリスがEU離脱を国民投票で決定	政治	×後退

　1980年代初頭までに、欧州は当初の目的の一つを達成したが、同時にそれは統合を推進する上での一つの方法を使い切ってしまったことを意味した。それまでに国民一人当たりのGDPはアメリカをわずか10%下回るまで伸長したからである。ちなみに両者の差は1950年代には40%、1960年代には25%だった。アメリカ合衆国との差の縮小について、それが戦後の復興といわゆる技術力の巻き返しによるものと説明できるが、それは経済統合の恩恵でもあった。最初は自由貿易圏（関税の廃止）、次に関税同盟（共

通貿易政策）に負うところが大きい。通貨協力についてはしかしながら不確実で、時折実施される欧州通貨体系内の為替レートの調整に限定された。欧州からさらなる恩恵を引き出すために1980年代の半ばにドロール氏率いる欧州委員会が二つのイニシアチブを提案した。1986年の単一欧州議定書は、非関税障壁を消滅させ法制面での調整を図ることによって、共通市場の統合の度合いをさらに深めていくことをうたった。1988年のドロール報告によれば、1990年に三つの段階からなる経済通貨連合（EMU）が導入されることとなった。

2. 2. 欧州について議論する──1992年のマーストリヒト条約

　1989年のベルリンの壁崩壊と冷戦の終結によって、欧州統合の方向性を根本的に見直さなければならない時代がやってきた。冷戦の終結直後の欧州ではそれまでにない親ヨーロッパ的ムードが高まりを見せたが、その機運はその後徐々に失われていった（表1）。欧州通貨連合の提案はそれまでは試案作でしかなかったが、ベルリンの壁が崩壊し1990年にドイツが再統一された結果、1992年に締結されたマーストリヒト条約に規定されることとなる通貨統合のロードマップはより明確化された。ユーロの創設は、時折独仏間の取引の産物だとも言われる。つまりフランスがドイツの再統合を受け入れる代償として共通通貨を採用させ、通貨政策決定の実権をドイツの中央銀行から未来の超国家主義に基づく欧州中央銀行へと移譲させることによってドイツの実権を実質的に弱体化させる、というものである。

図1　欧州連合と失業率の相関性

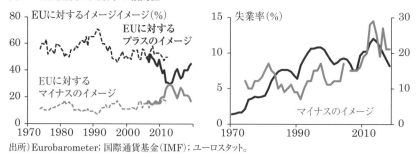

出所）Eurobarometer; 国際通貨基金（IMF）; ユーロスタット。

　1992 年フランスではマーストリヒト条約批准に関する国民投票が行われ
たが、これは 2016 年のイギリスにおける EU 離脱の際の議論と同様欧州の
未来の方向性について議論するという同じような性格を持っていた。10 年
以上隔てた二つの国による国民投票には多くの共通点がある。一つの明確な
共通点としては、他の多くの国々が選択した議会による議論や批准ではな
く、投票者に対して直接投票を訴えかけた点である。もう一つの共通点はど
ちらの国民投票も重大テーマを扱っているという点である。フランスの国民
投票は未来のユーロ圏の創設に関するものであり、イギリスでは将来的に欧
州連合に参加し続けるか否かという問題である。二つの国民投票は僅少の得
票差によって勝敗が決まった。フランスでは 51% の投票者がマーストリヒ
ト条約に賛成したが、イギリスでは 52% の投票者が欧州連合からの離脱を
選択した。どちらのケースでも欧州統合に反対した投票者は低所得者層で、
都市居住者でない可能性が高い。

　両陣営が自分たちの大義名分を正当化するためにあからさまな嘘を言い
放った点でも両者は似ている。イギリスの EU 離脱派は過大評価した欧州
関連の支出を減らし、それを国内の社会保障費に充てることができると主張
した。フランスでは、国民投票以前に実施されたテレビ討論で、欧州統合
推進派の当時のフランソワ・ミッテラン大統領が国民主義的感情を隠さない
フィリップ・セーガン氏と対峙した際、将来的に通貨政策は、市民に選出さ
れることのない欧州公務員ではなく欧州の国家元首によって決定され続け
る、と訴えた。もちろん、前もって計画されていた通り通貨政策は 1993 年
に早々と政府から独立性を保った新生フランス中央銀行へと移譲された。二
つの議論の違いとしては、フランスでは議論が始まる 1 年前の 1991 年にソ
連が崩壊したことである。これに呼応するのは 2015 年の移民流入による危
機だろう。

　ここでフィリップ・セーガン氏によって提議された三つの主要問題点につ
いても思い起こそう[2]。彼は徐々に忍び寄る連邦主義への移行を恐れ、欧州の
民主主義の赤字を批判した。またセーガン氏は欧州統合に加盟するためにお

2　Philippe Séguin, *Itinéraire dans la France d'en bas, d'en haut et d'ailleurs*, 2003, Seuil.

そらく 20 年は待たなければならない中央、東ヨーロッパの国々に対する不平等な対応を問題視した。最後に彼はほとんど通貨の安定のみにしか関心を寄せることのない国家から独立したテクノクラートに通貨政策を任せることについての懸念を表明した。ある意味で、セーガン氏はミッテラン大統領よりも正直で、意味のある問題点を指摘したと言えよう。しかしながら、後で考えてみると、セーガン氏の懸念はほとんど現実化していない。中欧、東欧のほとんどの国々は 2004 年に欧州統合に加盟した。欧州は今日連邦主義からは程遠い。独立した中央銀行を持つというのは標準的な通貨政策だが、2010 年代のユーロ通貨危機においてこの問題は確かに重要事項となった。したがってこれについては論文の最後で改めて取り上げたい。

　30 年前にフランス人がマーストリヒト条約の批准を拒絶していたら、その後どうなっていただろうか。フランスで国民投票が実施される 2、3ヶ月前にデンマークでは 51% という少差でマーストリヒト条約の批准が否決された。その翌年にデンマーク人は 57% の賛成票でもって改正されたマーストリヒト条約の批准を可決することとなった。四つのオプトアウトを得たが、その中の最重要事項とは通貨統合には不参加、という点だった。それからおよそ十年後の 2005 年に、フランス人（とオランダ人）は欧州憲法案の批准を反対 55%、賛成 45% で否決した。しかし憲法案の重要事項はその後のリスボン条約に受け継がれた。

　2019 年に Ipsos によって実施されたフランスの世論調査によれば、もし再度マーストリヒト条約について国民投票の機会が与えられるなら、52% のフランス人がマーストリヒト条約批准に反対票を投じるだろう、と答えている。同時に 2019 年のユーロバロメーターによる調査によれば、70% のフランス人回答者がユーロに対してプラスのイメージを持っている、とも答えている。2017 年には大統領選挙運動の最中にフランスの EU 離脱を支持していた極右派の大統領候補者のマリーヌ・ル・ペン女史は大統領選挙の決選投票日までに一週間を控えた段階で突如「単一通貨」ではなく「共通通貨」なら支持する、と言い始めた。彼女の欧州統合をめぐる発言には一貫性がなく、大半の投票者にとってこれらの言葉の意味の違いは不明だった。そして彼女は 66% の投票率を勝ち取った欧州統合賛成派のエマニュエル・マ

クロン氏に大敗した。これらの数字に意味があるとすれば、それは国民投票によって欧州統合の複雑な問題について問うことがいかに困難な企てであるか、そして矛盾のない答えを得ることがどんなに難しいものであるか、ということである。

2.3. 欧州について議論する：2016 年の英国の EU 離脱

1992 年のフランスの国民投票と同様に 2016 年のイギリスの国民投票は欧州統合の方向性に関する重要課題を提示することとなった。英国の EU 離脱は欧州統合について何が重要であるかについて一つではなく三つの論点が浮き彫りとなった。第一に、国民投票前夜にデビッド・キャメロン首相は改革を条件に EU に止まる心算だったこと。第二に、国民投票の最中に賛成派と反対派が何を主要問題として取り上げたか。第三に、国民投票後テレーザ・メイ首相が EU との関係において何を残しておきたかったか、である[3]。

キャメロン首相は三つの段階によるプロセスを準備した。「改革、再交渉、国民投票」である。彼は「恒常的に深化する連合」に対するコミットを緩めるための交渉に着手した。そしてイギリスがその最たる例となる、ユーロを採用していない国々の EU における扱いについて新たな重要事項を指摘した。そして移民に対する統制を強化させること、経済政策として新たに経済競争力に取り組むことの重要性について指摘した。キャメロン首相は交渉の結果自分がもたらした功績を吹聴したが、それらは実際には既存の欧州連合の法律で規定済みであり、実質的な功績とは言えなかった。

しかしながら三つ目の段階はキャメロン首相が計画したようには進行しなかった。EU 離脱派のリーダーたちは三つの主要問題を取り上げたが、その一部は首相が取り上げた問題と似通っていた。移民問題に対するより強力な統制、国内の社会保障費に充てるため欧州連合への加盟国の費用を節約すること、そして欧州連合制度から政治的、法制的自律性を取り戻すこと。1992 年の議論で欧州連合の既存政策に反対を表明したフランスの政治家は

---

3 Kevin O'Rourke, *A Short History of Brexit : from Brentry to Backstop*, 2019, Penguin Books.

欧州という理念には「賛成していた」。彼らは経済的自由主義の傾向をより緩和させた、より社会的もしくは国家主義的な「異なるヨーロッパ像」を模索していた。しかしポピュリスト的レトリックが際立ち、イギリス独立党党首で、自身も欧州議会議員であるナイジェル・ファラージ氏にはこうした慎重な態度は見られなかった。イギリスの国民投票の結果はフランスの国民投票の結果と似通っている（それぞれ1%と2%の僅差で勝敗が期されたこと、パリでは欧州統合派が61%、ロンドンでは60%）。同時にイギリスでは、地域によって二極化傾向が強まる傾向にある。ロンドン以外のイギリスの55%の地域はEU離脱を希望したが、スコットランドでは38%、北アイルランドでは44%だった。

　新しく選出されたテレーザ・メイ首相はEU離脱を前提とした交渉を開始した。アイルランドとの国境問題や移民問題で深刻な行き詰まりを見せる一方、経済的には二つの問題が浮かび上がった。欧州でビジネスをする金融機関を含めた国際企業にとってイギリスの魅力を保持すること、共通市場を離脱することによる貿易への悪影響を最小限に食い止めること、である。国民投票以来3年の交渉の末、そして再度新たに任命されたボリス・ジョンソン首相によれば、イギリス国内でEU離脱のコンセンサスを測ることは困難である。一方EU離脱問題が持ち上がって以来、イギリスではヨーロッパのプラスのイメージが徐々に形成され、離脱の拡散化を阻む傾向にある。

　ここまでの議論において、欧州統合の歴史の中で経済と貿易が欧州人が協力する上でもっとも理にかなった方法であることが明らかとなった。そしてこれは何も前もって決定づけられた計画によるものではなく、政治的問題はよりデリケートである、という経験則によるものだった。市民の欧州に対する政治的態度は同時にその個人の経済状況とも呼応している。低所得者層は欧州に反抗するが、欧州に対する認識の変化はビジネスサイクルとも連動している。

3. 欧州連合――どのように協力するのか

3. 1. 世界で二つ目に大きな経済圏

　今日、欧州連合を一つの単体とみなした場合、それは世界で二つ目に大き
な経済圏となる。このランキングは5億1,000万の人口によって構成され
る28ヶ国でも、イギリス人を除外して4億4,500万人の人口を抱えること
となる27ヶ国でも変わらない。世界の名目GDPの割合において欧州連合
は24%のアメリカについで20%を占め、その後に16%を占める中国が追
い上げる。6%の日本は4位にランクするが、その数字は上位国とかなり隔
たっている。価格の相違を考慮した実質GDPによればこのランキングは変
容する。その場合、中国が世界の最大経済圏となり欧州連合はアメリカとほ
ぼ肩を並べる。EU28ヶ国だとアメリカをわずかに凌ぎ、EU27ヶ国だとわ
ずかだがアメリカに先を越される。

図2　世界におけるヨーロッパ経済

世界における比重（2018）

持続的な一人当たりのGDP

出所）Maddison project; IMF.

　欧州統合が続けざまに拡大した結果、欧州が世界経済において高い地位
を占めるようになったのは間違いない。1973年の最初の拡大以前、欧州統
合を創設した6ヶ国で世界GDPのおよそ25%を占めていた。その後1995
年の第三の拡大までに西ヨーロッパのほぼ全域を網羅し、世界GDPの

30% を占めるにいたった。それから 10 年後の 2004 年に中央・東ヨーロッパからさらに 10 ヶ国が加盟しても欧州連合の世界 GDP における比率はそれほど変化しなかった。しかし 2018 年までに欧州連合の世界 GDP に占める割合は 20% にまで落ち込み、その半分は創設国である 6 ヶ国によるものだった。ある意味でこの減少は日本の衰退を思い起こさせる。世界 GDP に占める日本経済の割合は 1980 年の 10% から今日 6% にまで縮小した。この衰退は新興国市場の勃興によってのみもたらされたものではなく、1990 年代以後のアメリカ経済がより強いパフォーマンスを示し、2000 年代にはさらに迅速な経済回復も実現したためである。アメリカ合衆国の 1 人あたりの GDP（購買力平価）は 1980 年には 10% にまで落ち込んだが、今日再び 25% まで伸長した。

　こうした欧州の世界経済における相対的な衰退は欧州協力にあらたな存在理由を与えることとなった。統合された欧州はアメリカ合衆国や中国と同じ土俵で議論のできるより強い存在となりうる。この考え方は 1992 年のフランスにおけるマーストリヒト条約に関する議論の際にはほとんど存在していなかったが、2016 年のイギリスの EU 脱退の国民投票において EU 残留派の理由づけとなった。イギリスの EU 賛成派は世界 GDP の 2% を占めるにすぎない完全に独立したイギリスの展望と 10 倍の経済規模を持つ欧州連合に参加するメリットを対比させた。

3. 2. 諸国の集まりか、それとも共通エリアか?

　しかしそもそも欧州連合を一つの単体とみなすことに意味があるのだろうか。一加盟国もしくは複数の加盟国が欧州連合から脱退する可能性がある、というのはこの単体の持続性にも不確かさを残すことを意味するからである。欧州連合域内の自由な物、金、人の移動にもかかわらず、国家は分離されているという現実がある。それは単に異なる国家政策によるものだけではなく、最も明白な違いとしては、それ自体が労働の流動性を制限する要因となっている言語の違いによる分断もある。次のセクションで共通政策によって欧州連合加盟国間の統一がどの程度深化しているのかについて議論する前に、ここでは欧州連合の市民が同じ経済、社会的志向を持ち、かなり強い貿

易と財政上の絆を共有していることを明らかにしたい。

　図3は欧州連合における経済条件をアメリカ、日本、中国と比較したものである。欧州の多様性を測定する指標として、この図は個々の変数にとって最初と三つ目の四分位数を示している。私の考えでは、極端な数字に囚われてしまうと欧州について間違った印象を与えかねない。例えば欧州で第一位の富裕国（ルクセンブルグ、一人当たりのGDPが95,000米ドル、50万人の人口）と第一位の貧困国（ブルガリア、21,000米ドル、700万人の人口）を対比することは簡単だ。しかし欧州連合の加盟国の半数の国々はこれらの国々の中間である29,000から44,000米ドルの間に位置し、相互の格差は狭まっている。ソ連の崩壊以来中央、東ヨーロッパの国々は創設時の6ヶ国との収入差を半分埋めるまでに成長した。大半の欧州の国々では比重の高い公的支出を好む傾向があるが、それは彼らが社会福祉国家の役割を重視していることを反映している。世界的に収入や富の不平等化が拡大するに及んで、アメリカ、日本のような成熟経済または中国のような新興国家経済では富の集中が進んだが、それらと比べると欧州連合の経済格差は格段に少ない。

図3　世界の中の欧州連合

	欧州連合			アメリカ合衆国	日本	中国
	平均	一番目の四分位数	三番目の四分位数			
米ドルによる一人当たりのGDP（2018）	38,000	29,000	44,000	56,000	39,000	16,000
GDPにおける公的出費	45	38	48	35	37	34
10%の最富裕層による収入の割合	33	28	31	46	42	43

出所）IMF; World Income Database, Paris School of Economics.

　単体として見た時、欧州連合は14%の貿易開放度を保っており、それはアメリカと同等であるとともに日本をわずかに下回るものである。しかしながら欧州連合の貿易国を見てみると、欧州連合域外の貿易パートナー国と比べて域内の貿易が2〜3倍は上回っている。海外直接投資については欧州連合域内と域外でどれほどの割合の差があるのかについての統計が不在だが、欧州連合域内における財政上の貿易開放度は格段に高く、それは欧州連

合内で国境を超えた投資が活発に行われていることを示唆している。欧州統合の深化の度合いを示す指標として、これらの貿易、財政上の絆故にユーロ危機の際には欧州の国々の経済の減速化も深化させてしまった、と言えるだろう。

図4　貿易と財政の統合

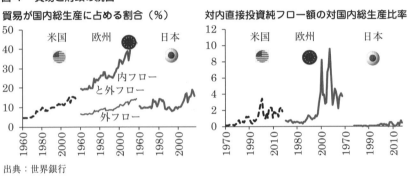

出典：世界銀行

3.3. 経済統合を促進するための共通経済政策

　欧州加盟国間の強い絆は部分的には関係諸国間の共通の志向を反映していることを指摘したが、それは同時に共通政策の影響の表れでもある。表2にはそれぞれの政策エリアにおける三つのチェックマーク（✓）が連合と加盟国間に分配されている。それは部分的には歴史的な理由、それ以外では共通市場創設に向けた緩慢な動き（最初に自由貿易圏、そして次に関税同盟、そして最後に単一市場）によるものであるが、その中では貿易政策と製品市場政策が最も統合の進んだ領域である。共通農業政策もしくはユーロ圏に加盟する国々の通貨政策に関しては欧州連合側に排他的な権限がある。それとは対照的に、税政策については、これまで調整の努力がなされてきたのにかかわらず、依然として個々の国の権限に負っている。

表2　経済政策における欧州連合の権限割り当て

	加盟国	連合	鍵となる制度など
マクロ経済政策（安定化）			
通貨政策（ユーロ圏）	-	✓✓✓	欧州中央銀行
税政	✓✓	✓	安定、調整および統治に関する条約
構造改革（Allocation Policies）			
物サービスの市場	✓	✓✓	競争総局
資本市場の規制	✓	✓✓	欧州証券市場監督局
労働市場の規制	✓✓	✓	/
インフラ、研究、教育	✓✓	✓	/
農業政策: 農場支援	-	✓✓✓	共通農業政策
再分配政策			
税制	✓✓✓	-	/
地域政策	✓✓	✓	欧州地域開発基金
通商政策	-	✓✓✓	貿易総局

出所）Agnès Benassy-Queré, Benoit Coeuré, Pierre Jacquet, and Jean Pisani-Ferry,
　　　Economic Policy: Theory and Practice, 2010, Oxford University Press.

　表2に見られる通り、多くの政策は依然として国レベルで決定され続けており、1992年のフランスのマーストリヒト条約批准に関する議論で指摘された忍び寄る欧州の連邦主義化への恐怖、2016年のイギリスのEU離脱の議論において何度も指摘された欧州の行政機構の巨大化などの指摘と矛盾した結果となっている。

4. 欧州通貨統合 —— 問題を是正することは可能なのか?

　あらゆる危機とは、それ以前の政策の間違いや概念上の欠点を浮かびあがらせるものである。ユーロ危機でもそれまでの欧州政策のいくつかの欠陥が明らかになり、何をすべきだったか、何をすべきか、もしくは何をすべきではないか、などの問いに関する多くの文献が発表された。しかしこれらの欠陥を認めることと、ユーロ圏が修正不能なほど機能不全に陥ってしまったためにこれを葬りさるべきだ、と主張することの間には雲泥の差がある。結局のところ過去30年のアメリカのほぼすべての経済後退は同じように自身の政策的失敗によって誘発されたもので、それはすべて財政システム上の欠陥によるものだった（1980年代から90年代にかけてのS＆L危機、2000年代初めのドットコムバブル、2000年代末のリーマン・ショック）。しか

し問題となった財政システム自体を処分すべきだ、と主張する人はいないだ
ろう。このセクションで私は共通通貨の起源、ユーロ危機の原因と結果、そ
して危機に対する政策上のレスポンスについて論じていく。

4. 1. ユーロへの道のりと最初の 10 年（1992-2007）

共通通貨を採用するという決定の背景には、少なくとも部分的には、欧州
統合の加盟国間の通貨の動きを安定化させるためのそれまでの試みが失敗し
たという現実があった。1957 年に署名されたローマ条約はブレトン・ウッ
ズ体制内における調整可能な固定相場制を想定した。為替レートの変動を安
定化させるために欧州人が行った一連の試みとしては、1971 年に始まった
いわゆる欧州通貨の「トンネルの中の蛇」と呼ばれるものがあったが 1979
年から実施された欧州通貨体系も不十分だった。共通通貨という考えはすで
に 1969 年のウエルナー報告において議論されており、1988 年のドロール
報告はその改訂版と言えよう。1989 年のベルリンの壁の崩壊はそこから一
歩先へ進む政治的推進力となった。

図 5　ユーロへの助走（1990 年代）とユーロ危機への助走（2010 年代）

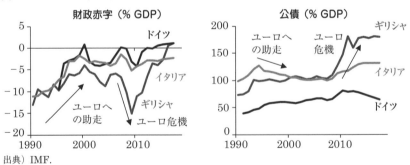

出典）IMF.

欧州人はユーロを創設するにあたって、通貨、財政政策や為替や金利を網
羅するいわゆる「マーストリヒトの収斂基準」を含む 10 年の準備期間を設
定した。これはユーロに参加する国々にとっては痛手となる税制上の調整を
必要とした。1999 年に 11 ヶ国が共通通貨を採用した後、2002 年にユーロ
圏の市民が実際にユーロの紙幣やコインを使い始めた。ギリシャは 2001 年

に加わった。ユーロを採用する国の数はその後も増加し、それ以来バルト三国を含めて新たに7ヶ国がユーロ圏に加わった。

2000年代初頭にユーロ通貨が採用された後、それまでの10年の痛々しい努力に対するある種の自己満足感があったのかもしれない。それに加えてユーロを採用した国々の金利が下がったため、ユーロ圏の辺境に位置してより脆弱なファンダメンタルズを有する国々にとっては、少なくとも主軸の国々と同じ金利を採用しない限り貸付が困難となった。表3によれば、世界的な金融危機の前夜にギリシャやスペインのような国々がフランスやドイツよりもかなり高い経済成長を記録していることが見てとれよう。彼らの大幅な経常収支の赤字から理解される通り、危機前の良き時代の経済成長とは部分的には外部からの貸付によって賄われていたのである。同時にユーロ圏の中心に位置する二つの国、つまりフランスとドイツは赤字規約に反したため他のユーロ加盟国の財政状況をも悪化させる結果となった。

表3　危機の前後における一部の欧州国家における主な経済指標

	ドイツ	フランス	イタリア	ギリシャ	スペイン
危機前（2007）					
ユーロ建一人当たりGDP	31,000	31,000	27,000	21,000	24,000
GDPに占める公共支出の割合	64	65	100	103	36
一人当たりの実質GDP増加の割合(1990-2007)	1.3	1.4	1.1	2.3	2.0
GDPにおける経常収支の割合	6.8	0.1	−1.4	−13.9	−9.6
危機後（2018）					
ユーロ建一人当たりGDP	41,000	36,000	29,000	17,000	26,000
GDPに占める公共支出の割合	60	99	132	183	97
一人当たりの実質GDP増加の割合(2008-18)	1.0	0.4	−0.7	−2.2	0.2
GDPにおける経常収支の割合	7.4	−0.7	2.6	−3.4	0.8

出典）IMF; author.

4. 2. ユーロ危機とその後（2008年から今日まで）

世界的な金融危機リーマン・ショックはアメリカの住宅市場のサブプライム貸付部門に端を発したが、その最初の兆候はこの市場に多くの投資を行っていた欧州金融機関の動きに見られた。危機は2008年9月にリーマン・ブラザーズが経営破綻したことによって深刻化した。欧州人にはアメリカで危機が起こったという理由で、この危機が当初ユーロ圏と関連した危機であ

る、という認識を持っていなかった。欧州の国々はそれぞれ固有の脆弱性を
抱えているため、危機に対しても国別の対処が必要とされると考えられてい
た。ギリシャでは 2009 年末に数字の改ざんが発表された結果税制問題が明
らかになった。アイルランドでは金融の脆弱性、スペインでは不動産バブ
ル、という具合である。しかしこれらの危機が共通の根を持っている、とい
う認識はそこにはなかった。好景気の時代にこれらの国々がユーロ圏の中心
に位置する金融機関から容易い融資を受けていたが、一旦世界的金融危機が
起こるとこれらの国に対する融資の条件ははるかに厳しいものとなった。

表 4　ユーロ危機に関する年表

時期	場所	事象
2007年7-8月	ヨーロッパ	ドイツの地方銀行倒産、サブプライム資産に投資した二つのフランスのヘッジファンドの閉鎖
2008年9月	アメリカ	リーマン・ブラザーズ倒産、AIG倒産の危機
2009年10月	ギリシャ	財政赤字の数値を上方修正
2010年4-5月	ルクセンブルグ	緊急援助資金と，未来の欧州安定メカニズム（ESM）の前哨である欧州金融安定ファシリティーの創設（EFSF）
2010年5月	ギリシャ	トロイカ（IMF 欧州中央銀行と欧州委員会）による緊急援助資金開始
2010年10月	ヨーロッパ	ドーヴィルサミット：ESMからの財政援助を受ける個人の債務者に損失を課す決定
2010年12月	アイルランド、ポルトガル、キプロス	さらにユーロ圏の3ヶ国がトロイカ・プログラムへの参加を要請し危機が深まる：アイルランド（2010年12月から2013年12月）、ポルトガル（2011年5月から2014年5月）、キプロス（2013年3月から2016年3月）
2011年末	ヨーロッパ	欧州危機のピーク：国債の平均金利は危機以前は平均して4-5%だったが、危機以後はギリシャで40%、ポルトガルで15%、イタリアでは8%まで上昇した
2012年3月	ブリュッセル	財政安定条約の締結
2012年7月	フランクフルト（ECB）	マリオ・ドラギ欧州中央銀行総裁のスピーチをきっかけに2ヶ月後にアウトライト取引が創設
2013年10月	フランクフルト	プルーデンシャル規制および監督として単一監督機構（SSM）創設
2015年7月		国民投票でギリシャ国民が財政援助に関するプログラムを拒絶し、その結果より厳しいプログラム実施へ
2018年8月	ギリシャ	ギリシャに対するIMFによる貸付プログラムの終焉

　短視眼的には、ユーロ危機は 2010 年から 2012 年を網羅した。2010

年 4 月にギリシャを救出するための最初の財政援助プログラムが始まり、2012 年の 1 年間を通じて対応政策が続いた。2012 年 3 月のいわゆる財政安定化条約における税法の再計画、2012 年 6 月の単一金融管理に向けての最初の段階、そしてそれから 1 年後の単一監督メカニズム（SSM）の創設、そして最も重要だったのが、欧州中央銀行総裁のマリオ・ドラギ氏によるユーロ圏存続のためなら「何でもする」というユーロへのコミットの表明だった。IMF プログラム終了が 2018 年まで続いたという事例が示す通り、ギリシャ危機は想像以上に長期化した。つまり IMF から最初のプログラムを受けて 8 年半もの期間を要したのである。他の国はそれ以前に貸付プログラムを終了させることができた。

4. 3. それで十分か?

欧州連合の欠陥を修正するために、ユーロ圏で実施された改革のみで十分なのだろうか。ユーロは新たな危機や近年の世界経済の鈍化の影響を受けてしまうことになるのだろうか。これらの疑問に答えるために、複数の国や背景を持つ識者の多様な意見を図式化した。ここに挙げたすべての著者は申し分ない経歴を持っている。フランス人の Jean Pisani-Ferry はヨーロッパのシンクタンク・ブルーゲルを代表している。Joseph Stiglitz はアメリカ人でノーベル経済学賞を受賞し、急進的左派とみなされることもある。フランス人の Jean Tirole もノーベル経済学賞の受賞者である。Markus K Brunnermeier はドイツの、そして Harold James はイギリスの研究者である。Jean-Pierre Landau はフランス人で元フランス中央銀行の副総裁だった。最後に IMF と関わった 2 人のエコノミストも含めた。1 人は Tamin Bayoumi で日本とアメリカの元ミッションチーフ、Ashoka Mody はユーロ危機の時代にドイツのミッションチーフを務めた。

表面上の中立性を保つため、これらの大半の著者はユーロ圏における二つの可能な未来像を議論することで結論としている。驚くべきは、これらの二つの可能な未来像の内容自体が著者によって大きく異なる、という事実である。ある著者はユーロ圏の解体とほぼゼロ成長の現状維持を天秤にかける一方で、別の著者は限定的な改革と完全な連邦主義という野心的な展望を天秤

にかけている。大半の著者は未来像として連邦国家としてのアメリカ合衆国を想定しているが、欧州がアメリカ合衆国になれるか否かについての判断は個々の著者によって異なる。その結果すべての著者にとって必ずしもアメリカ合衆国が欧州の夢ではない。

表 5　ユーロ圏の未来に向けての選択肢

資　料	解　体	現状維持	限定的改革	連邦主義
Jean Pisani-Ferry, The Euro Crisis and its Aftermath, 2011, Oxford University Press	×	×	✓	✓
Joseph Stiglitz, The Euro : How a Common Currency Threatens the Future of Europe, 2016, Norton & Company	✓	×	×	✓
Jean Tirole, Economics for the Common Good, 2016, Presse Universitaire de France, and, 2017, Princeton University Press	×	×	✓	✓
Markus K. Brunnermeier, Harold James, and Jean-Pierre Landau, The Euro and the Battle of Ideas, 2016, Princeton University	×	✓	✓	×
Tamin Bayoumi, Unfinished Business, 2017, Yale University Press	×	✓	✓	×
Ashoka Mody, Euro Tragedy: a Drama in Nine Acts, 2019, Princeton University Press	✓	✓	×	×

✓は著者によってその選択が十分に議論されていることを示す。×は著者がその問題について触れていないか拒絶していることを示す。

　最も批判的な著者はユーロ圏の解体を支持する Stiglitz と Mody である。悲観的な Mody はユーロを一時的に存続させることによって国家通貨へ逆戻りさせるべきである、と提唱している。Stiglitz は妥協案を好まず、唯一大胆な共通税制によってのみユーロを救うことができると考えるが、同時に彼はそれが実現不能なことだと判断している。「間違った考えのもとに作られてしまった通貨」「誕生から欠点に見舞われたユーロ」という表現から彼がユーロを救う意義を見出していないことが理解される。Stiglitz はマリーヌ・ル・ペン女史とボリス・ジョンソン氏について取り上げた彼自身の本がこれほど人気を博したことに驚きを表明するが、彼の考え方も驚くほど似かよっている。彼は事実を否定する仮説を提示しつつ自らの考えかたを発展させていくという特徴を持つが、イギリスの EU 離脱についての国民投票後に書かれたペーパーバック版の裏表紙にもそのような仮説を前提とした後書

きが書かれていた。「イギリスはユーロ圏に参加しなくて賢かった。もし参加していたらユーロ圏から脱退する最初の国となってしまっていたからである。」公平に見て、この後書きから彼がユーロ圏の回復と欧州人のユーロに対するコミットに対して真に驚いている様子が伝わってくる。

Stiglitz と同様に、Tirole は連邦主義がユーロ圏にとって最も安定的な選択肢であると考え、この方向へ向かう段階として銀行同盟を提唱する。しかしながら連邦主義の条件リストには克服すべき数多くの障害があるとされる。したがって彼はより現実的な展望として限定的な改革を推奨し、それを「マーストリヒトの改訂版」と呼んだ。他の著者と異なるのは、Brunnermeier, James, Landau で、彼は現状を改善するための改革のロードマップを提案するとともに、これらのシナリオを実施する上での政治的困難について議論している。彼によれば困難の一部はフランスとドイツが欧州について異なる認識を持っていることにあるという。欧州統合の過去について議論するにあたって、これらの著者は改革の一部がさらに「深い統合を必要とするが、政治環境はそのような進歩にとっての困難を提供している」と評している。未来の危機を阻むのではなく、来るべき危機の深刻さを緩和させることこそ満足いく目的であるかのように聞こえる。概して、表面的もしくはいくばくかの実質的効果を産む改革の断行、というのが最も確率の高い未来像と言えるのではないか。それは Stiglitz の考えとは真逆のものとなろう。

5. 結論に代えて

欧州の創設者たちは、未来に対して明確なロードマップを有していたのだろうか。彼らは欧州統合の難しさを予見したのだろうか。欧州統合創設の父の１人であり、欧州史上初の超国家機構、欧州石炭鉄鋼共同体の初代会長を務めたジャン・モネは、1976 年に出版された回想録の最後で欧州統合のそれまでの 30 年を振り返りつつ、未来に対して非常に開かれた見解を示した。「このプロセスが最終的にはヨーロッパ合衆国へ至ることを決して疑わず」、しかし彼はこの表現が意味する内容については驚くほど明言を避けて

いる。「現状における協力の必要性がどんな欧州の未来像の類型に達するのかについてわたしは明言できない。なぜなら現段階で、明日の状況において必要とされる決定について想像することは困難だからである。」それはアメリカ合衆国に相似した連邦なのかもしれない。もしくは欧州連合の現状に近い国家間のゆるやかな同盟関係に基づく連合かもしれない。

　別の箇所で、ジャン・モネは次のように書いている。「欧州は危機によって固まり、（未来像は）これらの危機の結果採択された解決策の合算となろう。」この引用はこの論文が論じた欧州統合の歴史像にもあてはまる。それは直線的な歴史ではなく繰り返される交代、時には転覆、しかしそれ以外の分野においては進歩すら見られるジグザグな歴史である。2010 年初頭のユーロ危機は税制上では表面的な改革にとどまったが、銀行同盟の視点から見た場合それは実質的な進歩だった。モネの引用は、危機をチャンスと捉えよ、とする伝統的な政治経済学における改革の理論と一致するが、彼の楽観的、もしくは運命論的なトーンに全面的に賛同することはもはやできないだろう。2016 年の英国の国民投票において、世代が上の投票者に比べて若年層の投票率は低かった。しかし彼らの投票結果は 65 から 80% の割合で「残留」を支持したという。彼らにとって何が希望の光となるのかはわからない。危機をチャンスと捉えて改革を断行するというのは前進していく上で最適なやり方とは言えない。なぜならそれはより厳しい危機を誘発するリスクを伴うからである。

（翻訳　武田千夏）

■主要参考文献

・Alberto Alesina and Francesco Giavazzi, *The Future of Europe, Reform or Decline*, 2008, MIT Press.

・Tamin Bayoumi, *Unfinished Business*, 2017, Yale University Press.

・Agnès Benassy-Queré, Benoit Coeuré, Pierre Jacquet, and Jean Pisani-Ferry, *Economic Policy: Theory and Practice*, 2010, Oxford University Press.

・Markus K. Brunnermeier, Harold James, and Jean-Pierre Landau, *The Euro and the Battle of Ideas*, 2016, Princeton University.

・Ashoka Mody, *Euro Tragedy: A Drama in Nine Acts*, 2019, Princeton University Press.

・Jean Monnet, *Mémoires*, 1976, Fayard (in French).

・Jean Pisani-Ferry, *The Euro Crisis and its Aftermath*, 2011, Oxford University Press.

・Kevin O'Rourke, *A Short History of Brexit : from Brentry to Backstop*, 2019, Penguin Books.

・Philippe Séguin, *Itinéraire dans la France d'en bas, d'en haut et d'ailleurs*, 2003, Seuil (in French).

・Joseph Stiglitz, *The Euro : How a Common Currency Threatens the Future of Europe*, 2016, Norton & Company.（ジョセフ・E. スティグリッツ『ユーロから始まる世界経済の大崩壊：格差と混乱を生み出す通貨システムの破綻とその衝撃』2016 年、徳間書店。）

・Jean Tirole, "Europe at the Crossroads", chapter 10 in *Economics for the Common Good*, 2016, Presse Universitaire de France, and, 2017, Princeton University Press.（ジャン・ティロール『良き社会のための経済学』2018 年、日本経済新聞出版社。）

※ヨーロッパの政治と経済の参考文献については、「欧州統合とヨーロッパ連合（EU）」の章も参照。

ヨーロッパとロシアの経済関係：エネルギー資源を中心に

安達　祐子

1. はじめに

　ヨーロッパとロシアの経済関係において、鍵となるのがエネルギーである。

　ロシアは、石油や天然ガスをはじめとする鉱物資源を豊富に有する世界有数の資源大国である。石油生産量で世界第2位を占め、国際エネルギー機関（IEA）によると、2016年に世界の石油供給の12%を担っていた。世界3大産油国の一角であるロシアは世界第2位の原油輸出国であり、ヨーロッパの石油消費の約2割を担う。天然ガスについては、ロシアは生産量も埋蔵量も世界第2位である。とりわけロシアとヨーロッパのエネルギー関係において重要な役割を果たすのが、天然ガス資源である。ロシアは欧州連合（EU）が消費するガスの25%を供給し、EUのガス輸入の33%を占める。

　そのロシアにおけるガス生産の4分の3を誇り、ロシアの国内総生産（GDP）のおよそ8%を担うといわれるのが、ロシアを代表する国営大企業ガスプロム社である[1]。ソ連時代のガス工業省を起源とするガスプロムは、ボリス・エリツィン大統領の時代に株式会社化され、1990年代は「国家の中の国家」と呼ばれた。ウラジーミル・プーチン大統領の登場によって、ガスプロムは国営企業として国家の政策を推進する役割を任されることになる。ガスプロムの社長には大統領の腹心が就き、取締役会には政府や大統領府のメンバーが顔を揃えるようになった。

---

[1]　ガスプロムの企業としての生成と発展については（安達2016）を参照。

　ガスプロムはヨーロッパ向け天然ガス輸出のおよそ３分の１を生産する。2000年代に起きたいわゆる「ウクライナガス紛争」、そして2014年の「ウクライナ危機」とクリミア編入を受けて発動された対ロシア経済制裁を背景に、EUはロシアへのエネルギー依存度の縮小を狙っているが、ロシアの欧州市場におけるプレゼンスは低下していない。ガスプロムによると、2018年にはヨーロッパでの市場シェアが拡大し、過去最高の36.7%に達した。

　このように、ガスプロムはロシアのヨーロッパ諸国へのエネルギー供給に影響を及ぼし、エネルギー関係を左右する存在である。そこで本稿では、ヨーロッパとロシアの関係をガスプロムの役割を切り口として論じる。

2. ロシアからヨーロッパへの天然ガスフロー

2. 1. ロシアとヨーロッパ諸国を結ぶパイプライン

　ロシアの対ヨーロッパ関係は、国境を越える多国間パイプラインによるヨーロッパ向けの輸出を軸としてきた。ロシア産ガスの対ヨーロッパ輸出の歴史は、ソ連時代の1960年代後半にさかのぼる。1967年に、ロシアからウクライナを経由して当時のチェコスロヴァキアに至るブラザフッドと呼ばれるパイプラインが建設された（図１を参照）。1968年にはオーストリアへと延び、天然ガスが西ヨーロッパ諸国に輸出されるようになった。より細かく国境横断のエネルギーフローをたどると、このブラザフッドは、ロシア西シベリアのウレンゴイからウクライナのウシュゴロドを経由して、スロヴァキアに向かう。スロヴァキアで枝分かれし、一本は上述のオーストリアのバウムガルテンに向かうパイプラインである。もう一本は、スロヴァキアからチェコの国境のホラスヴァテカテリニ（HSK）を通りドイツへと延びる。ブラザフッドからドイツ向けに延びる1973年に建設されたこのパイプラインはトランスガスと呼ばれ、冷戦下において当時のソ連と西ドイツを結ぶパイプラインとなった。なお、ウクライナ経由でスロヴァキアを通り、オーストリアのバウムガルテンに至るパイプラインは、イタリアまで延長され、イタリアへ輸送されるようになった。バウムガルテンからイタリアに至

図1　ロシアとヨーロッパを繋ぐパイプライン

出典）Major Russian Gas Pipelines to Europe, Work by Samuel Bailey（CC BY 3.0）
https://creativecommons.org/licenses/by/3.0, https://commons.wikimedia.org/wiki/
File:Major_russian_gas_pipelines_to_europe.png

るこのパイプラインは TAG と呼ばれる（本村 2014）[2]。

　ブラザフッドに加え、ノーザンライツと名付けられたパイプラインは、西
シベリアから、ベラルーシを経由してヨーロッパにガスを送る。これによ
り、ポーランドへはベラルーシを経て輸出された。また、1978 年には、ロ
シアからウクライナを経てヨーロッパに向かうソユーズと名付けられたパイ
プラインが建設された。ソユーズは、ロシアのオレンブルグからウクライナ

2　ロシア周辺を含めた天然ガスパイプライン全般について、日本エネルギー学会（2011）を参照。

経由で、モルドバを経て、ルーマニア、ブルガリアにガスを送る。1987年にはトルコまで延長された。

ソ連から西ヨーロッパ諸国へパイプラインによる輸出が始まった当時、東西冷戦の真只中であった。そのような状況下での西ヨーロッパへのパイプラインによるガス輸送の実現は、当時西ドイツのブラント首相による東方外交（オストポリティク）の一つの成果であり、ソ連との関係改善への動きが進むなかでの政治的判断を要した。しかし、経済・商業的観点からすれば、天然ガスの大生産地であった西シベリアと、大消費地である西ヨーロッパをパイプラインという輸送インフラストラクチャーで結ぶプロジェクトの遂行は合点がいくことであった（本村 2009、2016）。このように、ヨーロッパ諸国内の需要に加え、天然ガスを輸入に頼るヨーロッパ諸国の需要を満たすロシア（ソ連）の供給力といった経済的根拠に基づいて、ロシアとヨーロッパのエネルギー面での関係が築かれていった（Vavilov 2015）。

2.2. 長期契約によるパイプライン輸送

1960年代に始まったヨーロッパへのガス輸出は、売り手と買い手の間の長期契約に基づくものであった。天然ガスを低コストで買い手のもとに輸送するためには、大口径管の長距離幹線パイプラインを高圧で輸送するのが技術的に効率的な方法であった。高圧で長距離の輸送を可能にする幹線パイプラインの建設コストは膨大であり、経済性が担保されることが重要になる。1960年代にソ連では西シベリアで巨大なガス田が発見され、西ヨーロッパではガス需要が増大していた。すでに述べたように、ロシアと西欧をつなぐパイプラインは、西ヨーロッパの天然ガス需要とロシアの供給力がマッチし、商業的に現実的なものとなった（Vavilov 2015、本村 2009）。

天然ガス供給者であるロシアと消費者である西ヨーロッパ諸国とを物理的に結んだパイプラインは、長期のガス取引契約によって可能となった。長期契約の特徴は、第一にガス価格が石油製品価格と連動していることであり、第二に、買い手には天然ガスの最小限の量を購入するという長期的な約束が成立していることにある。仮に買い手がガスを実際に引き取れない場合でも、一定額の代金を支払うことを規定したテイクオアペイ（Take or Pay）

と呼ばれる条項に長期契約は基づいている。売り手側の生産者にとっては、これら長期契約は、大規模投資をファイナンスできる安定的収入源を確保した。さらに、ガス需要が不安定となるというリスクを減らし、新たなガス田開発やガス輸送インフラ建設への投資に対するインセンティブを与えることができた。

　このような長期契約に基づくパイプラインによるガス貿易は、売り手であるソ連・ロシアと買い手であるヨーロッパ諸国の双方にとって利害が一致するやり方であった（蓮見 2009、2012）。その結果、約 40 年間にわたり、安定的に天然ガスの輸出入を行うことができた。ソ連が崩壊しても、長期契約に基づいた取引を基本に、ロシアは安定的にヨーロッパにガスを供給し続けた[3]。

　ところが、以下にみていくように、この状況に多面的な変化がもたらされるようになる。

3. ロシアの天然ガス事情

　ここで、ロシアとガスプロムをとりまく天然ガス市場の変遷を把握するために、ロシアからの天然ガスの供給と需要のパターンを概観する。ロシアを供給源とするガスは、（1）ガスプロムによって生産されたガス（ロシアで生産されるガスのほとんどがガスプロムによって生産されたものである）、（2）ガスプロム以外の企業によって生産されたガス、（2）中央アジアから輸入したガス、の三つのカテゴリーにわけて考えることができる。そして、ロシアを供給源とするガスの市場は、（1）ロシア国内市場、（2）CIS（独立国家共同体）諸国への輸出、（3）ヨーロッパへの輸出、という従来からの

3　ソ連解体の結果、ガスプロムはソ連時代のコンツェルンだったときと比べ、ロシア以外の旧ソ連共和国内の資産を失うことになった。ロシアからヨーロッパへのすべてのトランジットパイプラインは CIS（独立国家共同体）諸国やバルト諸国の管理下に移った。生産・輸送・販売の独占であったコンツェルンが失った資産は、パイプラインの 3 分の 1、コンプレッサー・ステーションの出力パワーの 4 分の 1 に相当した。さらに、地下貯蔵施設も含まれた。それでも、ソ連解体後、ガスプロムはガスをロシア国内に供給し続け、公共事業を担う組織として機能した。国外へは、主要な輸出先であるヨーロッパ向けを中心に契約通りに天然ガスを輸出し、外貨の稼ぎ頭としての役割を果たした（Pusenkova 2010、安達 2016）。

三つの市場に加えて、（4）アジアへの液化天然ガス（LNG）輸出、の四つのカテゴリーにわけて考えることができる（Stern 2014）。アジア諸国への進出は、グローバル LNG 市場の状況が、ロシアのガス分野に対して影響を与えることになった事実を示している。

　供給源と供給先（需要）のダイナミックスを（1）2000 年代前半、（2）2008 年の世界的金融危機後、（3）そして 2012 年辺りからの新たなトレンド、といった 3 期の展開を視野に入れ、時期的に整理したのが図 2 である（Stern 2014）。

図 2　ロシアをとりまく天然ガス事情：需要と供給のダイナミックス

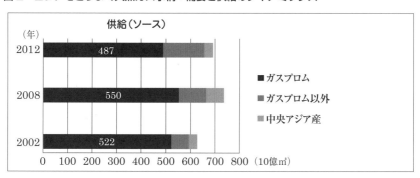

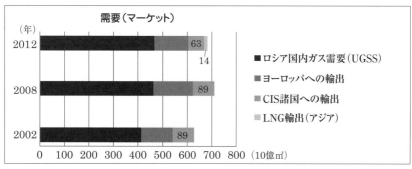

出典）Stern（2014）より作成。

　天然ガスの供給源について、2000 年頃までは、ガスプロムは支配的な生産者としてロシア・CIS・ヨーロッパという三つの市場にガス供給をしていた。しかし、ガスプロム以外の企業による天然ガス生産のシェアの伸びが、

2002 年に 11％ほどだったものが 10 年後の 2012 年には 25％になるなど、顕著になっていった。ロシアからの天然ガスの生産全体の伸びについては、2000 年代は概ね堅調であり、特に 2008 年までの伸びは顕著である（Stern 2014, 41）。天然ガスの供給先・市場の動向をみると、ヨーロッパ市場におけるロシアからのガス需要が 2002 年から 08 年にかけて、1,290 億㎥から 1,590 億㎥へと大幅に増えた。しかしリーマンショックに端を発する世界的金融危機の影響でガス需要が落ち込み、その後の回復も鈍く、2012 年には 1,390 億㎥となった。さらに、CIS 諸国への輸出をみると、2002 年、2008 年とそれぞれ 890 億㎥だったのが、630 億㎥と大幅に減少している。減少した量のうち 3 分の 2 はウクライナへの輸出量低下によるものであるが、コーカサス諸国への輸出の減少も影響している。2009 年にサハリン LNG プラントの操業が開始され、2010 年以降、アジア市場がロシアの LNG の輸出先に加わった。シェアはまだ少ないが、ロシアをとりまく従来の構造全体に変化をもたらした（Stern 2014, 41）。

　これらの動き（図 2）の大まかな背景は以下のとおりである。1998 年のロシア金融危機以降、ロシア経済は高い成長を遂げた。経済成長とともに、ガスプロムの生産も供給も拡大傾向に移った。ロシアの経済成長は国内需要を喚起し、ヨーロッパではガス火力発電への転換が起こったことも追い風となり、ロシア産天然ガスの需要が拡大した。ところが 2000 年頃から、国内外の需要増に伴い、ガスプロムの供給能力に対する不安が顕在化し始めた。ソ連解体後、1990 年代の厳しい経済状況を受け、ガスプロムは新規開発への投資は手控えており、そのことが需要拡大に見合った供給能力にも影響した。そこで新たな国内の供給元として、いわゆる「独立系」と呼ばれる会社や石油会社など、ガスプロム以外のガス生産会社（NGP：Non Gazprom Producers）による生産に頼ることになった。民間のガス会社ノヴァテクや国営石油会社のロスネフチなどがそのような中で台頭した（安達・蓮見 2016）。これらの会社による天然ガス生産体制が整っていき、供給ソースを補完するようになった (Stern 2014, Henderson et al. 2014)。

　世界金融危機が起きたのはこの頃である。ヨーロッパでは危機後の経済回復のペースは鈍く、ロシア産のガスへの需要は伸び悩んだ。さらに安価な石

炭の利用が増え、再生エネルギー利用の高まりも受け、ロシア産ガスの需要に影響した。それに加え、米国発のシェールガス革命で行き場を失ったカタール産の LNG がヨーロッパに供給されるなど、ロシア産ガス以外の供給ソースがヨーロッパのガス市場を捉えるようになった（Stern 2014）。供給元の多様化に加え、後述するように、価格の問題や、EU からの規制など、対 EU のガスプロムのビジネス環境は厳しいものとなっている。

4. 変容を迫られるロシアの天然ガスビジネスモデル

4. 1. ヨーロッパ市場の変化：市場統合と規制

　これまでロシアの天然ガス需要が旺盛なヨーロッパ市場を捉えていればよかったガスプロムであったが、EU のエネルギー市場の自由化が進んでいることが、ガスプロムのビジネスのかたちに影響を与えるようになった[4]。EUは、域内の人・モノ・サービス・資本の流れの自由化に取り組んできた。エネルギーについては、国ごとに異なる制度や規制を統合し、自由化を目指す方向で改革を進めてきた。域内のエネルギー市場統合を促進するため、第一次から第三次にわたるエネルギーパッケージ（規則と指令の束）を導入している。そのなかで、アンバンドリング（Unbundling）と呼ばれる垂直型統合企業の構造的分離が、ヨーロッパのエネルギー市場の自由化・市場統合の軸となっている。

　従来、パイプラインネットワークや送電網をベースとしたガスや電気などの分野では、生産から輸送・配給・小売りと、上流から下流にいたるサプライチェーンを一括に組み入れた垂直統合型企業が主流であった。そのようななか、EU のエネルギーパッケージでは、サプライチェーンのすべての段階で競争を促進するため、これら垂直統合企業に対して、輸送ネットワークおよび配給ネットワークに関する事業を、生産や小売り事業など、他の事業からアンバンドル（会計分離・経営分離・法人格分離・所有権分離）すること

4　本項と次項の議論について、EU の対外エネルギー政策とロシアに関しては蓮見（2009、2011、2016）を参照した。

を要求してきた。そこには、垂直統合企業が輸送・配給ネットワークへアクセスする際に、競合他社など第三者による参入も認めなければいけないため、公正な競争を促進するねらいがある。

　ところが、消費国におけるアンバンドリングは、ガスプロムにとっては、生産したガスの販売条件が悪くなり、いままでのようにテイクオアペイ条件で一定の消費が保障されている状態が崩れていくことを意味する。さらに、ガスの生産者側にしてみれば、消費の保障が根底にあるからこそ投資コストのかさむ天然ガス開発を進めることができたのである。つまり、EU がガスプロムに遵守を求めるルールは、ガスプロムが望むテイクオアペイ条項を伴う長期契約や、第三者への転売を禁止する仕向地条項をもとにしたビジネスモデルの継続を難しくさせる。そしてそれは結果的に、ロシアが必要とする天然ガス開発のための投資を妨げる要因となりうるのである（蓮見 2009、2011）。

4. 2. 長期契約 VS スポット取引

　さらに、天然ガス市場の価格メカニズムに生じている制度的変化が、長期契約を基本とするガスプロムのビジネスのあり方に影響を与えるようになった。ガスプロムのビジネスモデルを支える長期契約の特徴は、ガス価格が石油価格に連動していること、そして、テイクオアペイ条件である[5]。

　上述したように、国際的なガスの取引は、石油製品価格と連動して決められた天然ガス価格に基づく長期契約が一般的であった。そのようななか、英国では 1980 年代からガス市場の自由化が進み、市場でのガス取引が行われるようになった。NBP (National Balancing Point) というガスハブ（ガスの取引や価格形成の拠点）が機能するようになり、市場によって決められる価格での天然ガス取引が活発化した。2000 年代後半になると、ヨーロッパ大陸部各地でもガスの取引市場が機能するようになった。これら取引市場では、物理的および仮想的なガスハブとして、天然ガスのスポット取引が行われ、市場価格でガスが売買されている（永井 2013）。

5　ガスプロムによると（www.gazprom.ru）ガスプロムはヨーロッパに最長 25 年までの長期契約でガスを輸出しているという。

エネルギー市場統合の結果、2005年に石油連動価格による契約の割合が80％弱を占めていたが、2013年には40％に下がり、スポット市場の割合が5割を超えるようになった（蓮見2016、90）。例えばノルウェーのスタトイルは、2013年末には、ヨーロッパ向けの天然ガスの55％はスポット市場価格連動契約であった。ドイツのウィンタースハルやオランダのハステラもスポット市場価格連動契約へと切り替えている（Kulagin and Mitrova 2015, 38-9）。

また、シェールガスの増産により米国の天然ガス価格（ヘンリーハブ）が低下し、カタール産のLNGの行き場が米国からヨーロッパへとかわった結果、NBP価格も下がった。そのため、石油連動価格とスポット価格とに乖離が生じ、ガスプロムはヨーロッパの買い手に対し、対応を迫られた。後述するように、ガスプロムは、値下げと契約条件の見直しを行わざるを得なくなった（蓮見2016）。

4.3. パイプライン輸送

さらにガスプロムは、パイプラインによる対ヨーロッパ輸出の従来からのルートを見直す必要性を検討することとなった。主要なパイプラインがソ連崩壊後はロシアにとって外国となったウクライナ経由であることが、ガスプロムやロシアにとって回避すべきリスクとなったのである。ウクライナのトランジット・リスク問題は2006年と2009年に起こったロシアとウクライナとの間の「ガス紛争」によって先鋭化した[6]。

「ウクライナガス紛争」の発生には次のような事情があった。ウクライナはロシアから天然ガスを輸入しているが、ロシアのウクライナへのガス輸出については、2009年までは、一年ごとの契約によって行われていた。ロシアとウクライナは、毎回年末になると翌年の契約内容の合意をはかっていた。しかし、2006年と2009年については、その前年の暮れ（2002年末と2008年末）の交渉で、それぞれ価格について合意に至らず、契約が締結されなかった（本村2016）。

6　ウクライナをめぐるトランジット・リスクとロシアに関する議論ついては（安達2017）を参照。

　2005 年末、ロシアは、ヨーロッパ各国へ適応される国際価格のおよそ 5 分の 1 であったウクライナへの天然ガス輸出価格を、ヨーロッパレベル並みの価格への値上げを提示した。しかし、ウクライナ側が拒否をし、契約不成立となった。契約が成立しなかったため、ガスプロムは 2006 年 1 月 1 日から 3 日間、ウクライナ向けの天然ガス輸出を停止した。ウクライナとヨーロッパに向けて供給される天然ガスのうち、ガスプロムとしては、ヨーロッパに輸出される分は供給し、ウクライナ向けに供給される分を削減したのであった。しかし、ヨーロッパ向けに幹線パイプラインで輸出される分もウクライナを通過するため、ウクライナは、ヨーロッパ向け天然ガスを自国用に抜き取ってしまったという。その結果、ヨーロッパの消費国で天然ガスの圧力低下が生じてしまった（本村 2016）。

　2009 年ガス紛争についても、2008 年末に価格について合意がならず、契約が成立しなかったことが原因となった。2009 年 1 月 1 日にガスプロムは、ウクライナ向けのガス輸出を契約不成立のため停止した。ヨーロッパ向けのガス輸出についてはその分を継続したが、1 月 5 日になるとヨーロッパへの供給量が減少していることが分かった。ウクライナによる抜き取りを理由にロシア側はガス供給を制限し、1 月 7 日には供給を完全に停止した。その結果、ブルガリア、スロヴァキア、セルビアなどのウクライナ経由の天然ガスの消費国では、ロシアからのガス供給が約 2 週間途絶してしまった（金野 2014、安達 2017）。

　ロシアとウクライナとの間の「ガス紛争」によって、ガスの安定供給を継続する供給者としてのロシアに対する信頼性がダメージを受けた。ロシアはいつでもガスバルブを締めてヨーロッパ向けのガスを遮断することが可能であり、ヨーロッパのエネルギー安全保障にとって脅威であるとの認識が強まった。ロシアにとっては、ウクライナのガス抜きの影響でヨーロッパへの輸出分が輸出されないという事態に対し、安定的にガスの輸送をするために、いかにウクライナを回避してヨーロッパ市場へ供給できるようにすることが、緊急の課題として認識されるようになった（安達 2017）。そこで本格化するのが、ウクライナを迂回したパイプライン計画である。実現したノルドストリームについては後述する。

5. エネルギーの安全保障

　前節の議論は、エネルギー安全保障の問題と密接に関わっている。IEA
は、エネルギー安全保障を 手頃な価格で継続的に（途切れなく）エネルギー
源を入手（確保）できることと定義する。IEA は、エネルギー安全保障と
は、長期的には経済発展や環境に配慮した上でエネルギー供給のために必要
な投資への取り組みを目的とし、短期的にはエネルギー需給バランスの急な
変化に対応する能力を中心に据えている [7]。

　これまで「エネルギー供給の安全保障」がメインだったエネルギー安全
保障の議論において、特に 2000 年以降、「エネルギー需要の安全保障」の
側面がハイライトされるようになった（Yenikeyeff 2006, Yergin 2006,
Romanova 2013）。それは、主に天然ガスの分野の動向が影響しており、
背景には天然ガスに関連する制度環境の変化が要因にある。その制度環境と
は、第一に、アンバンドリングを軸とする EU のエネルギー市場の自由化
が進んでいることがある。このことは、消費国における上流・中流・下流そ
れぞれを分離し、ガス生産者にとっては、生産したガスの消費の安全保障に
ついて意識を高める契機となった。さらに第二に、LNG 生産コストの減少
により、その性質上、地域的で閉鎖的なパイプライン中心のガス市場が、よ
りオープンでグローバルなガス市場の発展を促すようになったことがある。
スポット市場の発展は、長期契約に基づいたパイプライン輸出の弱体化にも
つながる。すでに述べたように、長期契約は、生産者にとって、安定した
需要の見通しを確保する。そしてそれは、資源開発のための投資につながる
（Romanova 2013）。

　これらの動きは、これまで生産側にとって天然ガスの安定供給の前提と
なっていた諸条件の変化であり、結果的に、エネルギー安全保障といえば、
エネルギー供給のそれが主流だった議論に、エネルギー需要の安全保障が
前面に出てくる背景となった。とりわけ 2005 年末から 2006 年にかけて起

7　IEA のウェブサイト：http://www.iea.org/topics/energysecurity/

こったロシアとウクライナとのガス紛争は、エネルギー安全保障が需要面からも供給面からも取り組むべき課題として取り上げられる事件となった。実際、2006 年にサンクトペテルブルクで行われた G8 サミットでは、生産国側の立場を明らかにしたエネルギー安全保障の概念が議長国ロシアによって提示された（Yenikeyeff 2006）。エネルギー供給の安定確保を課題とするヨーロッパのみならず、需要の安定確保を重視するロシアにとっても、エネルギー安全保障は喫緊の課題として取り上げられるようになった。

　それでは、エネルギー需要の安全保障を考える際、生産側はいかなる点を重要視しているのであろうか。生産側が求める経済的ファクターとして、取引価格の安定性、エネルギー消費の安定性、消費国における安定的な規制、そして輸出先市場における競争の適性等が含まれる（Romanova 2013）。さらに、生産側が需要のエネルギー安全保障を確保するために生産者としての利益を守るために講じる経済的手段として、以下の 5 点が挙げられる。(1) 第一に、短期的な需要の変動や価格の乱高下に備えるために、生産側は貯蔵施設の充実を図ること、(2) 第二に、予測可能な価格を保証する方法として長期契約制度を導入すること、(3) 第三に、生産国にとって不利となるような消費市場における規制への対処と工夫を行うこと、(4) 第四に、需要の保証を確保するためパイプラインといった輸送ルートの管理をはかること、(5) そして第五に、消費国がエネルギー依存を低減する動きに対応するべく、生産国はその輸出市場の多角化やエネルギー生産の多角化を試みることである（Romanova 2013）。

　これら 5 つの点をふまえ、以下の節にて、ガスプロムとロシア政府がどのような手段を具体的に講じているかを検討する。特に、スポット市場の拡大や、EU の規制とエネルギー市場統合の展開、そしてガス紛争にみられるパイプラインのウクライナ経由問題というそれぞれ (2)(3)(4) に関わる問題が、第 2 節と第 4 節で議論した、長期契約でヨーロッパ市場向けにパイプラインで安定供給をはかるというガスプロムのビジネスモデルと密接に絡んでいることに着目し、考察を進める。

6. ガスプロムによる取り組み

6. 1. 貯蔵施設とマーケティング

　まず、短期的な策としての貯蔵施設の充実について簡単に触れておくと、ガスプロムはヨーロッパ諸国における地下貯蔵施設の有効利用を促進させることによって、ロシアからヨーロッパへのガス供給に対する信頼性を増大させ、ガスプロムのガス販売の向上に取り組んできた。ガスプロムは、地下貯蔵施設をヨーロッパ内ではオーストリア、イギリス、ドイツとセルビアに所有しており、それによって、45億㎥の操業能力を入手している。また、オランダやチェコで、地下貯蔵施設建設事業に携わっている[8]。

　2000年代中頃、ガスプロムはベルギーの天然ガス輸送網会社フリュクシスの取得を試みたことがある。フリュクシスの貯蔵キャパシティが、ガスプロムのヨーロッパにおける下流進出の重要な役割を果たすとみなしたからであった。しかし、ベルギーのエネルギー・ガス規制委員会が反対し、結局実現しなかった（Vavilov and Trofimov 2015, 90-1）。この時期ガスプロムは、ヨーロッパのガス市場自由化を受けて、直接販売を促進するためにヨーロッパの下流部門への進出をはかろうとしていた。例えば、2006年にはガスプロムが英国のセントリカの20～25%買収を提案し、株式市場は好感しトニー・ブレア英首相（当時）も支持表明をしたが、最終的に政府が反対し実現しなかった。反対の背景には、ガスプロムは、英国のエネルギー企業をコントロールし、独占価格を設定し、ガス供給途絶もしかねず、エネルギー安全保障上の脅威になりうるといった意見が目立ったからである。フリュクシスやセントリカをはじめ、ガスプロムの下流部門の進出を通じたヨーロッパ市場参入の試みは、総じてうまくいかなかった（Vavilov and Trofimov 2015）。

8　ガスプロムのウェブサイト http://www.gazprom.com/about/marketing/europe/

6. 2. 長期契約制度の見直し

　ヨーロッパのガス市場におけるシェアを保つことは、ガスプロムのマーケ
ティング戦略の主要目的であるといっていいだろう。シェアを維持するため
には、輸出量を保つだけでなく、増大させることであり、ガスプロムは、そ
の目的を達成するためには長期契約を延長し、テイクオアペイ条項で輸出さ
れるガスの量を増やすことが重要であるとしている[9]。しかし、状況の変化に
よりその戦略を変更する柔軟性をみせている。

　そこでガスプロムは、石油価格に連動した長期契約制度の見直しを行う方
針をとるようになった（Barsukov 2016）。公に政策として認めているわけ
ではないし、むしろ公式的には、石油価格連動に基づいた長期契約の利点と
その継続の必要性をガスプロムは提唱してきた。しかし実際には 2009 年以
降、ガスプロムはヨーロッパの消費者へのガス供給に関する契約の見直し
を行っている（Kulagin and Mitrova 2015, 38-9）。2009 年から 2014 年
にわたり、40 社に及ぶヨーロッパの顧客と約 60 ものガス供給契約の見直
しが行われた。それらは、ガス価格の割引、テイクオアペイ条件の緩和、ス
ポット価格の一部導入を伴うものであり、ガスプロムのこれまでの価格政策
の転換を示すものであった（Mitrova 2015）。表 1 に、2009 年 1 月〜 2015
年 7 月の間に、ヨーロッパの顧客と行われた契約の見直しを示す。これは、
ガスプロムが自ら行ったものもあれば、仲裁に従ったものもある。

9　ガスプロムのウェブサイト http://www.gazprom.com/about/marketing/europe/

表1　ガスプロムと契約見直しを行ったヨーロッパ企業

		2009	2010	2011	2012	2013	2014	2015
Austria	Centrex		■		■		■	
	EconGas OMV		■		■	■		■
	Erdgas Import Salzburg				◆			
	Gazprom Austria (GWH Gashandel)		■		■		■	
Bulgaria	Bulgargaz	◆			◆			
Hungary	Centrex Hungary Zrt.					■		◆
	Panrusgas Gas Trading Plc.					■		◆
Germany	E.ON	■			■			
	Verbundnetz Gas AG			◆				
	WIEH	■		■				
	Wingas	■		■				
Greece	DEPA				◆		■	
Denmark	DONG					■		
Italy	Axpo Trading (EGL)		■		■		■	
	Edison (Promgas)		◆	■	◆		■	
	ENI	■			■	■	■	
	ERG		■				■	
	PremiumGas			■		■		
	Sinergie Italiane		■	■		■		
Latvia	Latvijas Gaze				◆			
Lithuania	Lietuvos Dujos						◆	
Netherlands	Gas Terra		■		■			
Poland	PGNiG				■			
Serbia	Srbijagas			◆				
Slovakia	SPP		◆	■			■	■
Slovenia	Geoplin d.o.o.		■		■		■	
France	GDF SUEZ	■		■		■		
Czech	RWE Transgas (RWE Supply & Trading)					■	■	
	Vemex s.r.o.				■			
Estonia	Esti Gaas			◆				
	Contract revision（65）	6	10	12	14	8	11	4

Confirmed by ■ Gazprom reports ／ ◆ Gazprom officials

出典）Kulagin and Mitrova（2015）より作成。

　価格政策の転換は、ガスプロムが市場の変化に対応する姿勢を明らかにしていることを示している。ガスプロムは、ヨーロッパでの契約価格の平均

が、スポット価格の平均のレベルまで下がるような契約の再交渉に応じている（Henderson and Mitrova 2015）。実際、2013 年にガスプロムは遡及支払い（retroactive payments）と呼ばれる割引価格制度を導入した。これによって、契約価格とスポット価格との間の差額分を、年末にガスプロムが顧客に戻す方法が確立された。これは、公式的には石油価格連動の契約制の枠内で、スポット価格にリンクさせ、より市場価格を反映させることを可能にした方法である（Mitrova 2015）。遡及支払い方式により、2014 年始めまでに、従来の石油価格連動で定められていた世界金融危機前のガス取引価格に比べ、およそ 15 ％の値引き価格をガスプロムはヨーロッパ顧客に対して提供していたことになるという。割引は 2014 年中には 20 ％を超えた（Mitrova 2015）。

　これらの措置により、2013 年の終わりには、ドイツ国境でのガスプロムの契約価格は NBP ハブのレベルと同等になった。ガスプロムのヨーロッパへの輸出は持ち直し、ヨーロッパでのマーケットシェアを 30 ％にまで戻すことができた（Mitrova 2015）。図 3 にヨーロッパが輸入する天然ガスにしめるガスプロムのシェアを示す。

図 3　欧州が輸入する天然ガスにおけるガスプロムのシェア

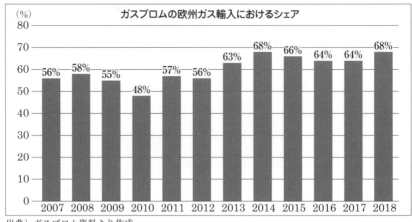

出典）ガスプロム資料より作成。

6. 3. オークションの導入

　ガスプロムがヨーロッパへのガスの取引形態を柔軟化させているさらなる証左として、オークション方式の導入がある。ガスプロムは2015年、ヨーロッパ向け天然ガスのオークションを初めて行った。32億㎡のガスを9月7日から10日までの4日間に渡り、毎日3種類のオークションにかけた。エーオン、エンジー、エニ、トタル、RWE、BPをはじめ、15社と40の契約が成立した。最終的に、32億㎡（ガスプロムのヨーロッパ向け販売の約2％）のうち12.3億㎡を販売し、平均価格は、ヨーロッパのスポット価格や石油価格連動契約価格より高い203.2ユーロ／1,000㎡であった（Roux 2015）。ガスプロム副社長（当時）のアレクサンドル・メドベージェフは、オークションの成功を強調し、今後も続ける旨を表明し、近いうちにガス輸出の10％をオークションで売ることを目指していることを明らかにした（Roux 2015）。ガスプロムはこのオークションの実施によって、長期契約の継続によりヨーロッパ市場のシェアを保ちながら価格レベルをスポット契約に順応させることができた（安達・蓮見2016、146）。

　加えて、オークション導入の背景には、EUの規制によりガスプロムの対ヨーロッパ輸出が実質制限されている状況を打開したいというねらいがあるとみられている。上述のように、第三次エネルギーパッケージは、アンバンドリングと第三者アクセスの義務化を規定する。すなわち、EUは、資源供給企業であるガスプロムがEU領域内の輸送インフラ所有者になることを認めておらず、エネルギー輸送インフラについては、50％以上の第三者アクセスを認めていない。

　これはガスプロムのヨーロッパでの企業活動に制約を与えた。一例がオパール（OPAL）・パイプライン問題である。ガスパイプライン・オパールは、ノルドストリーム・パイプラインによって輸送されたロシアのガスをさらにヨーロッパへと運ぶ、ドイツ国内に敷かれたパイプラインである（図1を参照）。ノルドストリームとは、ウクライナ経由を回避してロシアからヨーロッパにガス輸送を可能にする天然ガスパイプラインで、2011年9月に完成した（後述）。ノルドストリームの陸揚げ地点はドイツのグライフス

ヴァルトであり、そこからノルドストリームのガスをチェコとの国境に向け
て送るのが、同じく 2011 年に建設されたオパールである。オパールのオペ
レーターは、オパール・ガストランスポート社である。これは WIGA トラ
ンスポートによって所有されている子会社であり、WIGA はウィンタース
ハルとガスプロムの合弁企業である [10]。

　当時欧州委員会は、ドイツ国内に敷かれたガスパイプライン・オパールに
ついて、第三者アクセスのルールに基づいて、ガスプロムが利用できる容量
の割合を 50% 以下と決めた [11]。オパールの利用容量制限は、ヨーロッパにお
けるガスプロムのガス販売が伸び悩む要因となり、ガスプロムの対ヨーロッ
パ輸出にとっては悩みの種であった（本村 2013）。

　そこでガスプロムの策として、オークションが出てきたのである。2009
年に欧州委員会は、オパール利用の第三者アクセスを促進する目的で、ガ
スプロムに 30 億㎥のガスをオークションにかけるよう要請した。しかしガ
スプロムはこれを拒否し、その結果、50% の利用制限という措置を得るこ
ととなった経緯がある（Henderson and Mitrova 2015）。このことから、
2015 年にグライフスヴァルトへ輸送されるヨーロッパ向けの天然ガスをガ
スプロムがオークションにかけたことが注目される。なぜなら、オークショ
ン導入によって、EU の課すオパール 50% 容量制限を回避する道が開ける
可能性があるからである。つまり、オークションによって、ガスプロムの
ガスが他の事業者の手に渡る。EU 領域への入り口時点ですでにガスプロ
ム以外の企業がガスの保有者であれば、オパールを流れるガスはガスプロ
ム保有ではないので、第三者アクセス問題がなくなるという考え方である
（Sikorski 2015, Henderson and Mitrova 2015, Farchy 2015）。

　このように、2015 年のオークションは、ガスプロムの業務形態の方針
転換を示す。石油価格連動に固執せずスポット市場に価格を適合させて他

10　オパール及び WIGA ウェブサイト：https://www.opal-gastransport.de/en/, http://www.wiga-
　transport.de/home.html, https://www.energyaspects.com/publications
11　欧州委員会は 2016 年 10 月末、ドイツ国内でのオパールの年間ガス輸送能力に占めるガスプロ
　ムの輸送量比率を 50% から 80% へ引き上げる決定を下した。これに反発したポーランド政府
　は同年 12 月に欧州裁判所に対して欧州委員会の決定を提訴した（本村 2016b）。2019 年 9 月
　には、欧州司法裁判所はポーランドの訴えを認めた（Barteczko, de Carbonnel, 2019）。これ
　でガスプロムにとっては当初の 50% 制限に戻ったことになる。

の市場参加者にガスをオークションで販売するという試み自体、ガスプロムの市場の変化に対する適応努力の現れである（Henderson and Mitrova 2015）。

6. 4. トランジット・リスクの回避

　エネルギー需要の安全保障の確保を求める生産側にとって、主要な市場であるヨーロッパでのシェアをガスプロムが維持する体制を整えることが重要である。そのためには、ヨーロッパへのエネルギーフローの障害の影響を最小限にし、トランジット国の状況に影響されることなく、ヨーロッパへのガス輸送経路を確保することが課題となる。上述のガス紛争を契機に、ウクライナを経由しないパイプラインの建設によるトランジット・リスク回避が、エネルギー需要とエネルギー供給の安全保障双方の確保につながると考えられるようになった。

　ノルドストリームは、ロシアとヨーロッパのガス輸送システムとを直接繋いだ史上初のガスパイプラインである。ウクライナを経由しない天然ガスパイプラインとして、ロシアとドイツが中心となって2005年に合意し推進をはじめた大規模プロジェクトである。ロシアのヴィボルグからドイツのグライフスヴァルトまでバルト海を海底パイプラインで結ぶ。合わせて550億㎥の輸送能力をもつ2本のパイプラインからなり、2011年と2012年にそれぞれ稼働し始めた。総延長1,224kmの世界最長の海底パイプラインで、総事業費74億ユーロであった。

　パイプラインのオペレーターであり所有者であるノルドストリーム社は、エネルギー大手5社が出資するコンソーシアムからなる。ガスプロム（51%）をはじめとして、ウィンタースハル、エーオンが15.5%、ハスニーとエンジーが9%参加した[12]。経営陣にはプーチン大統領と近い関係といわれるマティアス・ヴァルニク[13]を筆頭に、ガスプロム、エーオン、ウィンタースハルの幹部が名を連ね、取締役会会長には、元ドイツ首相のゲルハルト・シュ

---

12 ノルドストリームのウェブサイト https://www.nord-stream.com
13 Berezanskaia et al. (2012) は、ヴァルニクをロシア経済界における「プーチン時代のキーパーソン10人」の一人にリストアップしている。

レーダーが就任したことが注目された。

　当初、バルト海沿岸のバルト三国やポーランドはこのパイプライン計画に反対を表明していた。また、最終的な輸送ルートが、ロシア、フィンランド、スウェーデン、デンマーク、そしてドイツの排他的経済水域を通過するため、フィンランド・スウェーデン・デンマークの承認取得が必要であった。ドイツ、フランス、英国、オランダの政府はノルドストリーム計画に賛成を表明した。EU 内での意見対立はあったものの、推進派を中心に最終的にエネルギーの資源確保と、そのウクライナ回避の輸送経路の確保に取り組むことになった。背景には、ノルドストリームに参画を決めたドイツやオランダのエネルギー大手企業の動きが重要な役割を果たしたといえるだろう（酒井 2010、坂口・蓮見 2007）。

　2006 年と 2009 年のガス紛争の結果、エネルギー供給者としてのロシアの信頼性が揺らぎ、EU と対ロシア関係に影響した。しかし、このパイプライン計画の実現は、国家レベルでの関係とは別に、ドイツ・オランダ・フランスを始めとしたヨーロッパ大手エネルギー企業とガスプロムとの、企業レベルでの提携関係が進んでいることを示しているといえよう。また、中止されたものの、ロシアから黒海経由でイタリアに天然ガスを輸送するサウスストリーム計画がイタリアのエニとガスプロムを中心に進められたことも、エネルギー大手企業レベルでの関係を示すものといえる[14]。

　ノルドストリームの拡充計画であるノルドストリーム 2 プロジェクトに関する株式間契約が 2015 年 9 月に、ガスプロムと BASF、OMV、エーオン、エンジー、シェルなどのエネルギー企業の間で結ばれたことも、EU の対ロシア関係と、EU 内の大手企業レベルの対ガスプロム関係との温度差を示している[15]。いずれにしても特徴的なのは、ヨーロッパのガス供給の安定確保を可能にするため、ガスプロムによる企業を中心とした協力体制を築こうとする動きである（Skalamera 2016, Stulberg 2015）。

　ノルドストリーム 2 は、総延長 1,200km と輸送能力年間 550 億㎥を誇

14　サウスストリーム計画の撤回については本村（2014）を参照。

15　ガスプロムのウェブサイト（プレスリリース）http://www.gazprom.com/press/news/2015/september/article245837/

る天然ガスパイプラインプロジェクトである。ルートやデザインは、すでに運用されているノルドストリームに従っている[16]。ノルドストリーム2は2018年7月にドイツ沖で工事開始となった。2019年1月の段階で、全長1,200km のうち、500km の敷設が終わっていたが、デンマーク政府がデンマーク領海内のパイプライン通過承認を保留していた（本村 2019）。ロシアへのエネルギー依存を懸念する EU に加えて、ロシアへの警戒を強める米国は、EU のエネルギー安全保障の脅威になるとしてプロジェクトを牽制した。欧州議会は、2018年末にノルドストリーム2プロジェクトに対する非難決議を採択した。LNG 輸出拡大を狙う米国からは、ノルドストリーム2が対露制裁拡大の際の対象となる可能性をつきつけられていた（本村2019）[17]。しかし2019年10月30日にこれまで保留していたデンマーク政府が許可を出し、ノルドストリーム2は完成へ向けて前進することになった。

6.5. 輸出市場の多角化

5点目の対応として、ガスプロムは、ヨーロッパ市場におけるシェアを維持するために様々な変化に対処を続けると同時に、アジア市場への進出へ向けての行動も起こしている。ヨーロッパにおける市場での変化や EU の規制の深化などの欧州ファクターに加え、成長が期待されるアジア市場を捉えるねらいや、ウクライナ危機による対ロシア制裁も、ガスプロムを東方へとシフトさせる契機となった（安達・蓮見 2016）。

ロシアのアジアシフトは、実際は2000年代始めから進められていた。2002年にロシア政府は、ロシア極東・東シベリアにおいて、ガス生産・輸送・供給の総合システムを構築・発展させるためのプログラムに着手し、ガスプロムにロシア東部における天然ガス案件のコーディネーターの役を任せた。中国やアジア太平洋地域への天然ガス輸出も考慮に入れたこの「東方ガ

---

16 ノルドストリーム2のウェブサイト https://www.nord-stream2.com/project/logistics/
17 さらには、ウクライナを経由しないノルドストリーム2の完成により、ウクライナにとっては通過収入（最近では200～300億ドルといわれている）の減少も、懸念材料の一つとして挙げられている（Prince 2019）。

スプログラム」は、2007 年に政府が公式承認している（酒井 2010）。

　アジアをターゲットにした輸出先の多角化としては、ガスプロムは、LNG 輸出の参入を進め、アジア向け輸出を増加させている。2009 年にサハリン 2 から輸出が開始され、2010 年以降、ガスプロムの主要な LNG 輸出先はアジアである[18]。

　LNG 輸出にみられるアジアシフトと並んで、ウクライナ危機による対露制裁によって中国への接近が進み、ロシアはアジア向け輸出のパイプライン計画を進めた。この動きを反映する出来事が、ガスプロムと中国の国有石油大手 CNPC の合意である。2014 年にガスプロムは 4,000 億ドル規模の長期天然ガス供給契約を結んだ。これは 8 年越しの交渉の結果であり、対露制裁が合意を後押しする効果があったとみられている。東シベリアからロシア極東経由で中国に天然ガスを輸送するこのパイプラインは、「シベリアの力」と呼ばれ、建設に関する協定が 2015 年に締結した[19]。加えて、西シベリアから中国内陸部を繋ぐ「シベリアの力 2」と呼ばれるもう一本のパイプラインについても交渉が続いている[20]。

7.　おわりに

　本稿では、ヨーロッパとロシアの経済関係を、エネルギー資源を中心に考察した。とりわけ、多国間の国境を越える天然ガスフローをめぐるロシアの国営大手ガスプロムのヨーロッパでの展開を中心に論じた。従来からガスプロムの活動の基本となっていたのが、ヨーロッパ市場をターゲットとし、長期契約制度に基づく輸出体系であった。ガスプロムは幹線パイプラインを一元管理し、ロシア産ガスのパイプラインによる輸出の独占権を有してき

18　ガスプロムエクスポルトのウェブサイト http://www.gazpromexport.ru/en/strategy/lng/
19　2019 年 6 月に開催された露中首脳会談の記者会見でプーチン大統領は、中国にとってロシアは最大の原油供給国（2018 年は 6,700 万トンを輸出）であり、さらに「シベリアの力」パイプラインによる中国へのガス供給を 2019 年 12 月には開始すると述べ、両国のエネルギー関係の強化を強調した。
20　ガスプロムのアジアシフトについては、原田（2016）、安達・蓮見（2016）を参照。

た[21]。本章で見たように、ヨーロッパ市場を捉えた長期契約に基づいたパイプライン（ウクライナ経由）による輸出というこれまで機能していたビジネスモデルを支えていた状況や制度が変わり、ロシア政府もガスプロムもその活動の対応を迫られるようになった。

　ガスプロムといえば、ロシア政府が過半数の株式を所有し、その企業戦略とロシア政府の国家戦略とが連動しているというイメージが強い国営企業である。同時に、本稿で明らかになったのは、ガスプロムが、その企業戦略を市場の動向や制度の変化、国内外の諸状況の変容に適合させている様子である。その姿勢はプロアクティブな企業戦略というより、「受け身」な対応のように見受けられる側面もある。

　とはいえ、ガスプロムがロシアを代表しヨーロッパでのプレゼンスを誇るエネルギー大企業であり続けることにかわりはないであろう。今後も、国内外の市場や政策の変化のなかで、ガスプロムの立ち位置がかわりながらも、その時々の状況下に適応する取り組みを続けていくのではないか。ヨーロッパへのガス供給については、EU が取り決めるルールに基づいてゲームをこなしていかなければならないし、国内では、天然ガスの国外輸出の独占などガスプロムに与えられた権利に対する圧力もある。ヨーロッパに加え、CIS諸国へのエネルギーフローや増大するアジアへのフローについても見逃せない。

　2006 年と 2009 年の「ウクライナガス紛争」、そして 2014 年から発動されている対ロシア経済制裁を背景に、EU のロシアへのエネルギー依存の縮小の必要性が提唱され続けている。そのような状況下でも、ロシアの天然ガスが占める欧州での市場シェアは拡大傾向にある。ノルドストリーム 2 の前進をはじめ、ヨーロッパとロシアを（ウクライナを経由せずに）直接結ぶ輸送能力も高まっている。今後もガスプロムを軸としたロシアとヨーロッパのエネルギー関係の動向に注視していく必要があるだろう。

---

21 LNG については、2013 年に輸出の独占権を失っている。

■主要参考文献

【日本語文献】

・安達祐子「企業のトランスナショナリズム：ロシアの天然ガスとウクライナ」
六鹿茂夫編『黒海地域の国際関係』名古屋大学出版会、2017 年。

・安達祐子『現代ロシア経済：資源・国家・企業統治』名古屋大学出版会、2016 年。

・安達祐子・蓮見雄「ガスプロム：政府と市場の変化に戸惑う巨大企業」
杉本侃編『北東アジアのエネルギー安全保障』日本評論社、2016 年。

・金野雄五「ウクライナ情勢とガス途絶リスク」『みずほインサイト』みずほ総合
研究所 4 月、2014 年。

・酒井明司『ガスパイプラインとロシア』東洋書店、2010 年。

・坂口泉・蓮見雄『エネルギー安全保障：ロシアと EU の対話』東洋書店、2007 年。

・蓮見雄「EU のエネルギー政策とロシア要因について」『石油・天然ガスレビュー』
Vol.45、No.5. 2011 年。

・蓮見雄「EU の対外エネルギー安全保障政策とロシア」『ERINA REPORT』
No. 106、2012 年。

・蓮見雄「ロシアの対欧州エネルギー戦略」杉本侃編『北東アジアのエネルギー
安全保障』日本評論社、2016 年。

・原田大輔「ロシアの対日本でのエネルギー戦略」杉本侃編『北東アジアのエネ
ルギー安全保障』日本評論社、2016 年。

・日本エネルギー学会『天然ガスパイプラインのすすめ』日本工業出版、2011 年。

・永井一聡「欧州における脱石油価格連動に向けた新たな長期ガス売買契約の締結
状況」JOGMEC レポート https://oilgas-info.jogmec.go.jp/pdf/4/4977/1309_
out_h_de-oil_link_longterm_contracts.pdf、2013 年。

・本村眞澄「ロシアの多国間ガス・パイプライン戦略」『Journal of the Japan
Institute of Energy』88、1069-80 ページ、2009 年。

・本村眞澄「ロシア：ガスプロムが天然ガス輸出戦略を練り直し」JOGMEC レポー
ト https://oilgas-info.jogmec.go.jp/_res/projects/default_project/_project_/
pdf/4/4922/1306_out_j_gazprom_export.pdf、2013 年。

・本村眞澄「ロシアの石油・ガス開発は欧州市場とともに発展してきた」『石油・

天然ガスレビュー』Vol.48、No.6、2014a 年。

・本村眞澄「ロシア：サウス・ストリーム計画の撤回とロシアの天然ガスパイプライン網の再編」JOGMEC レポート https://oilgas-info.jogmec.go.jp/pdf/5/.../1412_out_j_south_stream.pdf、2014b 年。

・本村眞澄「パイプライン政策とエネルギー安全保障」杉本侃編『北東アジアのエネルギー安全保障』日本評論社、2016a 年。

・本村眞澄「ロシア：和解に向かう EU とガスプロム－対欧州ガス供給拡大の可能性」JOGMEC レポート、2016b 年。
https://oilgas-info.jogmec.go.jp/_res/projects/default_project/_project_/pdf/7/7855/1611_c_gazprom_eu.pdf

・本村眞澄「ロシア：建設進む Nord Stream 2 と Turk Stream」JOGMEC レポート
https://oilgas-info.jogmec.go.jp/_res/projects/default_project/_page_/001/007/760/1903_out_j_Nord_Stream_2_Turk_Stream.pdf、2019 年。

【外国語文献】

・Barsukov, Iurii. 2016 "Gazprom vykhodit iz korziny nefteproduktov" *Kommersant*, April 14.

・Barteczko, Agnieszka and Alissa de Carbonnel. 2019 "EU's top court curtails Gazprom access to Nord Stream pipeline link", *Reuters* https://www.reuters.com/article/us-pgnig-gazprom-opal/eus-top-court-curtails-gazprom-access-to-nord-stream-pipeline-link-idUSKCN1VV0TH

・Berezanskaia, E. et.al. 2012 "Kliuchevykh figure putinskoi vertikali", *Forbes*, August 27.

・Farchy, Jack. 2015 "Gazprom bows to Brussels by holding first European gas auction" *Financial Times*, September 7.

・Henderson, James and Mitrova, Tatiana. 2015 The Political and Commercial Dynamics of Russia's Gas Export Strategy, *OIES* NG102.

・Mitter, Rana and Iriye, Akira 2013 "Forward" in Hogselius, P. *Red Gas: Russia and the Origins of European Energy Dependence*, Palgrave Macmillan.

- Mitrova, Tatiana. 2015 "Changing Gas Price Mechanisms in Europe and Russia's Gas Pricing Policy", *International Association for Energy Economics*, 39-40

- Prince, Todd. 2019 "Denmark Allows Nord Stream 2 Pipeline Through Its Territorial Waters" *RFE/RL Report*, https://www.rferl.org/a/denmark-allows-nord-stream-2-pipeline-through-its-territorial-waters/30244463.html

- Pusenkova, Nina. 2010 'Rossiiskii "Gazprom" v gazpromovskoi Rossii', *Istoriia novoi Rossii.*

- Romanova, Tatiana. 2013 'Energy Demand: Security for Suppliers?" in Hugh Dyer and Maria Trombetta eds., *International Handbook of Energy Security*, Edward Elgar.

- Roux, Lucie. 2015 "Russia's Gazprom edges towards flexible gas market-driven auctions" *Platt News*, September 16.

- Sikorski, Trevor. 2015 "Gazprom to auction 3.2 bcm of winter 15/16 gas for delivery, moderately bearish for Gaspool and AVTP prices", *Energy Aspects*, July 31.

- Skalamera, Morena. 2016 "Invisible but not indivisible: Russia, the European Union, and the importance of 'Hidden Governance'", *Energy Research and Social Science*, 12, 27-49.

- Stern, Jonathan. 2014 "The Matrix: an introduction and analytical framework for the Russian gas sector" in J. Henderson and S. Pirani eds., *The Russian Gas Matrix: How Markets Are Driving Change.* Oxford University Press, 39-49.

- Stulberg, Adam. 2015 "Out of Gas? Russia, Ukraine, Europe, and the Changing Geopolitics of Natural Gas", *Problems of Post-Communism*, vol. 62, 112-30.

- Yenikeyeff, Shamil. 2006 "The G8 and Russia: Security of Supply vs. Security of Demand?" *Oxford Energy Comment*, August.

- Yergin, Daniel. 2006 "Ensuring Energy Security" *Foreign Affairs*, Volume

85 No. 2, 69-82.

・Vavilov, Andrey 2015 "Introduction" in Andrey Vavilov ed. *Gazprom: An Energy Giants and Its Challenges in Europe*, Palgrave Macmillan.

・Vavilov Andrey and Georgy Trofimov 2015 "A Phantom Energy Empire: The Failure of Gazprom's Downstream Integration", in Andrey Vavilov ed. *Gazprom: An Energy Giants and Its Challenges in Europe, Palgrave Macmillan.*

【文献案内】

本章の参考文献から単著を中心に紹介する。

・安達祐子「企業のトランスナショナリズム：ロシアの天然ガスとウクライナ」六鹿茂夫編『黒海地域の国際関係』名古屋大学出版会、2017 年。

　ロシアの天然ガスがウクライナの政治経済とどう絡んでいるのかを考察する。ロシア国営大手ガスプロムをはじめ、ウクライナのナフトガス社や、不透明な取引で物議を醸した仲介会社など、ガス企業のトランスナショナルな関係と活動に焦点をあてる。

・安達祐子『現代ロシア経済：資源・国家・企業統治』名古屋大学出版会、2016 年。

　ソ連崩壊後の経済危機をへて成長した資源大国ロシアの現代経済を、大企業の発展から読み解き、独自のガバナンスの重要性に着目して解明する。移行経済におけるインフォーマルな国家・企業間関係の意味を捉え、ロシア型資本主義を分析する。

・杉本侃編『北東アジアのエネルギー安全保障』日本評論社、2016 年。

　エネルギー大国ロシアとエネルギー大消費国日本との関係を中心に、北東アジア全体のエネルギー安全保障を論じる。本稿で参考にした以下の論文を所収：
安達祐子・蓮見雄「ガスプロム：政府と市場の変化に戸惑う巨大企業」
原田大輔「ロシアの対日本でのエネルギー戦略」
蓮見雄「ロシアの対欧州エネルギー戦略」

・Henderson, James and Simon. Pirani eds., 2014, *The Russian Gas Matrix: How Markets Are Driving Change.* Oxford University Press.

　国際ガス市場の変化がロシアのガス部門に与える影響を分析する。同時に、

　ロシア側の対応が、ロシア産ガスが販売される市場にどのように影響するかを分析する。本稿で参考にした以下を所収：

Jonathan Stern. "The Matrix: an introduction and analytical framework for the Russian gas sector"

・Vavilov, Andrey ed., 2015, *Gazprom: An Energy Giants and Its Challenges in Europe*, Palgrave Macmillan.

　ロシアのガスプロム社の詳細なケーススタディ。同社の政策の背後にある同期・戦略・戦術を考察し、ガスプロムが欧州市場で直面する課題やガス取引における政治の役割を検証する。本稿で参考にした以下を所収：

Andrey Andrey and Georgy Trofimov, "A Phantom Energy Empire: The Failure of Gazprom's Downstream Integration".

第3章

ヨーロッパの言語と社会

ヨーロッパの言語政策と言語使用
—— 言語の多様性にどう向き合うのか

木村　護郎クリストフ

1. ヨーロッパの言語事情の特徴

　ヨーロッパの言語というと、ドイツ＝ドイツ語、フランス＝フランス語、といった具合に国と一致させて考えがちである。このことは、「日本＝日本語」と理解し、言語を「何ヶ国語」と国単位で数えることに違和感をもたない日本の私たちにとっては当たり前に思えるかもしれない。しかし、言語と国が対応することは、世界的に考えると、むしろ特殊である。6,000 以上といわれる言語があるのに国は 200 ほどなのだから。アフリカ大陸やアメリカ大陸で、国名と言語名が一致する例を探してみると、わずかしかないことに気づく。「中国語」、「ベトナム語」、「インドネシア語」のように、国名と同じ言語名を持つ国が少なくないアジアでも、ほとんどの国では複数の言語が話されている。中国やベトナムでは 50 余りの少数民族が公認されてほとんどが独自の言語を持っており、それぞれ地域語（方言）もきわめて多様である。インドネシアには 500 以上の言語があるとされる。

　その点、ヨーロッパは、とりわけ 19 世紀以降の近代化の過程で、「一つの国に一つの言語」という対応関係をかなり強力にめざしてきたといえる。実際、EU 加盟国 27ヶ国（2020 年 2 月現在）に限ると、国名に対応する国語ないし公用語名がない国はオーストリア（ドイツ語）、ベルギー（オランダ語、フランス語、ドイツ語）、キプロス（ギリシャ語、トルコ語）の 3ヶ国のみである。またヨーロッパでは国語や公用語は概してそれぞれの国で広く普及して日常生活に浸透している。ヨーロッパ人はよく、ヨーロッパの特徴は言語的多様性であると言うが、世界的にみると、現代ヨーロッパは言語が整理されて実は多様性が少ない。世界の言語数のうちヨーロッパの言語

が占める割合は、様々な少数言語がみられるロシアのヨーロッパ部分（ウラル山脈の西側）を入れても5％ほどにすぎない。比較的少ない一つ一つの言語の書記化や標準化が積極的に行われてきたために個々の言語の区別が見えやすくなったことによって、言語の多様性が分かりやすいことがむしろヨーロッパの特徴といえよう。

しかし、そのようなヨーロッパにあっても、一つの国で複数の言語が使われていたり、また一つの言語が複数の国で使われたりする。このような多言語状況への対応の仕方は国によって異なる。と同時に、EUという超国家機関やその他のヨーロッパ次元の国際組織の発展によって、言語政策は重層的であり、かつ国をこえて相互関連している。さらに、ヨーロッパ統合あるいはそれをこえたグローバル化のなかで、人々は国や言語の違いをこえて接触している。

本章では、はじめに国ごとの言語政策の類型をみたうえで、言語政策の分野でもますます存在感を増しつつある「ヨーロッパ次元」での動きに目を向けて、最後に、言語の違いをこえたコミュニケーションのあり方をみていくことで、ヨーロッパの言語政策および言語使用の一端を検討しよう。

2. 各国の言語状況・政策の特徴

「一国家一言語」の理念が掲げられたとはいえ、現実には、ヨーロッパのほとんどの国は多言語国家である。そして国内の言語的多様性に向き合う姿勢は様々である。必ずしもすべての国を明確に分類できるわけではないが、国や地域の政府と関わる場で用いられる公用語の制定という観点からはおおまかに次のような5類型にわけることができる。

第一に、フランスやギリシャに代表される、単一の公用語を持つ国をあげることができる。日本は、公用語を法的に定めていないものの、事実上、この類型に属するので、一つの国には一つの公用語ということを当たり前と思いがちであるが、単一の公用語にこだわる国は、言語的に均質な「国民」をめざす近代国民国家思想の発祥の地ともいえるヨーロッパでも、一つの類型にすぎないことをおさえておきたい。

　第二に、国の公用語は一つだが、地域・少数言語に一定の地位が認められている国がある。例えばドイツでは、少数言語ソルブ語の話されている地域などで、少数言語を役所や裁判所などで使う権利が認められている。またポルトガルでも、話し手が1万数千人程度とされる少数言語ミランダ語を使う権利が国の法律で認められている。少数言語の一つとして、手話に公用語ないしそれに準じる地位を認める国も増えている。

　第二の類型の発展版が第三の類型である。特定地域において国の公用語とともに地域の併用公用語が存在する場合である。カタルーニャ語やバスク語などを自治州の公用語としているスペインが代表的な例だが、例えばイタリアでも南チロル（トレンティーノ・アルト・アディージェ州）ではドイツ語がイタリア語とともに公用語になっている。ロシアにおいても連邦の各共和国は連邦公用語であるロシア語とは別に、自らの公用語を定めることができる。イギリスではスコットランド、ウェールズなどでそれぞれの地域言語の公的な使用が進められている。とりわけウェールズではウェールズ（カムリー）語振興政策が積極的に進められ、道路標識から電気代の請求書にいたるまで、公共的な二言語使用が幅広く行われるようになっている。

　第四の類型をなすのはベルギーやスイスのような言語連邦である。それぞれ個別に公用語を定めている地域の連邦として国家が形成されている。連邦全体としての単一の公用語はないので、これらの国には、国名を冠した言語がない。国全体としての共通語が定まっていないという点で、これらは例外的といえる。

　第五は、複数の言語に公的な地位が与えられている多言語国家である。アイルランドでは英語が広く使われているが、アイルランド語が国語と定められており、公務員になるためにはアイルランド語の知識が必要とされる。この類型に属する国のなかでも特筆すべき国が、ルクセンブルク語を国語とし、フランス語、ドイツ語をも公用語として三つの言語（英語を入れると四つ）を使い分けるルクセンブルクである。同じ新聞でも、使用される言語が記事によって変わるのが興味深い。

3. ヨーロッパ機関の言語使用および言語政策

　各国の言語事情や言語政策の考察や比較はそれ自体興味深いテーマであるが、ヨーロッパのきわだった特徴は、各国のうえに「ヨーロッパ次元」が存在することである。

　「ヨーロッパ次元」の言語政策に関して重要な役割を果たしてきたのが、法の支配や人権、民主主義、文化協力などに重点を置く国際機関である欧州評議会である。欧州評議会は、様々な言語の能力を「複言語能力」として統合的に把握することをめざす「言語のための欧州共通参照枠」（2001 年）、世界で初めて少数言語の権利に焦点をあてた法的拘束力のある国際法文書である「地域言語または少数言語のための欧州憲章」（欧州地域語少数言語憲章；1992 年）など、ヨーロッパ共通の言語政策的な枠組みをつくるうえで先進的な取り組みをみせている。

　ただし、旧来の少数・地域言語と異なり、移住者の母語は、教育に取り入れられることはあっても、政策によって保護・促進する対象とはみなされていない。このように、旧来と新来の言語的少数者に対する政策は際立った対照をなしている。移民の言語の話者は、トルコ語のように数百万を数えて旧来の少数言語どころかいくつかの国の公用語よりも多い例もみられる。近年では新たな難民の流入に伴う言語教育の需要も高まっている。移民や難民が新たな居住国の言語を学ぶことについては異論はないといえる。一方、それぞれの母語については、様々な意見がみられる。居住国に適応するためには捨てた方がよい、あるいは出身国に帰るために維持した方がいいという見方や、自らの言語を保つのは権利だという見方、またせっかく身に付けた母語を失うのは個人にとっても社会にとってももったいない、という見方などがある。新しい多言語を問題とみなすのか、権利とみなすのか、資源とみなすのか、移民や難民の居住国言語習得および母語維持・継承に関する政策は今後ますます重要な検討課題になるであろう。

図 1　欧州評議会のウェブサイト（www.coe.int）

　欧州評議会は組織自体としては基本的に英語とフランス語を公用語とする。それに加えて、ドイツ語、イタリア語、ロシア語が作業語として指定されており、ウェブサイトもこれら 5 言語で記されている（図 1）。それに対して、多言語使用に関して先例のない実験を続けるのが、欧州連合（EU）である。EU は、欧州評議会などの国際組織とは異なり、国の主権の一部を担う超国家組織である。以下では EU の言語政策を少し詳しく取りあげる。

　まずインターネットで EU のトップページを開いてみよう（図 2）。様々な言語で書かれたボタンがずらっと 24 個並んでいる。2013 年のクロアチアの加盟以降、これら 24 言語がすべて EU の公用語ということになっている。カーソルをそれぞれの言語名の上にもってくると、EU の旗の右下、言語名の上の「欧州連合の公式ウェブサイト―言語を選んでください」と書かれた表示がそれぞれの言語に変わる（本稿では英語版を表示してある）。そして、クリックするとそれぞれの言語で書かれた EU のウェブサイトにつながる。その意味では、EU は多言語への配慮が行き届いているように見える。と同時に、何語に変えても、上の旗の横の European Union は英語のままで変わらない。ここには、英語の特別な地位が端的に表れている。そもそも最初に出てくるページが英語版である。

図2 EU のウェブサイト (europa.eu)

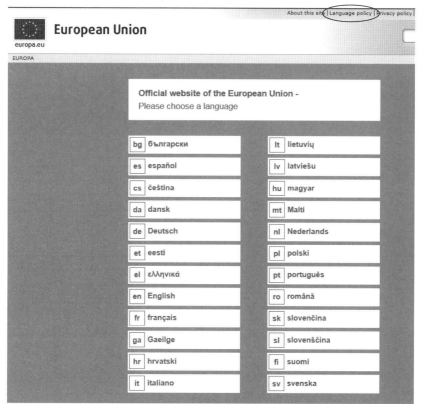

右上の Language Policy という項目（丸で囲った部分）をクリックすると、このサイトの言語政策が説明されている。すなわち、法文書や重要な政策文書や一般的な説明は EU のすべての公用語で、法的な拘束力のない文書は英仏独の3言語で提供され、より専門的な内容や短期間のみ掲載される情報は1言語のみの場合もあると記されている。

では、EU 全体の言語政策について調べるために EU の執行機関にあたる欧州委員会の「教育と職業訓練」という政策領域の一部にある「多言語政策」のサイトを開いてみよう（https://ec.europa.eu/education/policies/multilingualism/about-multilingualism-policy_en）。政策の説明は確かに24言語で読めるようになっている。一方、それぞれの政策項目につけら

れた「関連資料」のリンクをクリックすると、具体的な政策資料は英語のみ
である。トップページに表れている各公用語の平等な地位と、実際の運営に
おける英語の優先的な使用（資料によってはそれに加えてフランス語、ドイ
ツ語などの大言語版がある）。EU の言語政策を考える際にはこの両面に目
を向ける必要がある。次に、このような EU 自体の言語使用政策（公用語
政策）の理念や問題点をみたあと、EU 域内の言語の多様性に関する政策を
取りあげ、EU にとっての言語政策の位置づけの考察につなげてみたい。

3. 1. EU の公用語政策

　EU 自体の使用言語は、加盟国の国語を原則として EU 公用語にしている
ことが大きな特徴である。欧州経済共同体（EEC）設立当初に加盟 6 ヶ国
の公用語 4 言語すべてが EU の公用語とされたことが、その後の拡大に際
しても踏襲され、東方拡大を経た 2020 年現在、公用語は上述のとおり 24
言語にまで増えている。

　このような EU の公用語政策の問題は主に二つの観点から指摘されてい
る。一つは効率性、もう一つは公正性の問題である。それぞれについて考え
てみよう。

　EU の多数公用語体制がきわめて非効率だということがしばしば批判され
る。EU は何千人もの通訳者・翻訳者をかかえており、言語関連の費用は事
務費の 4 割にのぼるとされる。では、EU はなぜ多大な労力と費用をかけ
てまでこのような多言語体制を維持しているのだろうか。それは言語が EU
で果たしている役割に対応して、二つの側面から説明することができる。一
つは、言語の象徴的な役割である。加盟国語の平等は、加盟国の平等という
EU の原則を象徴するものと理解される。特定国の言語のみに公用語の地位
を与えることは、加盟国の平等への違反とみなされやすい。もう一つは実際
的な理由である。国家主権の一部を担う EU の方針や決定は、市民の社会
生活に直接の影響を及ぼす。よって市民に理解できる言語で伝達がなされる
ことが必要とされる。こうして、法規等においてはすべての公用語が正本と
され、EU 市民は EU 主要機関との連絡においてどの公用語を使用してもよ
く、当該言語で返事を受ける権利を有する。この権利が保証されるためには

相応の負担があっても仕方がない、というのが現在の EU の基本的な立場といえよう。実際、総額が大きいとはいえ、言語関連費用について EU 市民一人当たりの負担は年2ユーロほどだという。バスに一回乗るのと同じ程度の負担で、自国語でEU機関と意思疎通でき、EU の情報を自国語で得られるのは安いともいえる。また、一見、英語のみを公用語にした方が費用が抑えられるように思われるが、仮に EU 市民全体に、通翻訳を介して行われている情報が正確に理解できるほどの英語能力を身につけさせるとすると、はるかに多くの費用がかかる。多言語使用の方が効果的ともいえるのである。

　むしろ問題なのは、上でみたホームページの例で示唆されたように、公用語の間、また公用語とそれ以外の言語の格差から生じる不公正である。前節でみたように、公的な文書は最終的にすべての言語で作成されるとはいえ、実際にすべての公用語が等しく用いられるわけではない。現実の使用では公用語の間に大きな格差が生じている。実務言語は、機関ごとの内部規定によって、あるいは事実上、いくつかの言語にほぼ限られている。欧州議会の総会では原則としてすべての公用語の使用が認められるが、実務協議のレベルでは事実上、英語とフランス語が主に用いられる。欧州委員会は、実務言語を英語、フランス語、ドイツ語と定めている。また欧州司法裁判所は内部ではフランス語を使用している。その他の諸機関においては、欧州商標意匠局のように、英語、フランス語、ドイツ語、スペイン語、イタリア語を実務言語とするところもあれば、欧州中央銀行のように英語のみを使用する組織もある。このようにいくつかの大言語が優先される状況をさして「すべての公用語は平等である。しかし、ある公用語は、ほかのものよりももっと平等である。」（オーウェルの小説「動物農場」に出てくる文言のもじり）といわれたりする。

　全体的な傾向としては、加盟国の増加とともに実務言語としての英語の使用率が増加しており、今後もこの傾向は続くことが予想される。そのなかで、英語母語話者が、就職の際も、また実際のコミュニケーションの場においても、有利になることの問題性が指摘されてきた。イギリスの EU 離脱に伴い、英語が EU 公用語から外れるのかという疑問も聞かれたが、EU 加

盟国のうちアイルランドとマルタは英語が公用語であり、英語を外す気配は
ない。むしろ、EU の英語ネイティブスピーカーの大半を占めるイギリスが
離脱することで、英語ネイティブの比率が少なくなり、英語がより公平な共
通語になるのではないかとも考えられる。今、ヨーロッパでは、イギリス
などの「国語としての英語」(English as a National Language: ENL) と
ネイティブを正しさの基準としない「共通語としての英語」(English as a
Lingua Franca: ELF) の区別が盛んに議論されている。多言語主義の原則
と英語の特権的な地位のギャップにどう対応するかは、今後も EU 自体の
言語使用に関する政策の一つの焦点となるだろう。

　公正性に関わるもう一つの問題は、公用語になっている言語とそれ以外の
言語の格差である。とりわけ 2004 年の EU 東方拡大の際に人口 40 万弱の
新加盟国マルタの国語であるマルタ語が EU 公用語になったことは、少数
言語にも公的な地位を要求する動きが高まるきっかけとなった。2007 年に
日常的な話者数が少ない (約 7 万人) ものの国語の地位にあるアイルランド
語がアイルランド政府の働きかけによって EU 公用語に加えられた。また
EU の九つの公用語よりも話者人口の多いカタルーニャ語 (500 万人以上)
を筆頭に、加盟国で地域的な公用語の地位を持つ言語にも翻訳や口頭で使用
する可能性が認められつつある。ただしそれに伴う費用はその言語が使われ
る加盟国が負担する。EU の公用語体制の原則は変わらないものの、加盟国
の責任において一定の範囲内で地域少数言語の公的な認知がみられることは
EU の言語政策史において比較的新しい展開である。公用語以外の言語は
すべて EU で権利が与えられていないという意味での「平等」が崩されて、
EU の言語体制にみられる言語間の事実上の階層がさらに複雑になっている
面がある。

　EU の公用語政策は今後どうなるのだろうか。当面は現状 (「すべての公
用語は平等であるが、ある言語は別の言語より平等である」) の維持が続く
気配である。しかし上でみたように、より細かいレベルでは様々な変動が起
こっている。既に諸機関で行われているように公用語ないし実務言語 (作業
言語) を主要数言語にしぼるという案や、英語を共通語として正式に認める
のがいいとする意見など、様々な案が出ており、今後の議論の進展が注目さ

れる。他方、機械翻訳の進展によって、文書などの多言語使用はむしろ維持されやすくなるかもしれない。

3. 2. EU 域内共通の言語政策

2節で取り上げたように、EU 加盟国内の言語政策は基本的に国ごとに行われている。しかし、過去数十年の間に EU（EC の時代を含む）は域内の言語政策に関しても存在感を増してきた。加盟国の言語政策を補完する形で EU が独自の取り組みをみせてきたのは主に異言語教育政策である。様々な思惑がからむため現状維持以外の積極的な政策が打ち出しにくい公用語政策に比べて、異言語教育の促進については異論が出にくい。そのためか、異言語政策は近年かなり積極的に議論され、政策化されている。

異言語教育の目標として EU は「母語＋2言語」を掲げている。この目標は、より多くの言語が学ばれることによって多様性を尊重することとともに、EU 市民の移動能力や相互交流を促進する意図を含んでいる。

しかし母語以外に学ぶべき2言語はどのような言語を指すのだろうか。2007 年に欧州委員会の発意で、異言語教育にかかわってきた主導的な知識人が集まって提言を出している[1]。それによると2言語は異なる種類の選択が望ましい。一つは、広くコミュニケーションをとるための言語であり、もう一つは一人ひとりが個人的な背景や興味関心から自由に選ぶ言語である。後者は「個人的な養子言語」（personal adoptive language）と呼ばれ、「第二の母語」のようなものであるとされている。それに加えて、広いコミュニケーションの言語（ほとんどの場合、英語）を学ぶということになる。この提案の背景には、ヨーロッパ統合を進化させるためには、共通語でコミュニケーションをとるだけではなく、相手の言語や文化をよく知る「二者間」の様々なネットワークを充実させる必要があるという認識がある。これは考え方としては決して新しいことではないが、EU の三言語主義の内容をより明確にしたものといえる。

1　A Rewarding Challenge. How the Multiplicity of Languages could Strengthen Europe. Proposals from the Group of Intellectuals forIntercultural Dialogue set up at the initiative of the European Commission, European Communities 2007.

　では、実際はどうだろうか。2012 年の EU 加盟国および加盟候補国における調査[2] では、二つ以上の異言語を話す人、すなわち EU の異言語習得目標を達成している人は 25 ％であった。一方、半数弱の人（46 ％）は母語以外の言語を話すことができないとしている。国や年齢による偏りは大きいが、全体としてまだ目標達成には遠いことがうかがえる。2019 年の欧州理事会の「言語教育・学習への包括的アプローチに関する勧告」[3] では、多言語学習がヨーロッパ・アイデンティティを強め、ヨーロッパの民主主義に資するとともに、仕事の上でも重要であることなどを確認したうえで、加盟各国の各レベルの教育機関や関係部署がさらに協力して包括的な多言語政策を進めることをうながしている。

3. 3. EU にとっての言語政策の位置づけ

　EU というと、経済統合のイメージが強いが、経済統合が画一化をもたらすのではないかという危惧がしばしば表明される。この疑問にこたえることができなければ、EU は市民の支持を持続的に得ることはできないだろう。また各加盟国の市民の相互理解と尊重なくして統合の前進はのぞめない。その意味で、文化的な多様性の尊重は、ヨーロッパ統合において付加的な案件ではなく、不可欠な前提であるといえる。実際、文化や教育はマーストリヒト条約（1992 年）以降、EU の課題領域として明確に位置づけられるようになっている。EU の文化・教育政策は「多様性の中の統合」という標語が示すように、文化的な多様性を尊重しつつ加盟各国市民の連帯を高める、という目標を掲げている。EU 基本権憲章（2000 年）は、言語によって差別しない（21 条）ということだけではなく、22 条で「EU は、文化的、宗教的、言語的な多様性を尊重するものとする」とうたっている。EU は、四つの自由（商品、人、サービス、資本の移動の自由）を目標として掲げてお

2　Special Eurobarometer 386, https://ec.europa.eu/commfrontoffice/publicopinion/archives/ebs/ebs_386_en.pdf.

3　Council Recommendation of 22 May 2019 on a comprehensive approach to the teaching and learning of languages, https://eur-lex.europa.eu/legal-content/EN/TXT/?uri=uriserv%3AOJ.C_.2019.189.01.0015.01.ENG&toc=OJ%3AC%3A2019%3A189%3ATOC.

り、その自由を妨げる障壁を取り除くことをめざしている。例えば外国人の就労を制限することは禁じられている。ただし言語能力は条件としてもよいとされている。言語は、移動の自由に対する唯一の公認の障壁なのである。また言語は、EU 市民が外国で働くのをためらうもっとも基本的な理由の一つでもあり、移動の実際上の障壁でもある。しかし言語を画一化しようということにはならないのである。

しばしば文化を支える基盤とみなされる言語は EU の文化的な多様性を象徴するとともに、EU の実質的な運営にも根本的に関わるという点で、「多様性の中の統合」の試金石といえよう。

従来、EU は言語政策課題の領域ごとに個別に対応してきたが、2005 年にはじめて「多言語主義」が欧州委員の担当課題に加えられ、2007 年〜2010 年には EU 自体の言語使用と域内の言語政策の調整をあわせて主管する「多言語主義」担当の欧州委員が設けられた。しかしその後、明示的な政策課題としての言語の位置づけは再び縮小し、「教育、文化、青年、スポーツ」を担当する欧州委員の管轄内に「言語」が入った。2020 年現在、多言語政策は同様の管轄範囲の欧州委員の政策領域のうち「教育」の一項目におさまり、単独の政策領域ではなくなっている。言語政策が再び分散・縮小化している背景としては、2009 年のリーマンショック以降の経済危機に端を発する EU の余裕のなさがあげられるが、EU 内の英語エリート層が実質的に英語の共通語化を認めて多言語政策を抑制している面もあるかもしれない。EU の英語化が、英語を使いこなすエリートとそれ以外の人々のギャップを広げることになり、EU の基盤を危うくする恐れがあることはどこまで認識されているだろうか。「ヨーロッパ次元」の言語政策が今後、どのように展開するのかは、EU の今後を考える一つの視点となる。

4. 異言語間コミュニケーションの方略

次に、ヨーロッパで異なる言語を話す人々が出会う時のコミュニケーションをみていこう。英語が共通語として使われているに決まっている、と思われるかもしれない。確かに、国際会議などの国際的な場では英語の使用が目

立つ。一方で、上述のヨーロッパ連合による 2012 年の調査によると、調査対象となった EU 市民のうち、英語が母語ではない人で「会話ができる程度に」英語が話せる人は、38％であった。13％を占める英語母語話者（イギリスを含む）を足すと、かろうじて半数を超える。EU 市民の半数もの人が英語で一応コミュニケーションがとれるとしたら、それはすごいことである。しかし、英語ができる人は、英語だけを使っていればよいのだろうか。また英語ができない人は他の言語を話す人とどのように意思疎通ができるのだろうか。ここでは、実際に使われている様々なコミュニケーションのストラテジーを取りあげる。「ストラテジー」は「戦略」とも訳されるが、ここでは言語教育でよく使われる「方略」という訳語を使う。

　主な方略は、表1のように整理することができる。実際には複数手段の組み合わせもみられるので、本表はあくまでも概念的な分類である。まず、参加者がそれぞれ自らの言語を用いる母語方略は、言語的な仲介がなされるか否かによって、通翻訳と受容的多言語使用に分けられる。相手言語を使う方略は、いずれかの言語をみなが使う場合と、それぞれが母語以外の当事者の言語を使う場合（相手言語の相互使用）がありうる。追加的な言語を共通語として用いる場合、英語が一般的であるが、代替案として例えばエスペラントがある。それぞれの特徴や使われ方を見ていこう。なお、以下では口頭での使用を念頭におく。

表1　ヨーロッパにおける主な異言語間コミュニケーション手段

	主要な手段	代替的な手段
母語方略	①言語的な仲介 （通翻訳）	②受容的多言語使用
相手言語方略	③単一当事者言語使用 （通用語）	④相手言語の相互使用（言語交換）
追加言語方略	⑤英語の使用	⑥計画言語の使用 （エスペラント）

4. 1. 母語方略

　通常、異なる母語（第一言語）を持つ人がいずれも自らの言語を話す時は、通訳が必要である（①）。では、通訳の長所と短所はどこにあるだろう

か。通訳（および翻訳）のもっとも基本的な特色は、当事者が異言語学習をしなくてもよいということである。通訳を用いたコミュニケーションの基本的な長所は、当事者たちが自分の使いやすい言語で話せることにある。それは話し手が対等な立ち位置で意思疎通ができることでもある。また、通訳者が、単に言語を置き替えるだけではなく、異文化間の仲介者としての役割を果たすことでより円滑なコミュニケーションをもたらしうることも通訳コミュニケーションの利点である。

　一方、通訳の根本的な限界は、人や機械の仲介を介した間接的なコミュニケーションだということである。逐次通訳の場合は、時間がかかることが大きな短所である。同時通訳の場合、時間の問題は概ね解消される代わりに、質の問題が大きくなる。またイヤホンをつけて通訳を聞くことは疲労度が高いため、国際会議等で通訳を介した話が長引くと、聞いている人は自分が直接聞いて分かる言語の発言のみを聞くようになるという傾向があるという。

　母語を使用する方略としては、それぞれが通訳なしで母語を使うこともある。母語の相互使用は、基本的に相手の発言を理解する言語能力を必要とするため、ヨーロッパでは受容的多言語使用（receptive multilingualism）と呼ばれる（②）。近年、受容的多言語使用は、当事者のいずれか一つの言語のみを使うよりも公平であるとともに、単一の共通語を使うよりも言語の多様性（当事者の言語）を尊重するという意味で理想的なコミュニケーション形態だとして注目されている。この方略は、類似性が高い隣接言語の間で見られることが多いが、双方とも相手言語をある程度学んでいる場合、相互の類似性が低い言語の間でも、このようなコミュニケーション形態が成立する。そして、一般に受容的な能力の方が獲得が容易なので、異言語学習の負担減になると考えられる。相互に相手言語をある程度理解できる能力をもつ人が出会った時、受容的な多言語使用が有効性を発揮すると考えられる。

　他方、どちらか一方の言語に収れんしないでこの形態を持続的に使うためには、慣れが必要かもしれない。通訳と比べた欠点は、使用場面が、類縁言語の間や相互に相手の言語を学んでいる時に限られるということである。

4. 2. 相手言語方略

　自分の言語を異言語間コミュニケーションで使える機会は限られているので、異言語を学んで使う必要があることが多い。主に母語話者と非母語話者がコミュニケーションをとる場合に用いられる当事者の言語を、次節で取り上げるような追加言語としての「共通語」(lingua franca) と区別して、「通用語」(vehicular language) と呼ぶことがある（③）。中央ヨーロッパでのドイツ語に代表されるように、ヨーロッパでは地域的な通用語が多くみられ、異言語間コミュニケーションの主要な方略の一つとなっている。スペインにおけるスペイン語のように、国の公用語は、しばしば国内の異なる言語の話者の間で通用語となってきた。

　通用語は、現地語の一つを用いた直接的なコミュニケーションを可能にする利点の反面、言語学習・使用において一方が片務的な負担を負うこと、また相手言語を学ぶ側は相手社会や文化にアクセスできる半面、通用語を母語とする側は相手の社会や文化に疎遠なままであること、という二重の非対称性を含んでいる。

　それに対して、相互に相手言語を使用することは、使用言語を互いに交換するため、「言語交換」と呼ぶ方が分かりやすいかもしれない（④）。多言語主義および相互の尊重を掲げる現代のヨーロッパ統合の文脈では、とりわけ対等性の観点からこの方略を評価する見解がみられる。例としてしばしばあげられるのは、デンマークがヨーロッパ共同体への加盟に際して、平等なコミュニケーションのため、会議等において母語以外の言語を使う原則を提案したということである。これは実現しなかったが、多言語を操る EU の職員の会合では、それぞれが母語以外の言語を使用してコミュニケーションをとることがみられるという。また多言語国家スイスのように互いの言語を学ぶ政策がとられている場合、言語交換が国内の異言語話者の交流でしばしばみられるとのことである。

　非母語を使うため十分に表現ができないという、この方法の問題点と思われることを逆に肯定的に捉えて、それぞれ相手の言語を学んでいることで、相互の寛容性や尊重、協力の姿勢がうまれることや、かえって意見表明が簡

潔になることなどがこの方略の長所とされる。

4.3. 追加言語（共通語）方略

以上のような当事者言語はいずれも使用範囲が限られていることから、第三の言語を学んで共通語として使うことが広く行われている。その代表たる英語の利点は何よりも、その通用範囲の広さである。英語の場合、イギリスやアメリカの勢力や影響力によってここまで強くなったが、英語圏の母語話者集団が存在するため共通語として必ずしも中立的ではないということを問題とみる見方もある。英語を母語としない人がどんなにがんばってもネイティブにかなわないという不平等もつきまとう（3.1. 参照）。

それに対して、社会的に中立的で学びやすい共通語として提案されたのが、エスペラントである。エスペラントは、1887 年に現ポーランド（当時はロシア帝国領）のワルシャワのユダヤ人眼科医ザメンホフによって提案された計画言語であり、表現力の豊かさを犠牲にせずに不規則変化や例外をなくすなど、学習のハードルを低くしたことが特長である。いくら勉強しても母語話者にはかなわない、といった現象やそれに伴う気おくれの感覚はエスペラント使用ではみられない。反面、エスペラントの最大の限界は、その使用人口の少なさである。現在の世界での学習者数は 100 万人ほどとされ、実際の積極的な使用者は数万人程度であろう。ヨーロッパでは、大都市にはたいていサークルがあり、中小都市には話し手がいるので、薄く広く広がっている。

エスペラント話者の間では、旅行者への宿泊提供者網や地域・専門ごとの情報提供者網など、国際交流のためのネットワークが整っている。こうして、特定の国や民族、地域によらない国際的な交流を望む人にとっては、もともとの理想を度外視しても、エスペラントは一つの便利な選択肢を提供している。

4.4. 様々な方略の使い分け

以上みてきたように、ヨーロッパでは、英語のみで事足れりとするのではなく、様々な手段の可能性が検討され、実際に実践されている。どの方略に

も長短があり、すべての場合に最適な万能な方略は存在しない。どのような
手段が用いられるかは関係のあり方にも影響を与える。よって、目的や場合
に応じた使い分けが必要となる。

　なお、ここで取りあげた異言語間コミュニケーション手段（方略）は、い
ずれも使用言語を区別して用いることを前提としている。それに対して、言
語を混ぜるのは、往々にして、よい話し方ではないとされてきたが、現実に
は多く行われている。そうした現実をふまえて、言語混合を方略の一つとし
て積極的に評価しようという動きも出ている。規範にとらわれない自由さ
が、言語混合の特徴といえよう。

5. おわりに――日本への視点

　多言語状況に対して多様な取り組みをみせるヨーロッパ各国の言語政策
や、「ヨーロッパ次元」における言語政策に関する共通の枠組みの形成、多
様な異言語間コミュニケーション形態は日本とは異質に思えるかもしれな
い。しかし日本でも、一方ではアイヌ語や琉球語など地域語の復興をめざす
動きがみられる。また外国籍住民の増加によって多言語化が顕著になってい
る。このような多言語状況に日本社会はどのように向き合っていくのだろう
か。また地球規模化に対応できるための異言語教育の多様化も課題である。
異言語間のコミュニケーションを豊かにするための方略も、日本人にとって
他人事ではない。ヨーロッパの取り組みは、日本にとっても、似たような課
題を持つ地域として参考になるだろう。欧州評議会の「参照枠」（上述）が
設定した A1 から C2 の言語能力レベルのように、日本でも用いられている
例はあるが、これらのレベル分けは、特定の一つの言語についてなるべく上
をめざすためではなく、個人の多言語に関する様々な能力を総合的に位置づ
けるために提唱されたものである。表面的な指標だけ取り入れて、入試など
のための英語検定試験のレベル分けの基準に矮小化してしまうのではなく、
その背景にある複言語主義の理念や取り組みこそ、日本が参照して日本の事
情にあわせて検討すべきことである。

　日本では、しばしば「多文化主義」などに関してアメリカ合州国やカナ

ダ、オーストラリアの事例が参照されてきたが、移民国家として形成された
うえに代表的な国際語でもある英語を（事実上の）公用語とするため異言語
教育の前提が全く異なるこれらの国の実情は、多言語を考えるうえでは、日
本とは隔たりが大きく、むしろ（大陸）ヨーロッパの事情の方が近い。その
意味で、ヨーロッパの言語状況や言語政策を考えることは、日本を考えるこ
とにつながるのである。

■主要参考文献

・『ヨーロッパの多言語主義はどこまできたか』（ことばと社会別冊１）三元社、
2004 年。
　　EU の公用語問題から少数言語の言語権まで。ヨーロッパの言語問題、言語
政策に関心がある人はまずこの一冊から。

・渋谷謙次郎編『欧州諸国の言語法—欧州統合と多言語主義』三元社、2005 年。
　　欧州評議会、全欧安保協力機構による言語的少数者関連の条約などの文書お
よびヨーロッパ主要 14ヶ国における言語関連法規の日本語訳集。ヨーロッパの
国際機関や各国の言語政策に関するコンパクトな解説が便利。

・原聖／庄司博史編・綾部恒雄監修『講座　世界の先住民族—ファースト・ピー
プルズの現在—06　ヨーロッパ』明石書店、2005 年。
　　ヨーロッパの様々な少数言語の歴史や現状が紹介されている。言語・文化の
多様性を実感することができるだろう。概説として読みやすく書かれている。

・池田雅之／矢野安剛編著『ヨーロッパ世界のことばと文化』成文堂、2006 年。
　　ギリシャ語、ラテン語といった古典語から現代の EU の言語事情まで、ヨー
ロッパの言語文化を多様な角度から分かりやすく取り上げている。ヨーロッパ
の様々な言語文化にふれることができる。

・ダニエル・バッジオーニ（今井勉訳）『ヨーロッパの言語と国民』筑摩書房、

2006 年。

　15 世紀から今日に至るヨーロッパの言語の社会史をたどった大作。分厚い本だが、今日のヨーロッパの言語がどのようにして成立してきたかをおさえるためにこれにまさるものはない。

・ピーター・バーク（原聖訳）『近世ヨーロッパの言語と社会—印刷の発明からフランス革命まで』岩波書店、2009 年。

　ヨーロッパの言語の社会史の主要な流れが（バッジオーニに比べれば）簡潔にまとめられている。史料に基づいて、言語をめぐる様々な興味深い出来事が記されている。

・大谷泰照（編集代表）『EU の言語教育政策—日本の外国語教育への示唆』くろしお出版、2010 年。

　EU および EU 全加盟国（2010 年当時）の言語教育政策をコンパクトに紹介している。

・欧州評議会言語政策局（山本冴里訳）『言語の多様性から複言語教育へ　ヨーロッパ言語教育政策ガイド』くろしお出版、2016 年

　欧州評議会の複言語・複文化主義に基づく言語政策の方針が展開されている。日本にとっても参考になることが多く記されている。

・平高史也／木村護郎クリストフ編著『多言語主義社会に向けて』くろしお出版、2017 年

　日本やヨーロッパにおける多言語教育、少数言語保持、移民、国際的な企業活動に伴う多言語使用を取り上げて、多言語社会のあり方について具体的な事例から考える。

・クロード・アジェージュ（糟谷啓介・佐野直子訳）『共通語の世界史』白水社、2018 年

　ヨーロッパの言語的な歴史と現在を言語多様性擁護の立場から描き出した労

作。大言語から少数言語まで、まんべんなく（と思えるほど）目配りされている。

・クロード・トリュショ（西山教行／國枝孝弘／平松尚子訳）『多言語世界ヨーロッパ 歴史・ＥＵ・多国籍企業・英語』大修館書店、2019 年
　　ヨーロッパの言語社会史から、ＥＵ諸機関、多国籍企業や大学における英語と多言語のせめぎあいまで、幅広く論じている。現状と課題を考える参考になる。

ヨーロッパの宗教

伊達　聖伸

1. はじめに

　明治時代に欧米を視察に訪れた日本人は、近代西洋文明の根底にキリスト教が横たわっていることを見て取った。第二次世界大戦後、日本が高度経済成長の波に乗る時期にヨーロッパに飛び出した人たちの目にも、キリスト教の存在感は大きかったようだ。そうした人たちが残した文章には、ヨーロッパの歴史や文化を理解するにはキリスト教の理解が欠かせない、といったことがしばしば書かれている。

　たしかにそうした見解には、妥当なものが含まれている。しかし今日において、「ヨーロッパの宗教と言えばキリスト教である」と断言することは難しい。キリスト教以外の宗教の信者がヨーロッパに数多く暮らしており、そのことを多くの人が意識しているからだ。とりわけイスラーム教徒が増加していることが、すぐに念頭に浮かぶだろう。

　それでは、「ヨーロッパの宗教と言えば、歴史的にはキリスト教が大きいが、今日ではイスラーム教が台頭している」（さらにはユダヤ教やその他の宗教もある）という記述にすればよいのだろうか。記述は妥当だが、やや不十分である。そもそも「ヨーロッパの宗教とは」と語りはじめる前に、この土地の「歴史性」と「地域性」を意識的に考慮に入れておく必要がある。

　「歴史性」の意識が重要なのは、そうしないと、例えば中世のキリスト教と現代のイスラーム教を同じヨーロッパの「宗教」と見なして、短絡的な比較をしてしまうおそれがあるからだ。両者は同じ「宗教」であるように見えて、社会のなかの位置づけが実はまったく異なっている。このような誤認を避けるためには、政教関係の構造を歴史的に把握しておく必要がある。そ

のような観点から見るならば、中世ヨーロッパの政治や社会を構造化していたキリスト教は、近代において政治権力の脱宗教化を推進するような宗教であったのに対し、現代ヨーロッパにおけるイスラーム教は政治や社会を構造化する力を持っているわけではない、ということができる。

　他方、「地域性」を意識することによって、ヨーロッパを内から眺めるだけでなく、外から一定のまとまりを持つものとして眺めることができる。ヨーロッパの宗教と一口にいっても、実情はまことに様々だが、それらをバラバラに考えるのではなく、根底に横たわっている共通性を見抜くことが肝要である。そうすることによって、ヨーロッパ内の各国や各地域の事情は、大きな一つの潮流の多様な表現として理解することができるだろう。

2. 宗教から見たヨーロッパの地政学的・歴史的特徴

2. 1. ヨーロッパの宗教地勢図の歴史的背景

　今日のグローバル化のなかで、信仰の単一性によって特徴づけられる国や地域は、もはやヨーロッパには存在しない。だが、あえて「支配的な宗教伝統」という観点に立つなら、さしあたり地図を塗り分けてみることも可能だろう（巻頭カラー図❶参照）。歴史の流れをダイジェスト版で確認しておこう。

　東欧では正教会、中欧と西欧ではカトリックが支配的だが、その背景には、395年にローマ帝国が東西に分かれた事情がある。東西の教会はこれ以降別々の道を歩むことになり、1054年には、東ローマ皇帝を首長とするギリシア正教会とローマ教皇を戴くカトリック教会が互いに破門状を出した。バルカン半島には、イスラームが支配的な地域があるが、これは13世紀末に建国されたオスマン帝国の西進に由来するものである。

　イタリア、フランス、スペイン、ポルトガル、その他中欧の国々ではカトリックが優勢だが、ドイツ、スイス、オランダ、イギリス、北欧ではプロテスタントが支配的である。これは、1517年にルターがはじめた宗教改革によるものだ。ドイツの諸地域と北欧ではルター派が広まり、スイスに発する

カルヴァン派は、オランダではゴイセン、スコットランドではプレスビテリアン（長老派）と呼ばれた。イングランドでは英国国教会の体制が確立された。

　神聖ローマ帝国では、1555年に署名されたアウグスブルクの宗教和議により、ルター派がカトリックと基本的に同等の権利を持つことが認められた。これにより、諸侯はカトリックとルター派のどちらを信奉してもよいことになる。「領主の宗教が領民の宗教」（Cujus regio ejus religio）を原則とするいわゆる領邦教会制の考え方が生まれ、これは現在のドイツの宗教地勢図にまでつながっている。その後、三十年戦争（1618～1648年）を経て結ばれた1648年のウェストファリア条約では、ルター派のほかカルヴァン派も承認された。ここに、ドイツの宗教戦争の終結を見ることができる。

　宗教改革の影響はフランスにも及び、カルヴァン派のプロテスタントはユグノーの名で呼ばれた。1598年にアンリ4世が発したナントの勅令によって信仰が容認されたが、ルイ14世の治世下の1685年にこの勅令が廃止され、カトリック信仰の単一性によって特徴づけられる状態がフランス革命の時期まで続く（ユダヤ教徒は外国人のような扱いを受けていた）。

2. 2. 宗教改革と絶対主義国家の意義

　宗教改革を経て、ヨーロッパの「宗教」がどのような姿になったのかを、ここで考えてみたい。

　教会の教えにしたがう信仰生活を送ることを説くのがカトリックの特徴だとすれば、聖書のみにしたがうことを説くのがプロテスタントの特徴だといえる。外的な行動規範に沿うことを重視するのがカトリック的だとすれば、個人の内面の真正さを重視するのがプロテスタント的といってもよいだろう。宗教改革は、信者が神の前に個人として自律するという新しい事態をもたらした。この意味において、プロテスタントは近代的個人主義のルーツだと考えることができる。今日の私たちは、宗教を良心の自由にかかわる問題だと捉える傾向があるが、これは宗教改革の「発明」であるともいえよう（ちなみに、良心の自由および信教の自由は基本的人権の母胎と考えられているが、このことはヨーロッパの宗教史に即して考えると合点がいく）。

　他方、カトリックはローマを中心とする一元的な世界観を前提としているとすれば、プロテスタントは反カトリック的であるだけでなく、プロテスタント内部で様々な分派を作り出していく傾向がある。その点に注目すると、宗教改革のもうひとつの意義は、カトリック対プロテスタントの二元的な対立を超えて、宗教的多元主義の前提をもたらしたことにあると考えられる。

　ところで、宗教的多元主義は、政治とどのような関係を結ぶことによって可能になっているのだろうか。ここで注目したいのは、宗教改革に端を発する宗教戦争を終結させる過程において、まさに国家が宗教を従属させる地位を獲得しながら、「神授権」に基づく絶対主義が生まれたということである。政治は、カトリックやプロテスタントという宗派のしがらみから身を解き放ち、神との直接的な関係に入ることによって、宗派としての宗教を従属させながら、自分自身を宗教的に正当化する。ひるがえって考えるなら、政治が宗派をしたがえるという前提があってはじめて、宗教多元主義を認める「寛容」が美徳になりえる。政治の宗教的自律性の獲得と、宗教的多元主義の承認は相関的なのである。

　今述べたことはかなり抽象的なので、もう少し嚙み砕いていっておこう。絶対主義の時代になって、政治と宗教の上下関係がはっきりした（政治が「上」、宗教が「下」）。ただし、その政治も、神から統治を授けられているという論理を必要としたのである（神授権）。例えば、ルイ13世の宰相として活躍したリシュリューは、フランス王国の政治家にしてカトリックの高位聖職者だが、三十年戦争の際にはプロテスタント国と手を組んでいる。ここには、宗教問題よりも政治問題を優先させる姿勢がはっきりと窺える。

2. 3. 世俗化と非宗教化——「宗教からの脱出」の二類型

　宗教改革からフランス革命にいたる近代国家の形成期には、政教関係が大きく組み変わった。国家が自分自身を宗教よりも上位に位置づけ、宗教をしたがえるようになったということは、政治が「宗教からの脱出」（フランスの哲学者マルセル・ゴーシェの用語）を遂げたことにかかわっている。政治が宗教から自律性を獲得していくにつれて、宗教が社会全体に影響を及ぼす支配力を失っていったことは、近代ヨーロッパにおいて不可逆的な出来事

であったと考えられる。ところで、ヨーロッパにおける「宗教からの脱出」は、二つの類型に大別できる。「世俗化」（secularization）と「非宗教化」または「脱宗教化」（laicization）である。

　「世俗化」は、プロテスタントの国々に特有の現象で、近代化の推進力は、あたかも宗教そのものの内側から湧いてくるかのようにして得られる。宗教的自由の精神は近代法と両立する。宗教は近代的価値と正面衝突せず、むしろ近代的価値と融合して変化する。宗教は社会全体を構造化する力を少しずつ失っていくが、ローマ・カトリックとの断絶を示す宗教的権威がしばしば国教会や近代市民社会と適合的な教会に体現されるため、こうした教会が公的領域に長く据え置かれ、近代社会の道徳的規範として機能し続ける傾向がある。そのため、社会構造における宗教の位置はなかなか動かないが、規範の担い手としての意味は、やはり長期のうちには徐々に薄れていく。その意味で世俗化は、とりわけ社会的・文化的なレベルにおける潜在的でゆっくりとした動きを指す。

　これに対し、「非宗教化」ないし「脱宗教化」は、カトリックの国々に特有の現象で、近代の諸価値と宗教が相容れなくなる結果、しばしば国家と教会は正面衝突する。闘争の期間自体は比較的短期で、政治的な法体系と宗教的な規範が切り離される傾向がある。フランスのライシテがその典型である。これは、政治の宗教からの自律を前提として、国家と教会を分離するもので（政教分離）、政治を公的なもの、宗教を私的なものと規定する（これを宗教の「私事化」という）。良心の自由、信教の自由は私的領域において保障され、政治は諸宗教に対して中立性を守るとされる。様々な制度は宗教から自律し、固有の法則にしたがって制度化される傾向がある（社会学の用語では「機能分化」という）。政治的なレベルにおける顕在的な世俗化であると見なすこともできる。

3. ヨーロッパ各国の政教関係の基本構造

　ここでは、ヨーロッパ各国の政教関係の構造を網羅的に論じることはできないが、前節で述べたことを手がかりに、モデルをなすと思われる国々に具

体的な分析を加えたい。以下順に、ライシテの論理が支配的と思われるカトリック系の国々、世俗化の論理が優勢と思われるプロテスタント系の国々を取り上げ、列柱型という特色あるモデルに言及し、東欧および中欧のいくつかの事例と、紛争地域における宗教のあり方を見ていこう。

3. 1. カトリック系の国々——フランス、スペイン、ポルトガル、イタリア

　宗教改革後も王権がカトリック教会と結びついた国としては、フランス、スペイン、ポルトガル、イタリアが代表的である。ライシテの原理を憲法レベルで規定しているフランスでは、宗教を私的なものと見なす傾向が強いが、残りの国についていえば、公的空間おけるカトリックの存在感はフランスよりも大きい。

　フランスでは、1789 年の大革命が起こるまで、カトリックが国教だった。革命期の宗教政策は二転三転したが、1801 年にナポレオンが教皇庁と締結したコンコルダート（政教条約）により、カトリックは「フランス人の大多数の宗教」と規定されるにとどまった。こうして法と宗教は分離されたが、宗教は依然として社会的に有用であると考えられ、カトリック、プロテスタント、ユダヤ教を公認宗教とする体制がおよそ 100 年間続くことになる。

　19 世紀のフランスでは、共和派とカトリックが政治のヘゲモニーをめぐって「二つのフランスの争い」と呼ばれる抗争を繰り広げた。政体も目まぐるしく変転したが、普仏戦争の敗北を受けて 1870 年に成立した第三共和政は、1880 年前後から一連の反教権主義的政策を推し進め、教育のライシテを確立し、政教分離法を制定する。

　1905 年の政教分離法は、公認宗教制を廃止して宗教を私事化する一方、良心の自由と礼拝の自由を定めている。フランスのライシテの基本法とされ、西洋近代国家の政教関係モデルのひとつの典型を示している。そこにあるのは、宗教は私的領域においては信仰も実践も自由だが、公的領域に持ち込んではならない、という発想である。実際には、何をもって公と私を分けるのかは非常に複雑で、この国でも宗教が公共的な役割を担う場面はあるが、「フランスでは公私の分離に対応した厳格な政教分離体制が敷かれてい

る」といわれるのも、ゆえなしとしない。

スペインの近代国家形成は、イスラーム教徒からイベリア半島を奪回する国土回復運動（レコンキスタ）の延長線上に位置づけられ、カトリックという宗教的アイデンティティがスペイン人としてのアイデンティティの重要な要素になった。ナポレオンの侵略も、スペイン人とカトリックの結びつきを強化した。しかし、この結びつきがいわゆる世俗的な価値観に基づく近代国民国家を形成するうえでの妨げにもなり、フランスと同じように、自由主義的なスペインとカトリック的なスペインが「二つのスペイン」の争いを繰り広げることになる。

1851 年のコンコルダートは、自由主義的な国家体制のなかでカトリックを実質的な国教とした。しかし、1868 年の 9 月革命が起こると、この規定は廃止された。ところが今度は 1874 年の王政復古により、教会と国家が再び結束を強める。1912 年憲法には「国家の宗教は現在および将来にわたってカトリックである」、「他の宗教の実践を禁ずる」と記されている。第二共和政期（1931 ～ 1936 年）には、国家と教会の分離がなされたが、スペイン内戦を経てフランコが実権を握ると、カトリックは再び国教となる。

フランコ政権崩壊後、政教関係を再定義する必要が生じ、1978 年憲法、同年に締結されたヴァチカンとの協定、1980 年に制定された信教の自由に関する法律の三つにより、現在のスペインは政教分離体制を敷いている。ただしこの分離は、20 世紀初頭のフランスに見られた反教権主義的なものというより、むしろカトリック教会の特別な地位を承認する性格のものである。このことは、第二ヴァチカン公会議を経て近代化した教会が、フランコ政権を打倒する民主化のプロセスの流れのなかにあったことと無縁ではない。

ポルトガルの政教分離も、承認と協力の分離と見なすことができよう。分離を定めた憲法と、教皇庁と締結したコンコルダートがともに有効で、公立校では聖職者による宗教教育が行われ、宗教婚と民事婚は同等の価値を持つ。

教皇庁のお膝元イタリアの政教関係は、対立から協力へと変化した。イタリア王国は 1870 年にローマの教皇領を併合し、自由主義政権は初等教育の

脱宗教化を目指した。このためヴァチカンは、長い間イタリア国家を承認しなかった。

1929 年にムッソリーニが締結したラテラノ条約により、ヴァチカンはカトリックを国教とする国家としてイタリアを承認した。ファシスト政権崩壊後も条約の実質的内容は維持され、1948 年憲法はラテラノ条約を包摂する形で、イタリア国家とカトリック教会がそれぞれ固有の領域において独立の主権を持つと定めている。

第二ヴァチカン公会議で信教の自由が承認されたことで政教関係を見直す動きが生まれ、1984 年にカトリックはイタリアの国教ではなくなった。社会は少しずつ教会の重みから解放され、学校での宗教の授業は選択制になり、堕胎も合法化された。とはいえイタリアでは、今でも国民の 9 割以上がカトリックの洗礼を受け、教会の公共的な役割は大きい。

3.2. プロテスタント系の国々——イギリス、デンマーク、スウェーデン、ドイツ

カトリック系の国々と比較した場合、プロテスタント系の国々では宗教が多文化主義の構成要素と見なされていることが特徴的である。世俗化は進んでいるが、多元的な宗教の集団活動は社会生活のなかで一定の位置を占めている。

イギリスは、国教体制を敷くヨーロッパで数少ない国の一つである（イングランドでは英国国教会、スコットランドでは長老派教会が国教、ウェールズと北アイルランドは事実上政教分離）。主権者（国王・女王）は国教会の長でもあり、即位の際には国教会の守護を誓約する。カンタベリー大主教とヨーク大主教は首相の助言を得て国王が任命することになっており、この 2 人の大主教と 24 人の主教は上院に議席を持つ。このように英国国教会は、他の宗教にはない特権を有しているが、他方では教義・礼拝・人事の面で議会の制約を受けている。

非国教徒は、1689 年の宗教寛容法の対象となり、19 世紀になるとカトリックやユダヤ教徒に対する法的差別も撤廃されていった。現在のイギリスでは、非国教会の宗教は「チャリティ団体」として、様々な社会活動に従事している。自由に制約のある国教会より、公益性のあるボランティア活動に

取り組む宗教団体のほうが、社会的にダイナミックな存在感を示しているとさえいえるかもしれない。イギリスの宗教多元主義は、文化や宗教の固有性に基づく集団の社会活動という形で表れる傾向があり、この「共同体主義」は比較的ポジティヴな意味合いを帯びている（同じ言葉がフランスでは、自律した個人と一般意志からなる共和国的統合を妨げるものとして、完全にネガティヴな意味を帯びる）。

　今日のイギリスでは、英国国教会の特別な地位は他宗教に対して抑圧的に機能してはおらず、宗教間の平等が実質的に達成されているといってよい状態になっている。このことは、イギリスの政教関係が「世俗化」の論理にしたがって漸次的に変容したことを示している。英国国教会が国教の地位にあることは動かないが、現在の実態はナショナル・アイデンティティの象徴として名残をとどめているというのに近い。英国国教会も時代に適応しており、1990 年代には女性を聖職者に叙任することができるようになった。

　デンマークではルター派が国教で、教区の聖職者は公務員である。住民には教会税が課されるが、ルター派でないことを申告すれば免除される。国教以外の宗教は、礼拝目的の補助金を受けることができないが、社会活動の補助金は受けられる。国教体制を敷きつつ宗教の自由を保障している点はイギリスと似ているが、デンマークのルター派教会は集権的な機構を備えておらず、国の政治的アイデンティティを特徴づける性格は弱い。

　スウェーデンは、宗教改革以来ルター派が国教の地位を占めてきたが、2000 年に国教が廃止された。これは、社会レベルの世俗化が進んだ結果、ついに制度レベルの非宗教化を引き起こした例として興味深い。

　ドイツは連邦国家で、宗教問題は原則的にラントの管轄である（ラントは「州」に相当するが、ベルリン、ハンブルク、ブレーメンといった「市」も含む）。各ラントによって宗教状況は異なるが、一般に北はプロテスタント、南はカトリック人口が多い。

　ドイツに国教会は存在しない。1919 年のワイマール憲法は、国家と教会を分離し、宗教の自由を保障している。現行憲法（1949 年の基本法）も、宗教制度に関してはヴァイマール憲法の路線をほぼ踏襲している。ただし、フランス型の分離とは異なり、ドイツの政教分離は国家と教会の一定の協力

関係を前提としている。フランスに比べると、ドイツの社会生活における諸教会の重みはかなり大きい。宗教団体は公法上の社団としてその地位が保証され、国家は教会税の徴収を代行する（教会税は中世の10分の1税の流れをくむもので、現在の税率はおよそ8〜9%に設定されているが、近年では教会離脱者増加の原因にもなっている）。

第二次世界大戦後、自由主義陣営の西ドイツでは工業化と世俗化が進行したが、必ずしも宗教の社会的存在感が薄れたわけではない。これに対し、共産主義陣営の東ドイツでは、宗教は抑圧された。東西ドイツ統一後、ドイツの西と東では、公立校での宗教教育や堕胎の問題について、人びとの見解がしばしば食い違っている。

3.3. 列柱型——ベルギー、オランダ

ベルギーはカトリック系、オランダではプロテスタント系だが、両国の政教関係はともに「列柱型」に分類することができる。いくつかの宗教が文化の柱となって並んでいる。ある宗教に属している信徒は、その宗教のコミュニティのなかで生きる。多文化主義的な社会の政教関係を規定する型のひとつだが、特徴的なのは、宗教的世界観と世俗的世界観が、価値の観点から横並びに扱われていることである。つまり、世俗主義（ライシテやヒューマニズム）が、宗教と並ぶ文化の柱に見立てられているのである。

ベルギーでは、1830年8月に革命が起こり、翌年に憲法が制定された。宗教的自由の保障を盛り込んだこの憲法は、自由主義者とカトリックの妥協の産物で、教会と国家の相互の独立を謳う一方、教会に対する国家の財政支援を定めている。「分離公認制」と呼ばれる体制である。1831年憲法で公認宗教とされたのはカトリックとプロテスタントだが、その後、英国国教会（1835年）、ユダヤ教（1870年）、イスラーム教（1974年）、正教会（1985年）が加わった。「非宗派の哲学」も「公認」されていて（1970年）、ライシテの団体の職員も、聖職者と同じように国家から俸給を受け取っている。

オランダでは、1848年憲法に宗教の法的平等が定められ、プロテスタント、カトリック、ヒューマニズム（自由主義と社会主義）を三つの軸とする「列柱化」が進められた。1917年の憲法改正では、公教育と私教育が完

全に同等であることが確認された。こうしてオランダは、公的資金を投入して列柱間の平等の実現に努めてきたが、1983 年の憲法改正では、国家はもはや宗教活動に資金援助しないことが定められた（ただし、列柱が支える教育・医療・福祉などの公共サービスに対する補助金は出る）。

　法的な政教分離がなされた年を取り出すと、ベルギーが 1831 年、オランダが 1983 年で、150 年以上の隔たりがある。しかし両国とも「列柱型」の社会で、宗教の社会的位置は似通っている。教育・医療・組合・政党などは「柱」ごとに組織されており、学校・病院・監獄・軍隊などの施設には、聖職者と同等の資格を持つ世俗のヒューマニストがいる。列柱間の平等が理念として意識されているが、事実上最もよく整備されているのはカトリックである（ベルギーもオランダも同様）。

　「列柱型」の社会では、宗教や文化に基づく集団の権利が保障される。しかしそのことは、自分と異なる他者を理解することには、必ずしもつながらない。むしろ「列柱化」の推進は、社会を断片化し、列柱「間」の交流を阻害してしまう面がある。そこから生じる無理解は、対立や暴力にも発展しかねない。このような問題点を踏まえ、近年では「脱列柱化」の必要性も唱えられている。

3. 4. 東欧と中欧——ロシア、ギリシア、ポーランド、チェコを事例として

　冷戦時代に共産主義陣営に組み入れられた国々を比較すると、東欧諸国の多くはもともと正教会系であり（ロシア、ルーマニア、ブルガリア）、中欧諸国にはカトリック系が多い（ポーランド、スロヴァキア、ハンガリー）。

　正教会の特徴は、民族・国家単位で教会が組織されていて、国ごとに総主教がいることだ。これは、カトリックがローマを総本山とする一つの組織であるのと対照的である。ギリシアにはギリシア正教会、ロシアにはロシア正教会、ルーマニアにはルーマニア正教会といった具合で、国家は長い歴史のなかで自国の正教会を護持してきた。

　ロシアでは、ロシア正教が帝政時代の国教で、社会組織や人びとの習慣に深く入り込んでいた。1917 年にロシア革命が勃発すると、ボルシェヴィキは 1918 年憲法のなかで、国家と教会の分離、学校と教会の分離を定め、良

心の自由、宗教または反宗教を布教する自由を認めた。それまで聖職者が管理していた戸籍は当局が管理することになり、公立・私立を問わず学校での宗教教育が禁じられた。教会や宗教団体は法人格を持つことができず、建造物や財産は国家の管理下に置かれた。これは事実上、制度としての宗教の存在を認めないということである。1920 〜 30 年代には宗教弾圧が吹き荒れ、無神論が事実上ソビエト連邦の「国教」となる。スターリンには反宗教政策をやや弱めたところがあるが、それは宗教を人民統治に利用するためで、宗教に自由を与えるためではなかった。

　1977 年になって、いかなる宗教を信奉してもしなくてもよいことが憲法に書き込まれた。もっとも、ここでいわれている宗教の自由に実質的な内容が与えられるのは、やはりソ連崩壊後のことである。1993 年憲法は、ロシア連邦は世俗国家で、国家から分離された宗教団体は法の前に平等であると謳っている。しかしながら、実際にはロシア正教会と政治権力の結びつきが強まっている。復権したロシア正教は、今日のロシアのナショナル・アイデンティティの一角を形成しているといっても過言ではない。他方、1997 年の法律は、ロシア正教のほかに、イスラーム教、ユダヤ教、仏教を「ロシアの伝統宗教」と認めている。特にムスリム人口は、南部を中心に 1,500 〜 2,000 万人を数えるといわれ（国民の 10 〜 15％に相当）、今後のロシア社会におけるイスラーム教の行方が注目される。

　バルカン半島に位置するギリシアは、地理的にはヨーロッパの東に位置するが、冷戦時代に東側諸国に組み入れられたわけではない。むしろ政治的・経済的には西ヨーロッパのほうを向いており、ギリシアが現 EU の拡大プロセスに入ったのは 1981 年と比較的早い。文化的・宗教的には正教会の影響が大きいが、そのことを理解するには、西側のカトリック世界とプロテスタント世界だけでなく、ギリシアの東に広がるイスラーム世界との対抗軸も意識しなければならない。

　ギリシアの近代国民国家建設は、オスマン・トルコからの独立戦争（1821 〜 1832 年）の文脈にあり、ナショナル・アイデンティティとしてのギリシア正教が強化された。現行の憲法はギリシア正教を「ギリシアの支配的宗教」と規定しており（第 3 条）、国民の 95％はギリシア正教に属している。

宗教の自由は保障されているが、ギリシア正教が事実上国教の地位にある。国家は正教会のほぼ全支出を賄い、聖職者は国家から俸給を受け取る公務員である。学校では、ギリシア正教の教義と信仰にのっとった宗教教育が行われている（免除申請は可）。2000 年まで、ギリシアは EU 諸国のなかで唯一、身分証明書に宗教の所属を書き込む欄を設けていた。

　ポーランドは、ヨーロッパにおけるカトリック世界の「東の砦」に当たる。その「辺境的」な地理的条件が、ナショナル・アイデンティティと宗教的アイデンティティの結びつきを、歴史のなかでしばしば強めてきた。1795 年から 123 年間、ポーランドはロシア・プロシア・オーストリアによる分割支配を経験し、地図上から国家が姿を消したが、そのとき三つの帝国領にまたがる唯一の機関がカトリック教会だった。1918 年から 1939 年まで、ポーランドのカトリック人口は約 60％だったが、ナチス・ドイツの占領下でユダヤ人が大量虐殺され、また第二次世界大戦後には国境の再画定や人口移動の結果、国民のほとんどがカトリックになる状況が生じた。

　ポーランドは冷戦時代には東側に組み込まれ、共産主義体制はカトリック教会と国民の結びつきを断とうとしたが、その企ては失敗に終わった。ヴィシンスキ枢機卿は、マリア信仰を奨励してポーランドの民衆を引きつけ、ヴォイティワ枢機卿は 1978 年、ポーランド人としてはじめて教皇に選出された（ヨハネ＝パウロ 2 世）。ポーランドの民主化を推進した自主管理労組「連帯」を率いたワレサ議長は熱心なカトリックで、カトリック教会も 1980 年代の民主化の流れを支援した。

　現在でもポーランドは、カトリック信者が国民の 9 割を数えるが、国家からは分離されており、教会出席率や聖職志願者は減少している。カトリックがポーランドの民主化を導いた面があったことは確かだが、近年では旧共産主義政権とカトリック教会の「癒着」についての問い直しも出てきているようだ。

　中央ヨーロッパで特異なのはチェコで、国民の 4 分の 3 が無宗教または無神論である。15 世紀初頭に教会を批判して火刑に処され、宗教改革の先駆者とされるヤン・フスの名で知られるこのボヘミアの地には、いわば反カトリック的な気風があって、ルターの宗教改革が急速に浸透する一方、ハプ

スブルク家が推進した対抗宗教改革はしばしば困難に直面した。チェコの人びとが反カトリック、反ハプスブルクの感情を抱いていたことは、1918年に成立したチェコスロヴァキアが憲法によって良心の自由を保障すると、およそ20%のカトリックが棄教したといわれていることからも窺える。宗教離れは共産主義時代に拍車がかかり、1993年のチェコとスロヴァキアの分離以降も、その流れは続いている。スロヴァキア人の約7割がカトリックであるのと対照的である。

3.5. 紛争地域における宗教的要因の活性化

「民族のモザイク」「ヨーロッパの火薬庫」の呼び名で知られるバルカン半島の歴史には、東ローマ帝国（ギリシア正教）、オーストリア・ハンガリー帝国（カトリック）、オスマン帝国（イスラーム）の影響が見られ、民族や宗教が複雑に入り組んでいる。第二次世界大戦後、チトーは六つの国からなるユーゴスラヴィア社会主義連邦共和国を率いて、資本主義陣営に向き合いながら、ソ連主導の社会主義陣営に属さない路線を歩んだ。東西冷戦の対立構造が、多民族・多宗教のユーゴスラヴィアに、一定のまとまりを与えていたのである。セルビア、モンテネグロ、マケドニアは正教会系、スロヴェニア、クロアチアはカトリック系、ボスニア・ヘルツェゴビナには、セルビア人やクロアチア人のほか、多くのイスラーム教徒がいた。1968年、彼らは「民族」として承認された。このような「ムスリム人」の概念は、世界的に見てもかなり特異なものである。

チトーの死後、セルビア民族主義者のミロシェビッチは、セルビア領内のコソボ自治州に多く住むムスリム系のアルバニア人を弾圧した。この動向を見た連邦内の諸国は危機感を強め、1991年から92年にかけて、スロヴェニア、クロアチア、マケドニア、ボスニア・ヘルツェゴビナが独立を宣言、内戦状態となる。特にボスニア紛争（1992〜95年）では、言語も風貌もほとんど変わらない人びとのあいだで、宗教または民族の違いを理由とする殺戮が繰り広げられた。コソボ紛争（1998〜99年）でも、正教会系のセルビア人とムスリム系のアルバニア人の双方に多くの死者が出た（コソボは2008年に独立を宣言）。冷戦構造が解体していくなかで、それまで潜在的

な状態にとどまっていた民族や宗教の対立が、暴力によってエスカレートした悲劇的な事例と見なすことができよう。

　現在のボスニアでは、セルビア人が 3 割強、クロアチア人が 1 割強、そして新たにボシュニャック人と呼ばれるようになった人びとが人口の半数を上回っている。セルビア人であればセルビア正教徒、クロアチア人であればカトリック、ボシュニャック人ならばムスリムと、人びとの所属するネーションと宗教が一致する格好になっている。

　バルカン半島の宗教紛争が、共産主義体制の瓦解によって引き起こされたナショナリズムの高揚という構図で捉えられるとすれば、北アイルランド紛争の背景にあるのは、イギリスの植民地支配からいかに抜け出すのかという課題である。

　アイルランドは長い間イギリスの植民地支配下にあり、カトリック系住民は入植者のプロテスタントから様々な差別を受けてきた。このため、カトリックはアイルランドのナショナル・アイデンティティの形成に大きな役割を果たした。イギリスとの独立戦争（1919 〜 21 年）によって、南アイルランドはイギリス連邦内の自治領「アイルランド自由国」として独立したが（連邦を脱して現在の「アイルランド共和国」となるのは 1949 年）、プロテスタントの多い北アイルランド（アルスター 6 州）はイギリス領にとどまった。

　1960 年代の公民権運動の高まりのなかで、北アイルランドのカトリック系住民は、差別撤廃を求めて立ちあがったが、政府はデモを厳しく取り締まった。これが武力衝突にまで発展し、イギリス軍が加わった北アイルランド警察と、IRA（アイルランド共和軍）の急進派の間に暴力の応酬が続いた。たしかに、イギリスとの関係を維持する立場の「ユニオニスト」はプロテスタント系、南北アイルランドの統一を唱える「ナショナリスト」はカトリック系である。しかし、武力抗争の背後にあるのは、宗教的な教義の違いというより、歴史のなかで培われてきた政治的・経済的・社会的な格差である。

　北アイルランド紛争は 1998 年に和平合意がなされ、一応の小康状態に入ったが、本質的な問題は未解決のままだ。首府ベルファストの住民は、所

属する宗教によって住む区域がほぼ決まっており、相互理解には大きな壁が立ちはだかっている。

　バルカン半島や北アイルランドの事例は、たしかに宗教紛争ということができる。しかし、宗教の違いが必然的に暴力的な対立を生むわけではない。解決しがたい積年の問題に宗教という要因が絡むと、いっそう解決が難しくなると分析すべきである。

4. 現代ヨーロッパにおける宗教回帰?

　近代ヨーロッパは、キリスト教という宗教からの脱出によって特徴づけられ、政教関係については、フランスのライシテが典型であるように、国家と教会の分離を実現する方向を目指してきたとすれば、現在の動向において特徴的なのは、宗教復興の潮流である。しかしながら、それは政治や社会を再び宗教によって構造化しようとするものではない。課題は、政教分離体制の枠組みのなかで宗教の公共的な役割をどのように認めていくことができるか、という形で定式化されている。

4. 1. イスラーム系移民とスカーフ問題

　現在ヨーロッパには、およそ 1,600 万人のムスリムが暮らしていると言われる（ロシアとトルコを除く）。ドイツのムスリムの大部分はトルコから来ているが、フランスの場合はマグレブ三国、イギリスではパキスタンまたはインドの出身が多く、根強く残る旧宗主国と旧植民地の支配従属関係が深い影を落としている（巻頭カラー図❷参照）。

　第二次世界大戦後、アジアやアフリカからヨーロッパに来ていたムスリムの大半は、出稼ぎ目的の男性単身労働者であった。もともと彼らに定住志向があったわけではない。社会も彼らをイスラームという宗教の「信者」であるとはほとんど認識していなかった。ところが、1973 年のオイル・ショックで、ヨーロッパ各国が新規移民の受け入れを制限すると、家族の呼び寄せがはじまった。家庭という場ができると、イスラームの実践が重要性を増す。ムスリムは、ムスリムとしてのアイデンティティを強めていく。

　イスラームの社会的な存在感と可視性が増すと、長引く景気の低迷のな
か、彼らに対する嫌悪感や差別感情が生まれてくる。「イスラモフォビア」
（イスラーム嫌い）は、すでに 1980 年代から社会現象化していたが、2001
年の 9.11 以降にさらなる強まりを見せた。以下では、フランスの「ヴェー
ル禁止法」制定の流れとドイツの「ルディン裁判」がもたらした逆説につい
て見ていこう。

　フランスで、いわゆる最初の「イスラーム・スカーフ事件」が起こったの
は 1989 年である。パリ郊外の公立校に女子中学生がスカーフを着用して登
校、校長が外すよう求めたことがきっかけである。スカーフ着用の是非は、
国内の世論を二分する大論争になったが、この時点では、着用を理由に退学
させることはできないとされ、「容認」が原則だった。ところが 2004 年の
法律は、公立校でのスカーフを「禁止」とした。2010 年には、顔および全
身を覆うヴェールである「ニカブ」や「ブルカ」を公共の場で着用すること
を禁じる法律が制定された。2016 年には、南仏の自治体の首長たちが浜辺
での「ブルキニ」（言葉のうえでは「ブルカ」と「ビキニ」を組み合わせた
ムスリム用の水着。顔は見える）着用を条例で禁じ、その妥当性をめぐる論
争が起きた（国務院は条例を無効とする判断を下した）。

　たしかに、この一連の流れはフランス社会におけるイスラモフォビアを示
す現象だと考えられる。しかし、これらの流れは「ライシテ」というフラン
ス独自の厳格な政教分離に由来すると理解するならば、それは不正確であ
る。というのも、第一に、ライシテの原則を示すことを目的に 2003 年に設
けられたスタジ委員会は、フランス共和主義の立場から公立校での宗教的標
章の禁止を提言する一方で、宗教的多様性に配慮した共生の実現のための提
案も数多くしているからである。第二に、2004 年の法律は曲がりなりにも
「厳格なライシテ」の論理に合致するが、2010 年の法律が依拠しているの
は「治安」という概念で、もはやライシテという言葉は出てこないからであ
る。

　ドイツでは、1998 年にアフガニスタン出身の女性フェレシュタ・ルディ
ンがシュトゥットガルトで教員採用試験を受けたが、スカーフ着用の希望を
表明し、採用されなかった。ルディンはこれを不服として裁判を起こし、行

政裁判所では敗訴したが、2003年の連邦憲法裁判所の判決は、原告の求めるスカーフ着用は教員としての適性を欠くことにはならない、というものだった。こうしてルディンは勝訴したのだが、そのことでかえってドイツにスカーフ着用禁止の流れを作ることになってしまった。

というのも、連邦憲法裁判所の判決は、あくまで原告個人の訴えを聞き入れたものであって、ムスリム女性教員一般のスカーフ着用を認めたものではなかったからだ。連邦国家のドイツでは教育の分権化が進んでおり、教育政策はラント（州や市）の管轄に属するが、教員の服装規定はそれまで特に設けられていなかった。それがルディン裁判の結果を受けて、多くのラントで教員のスカーフを禁止する措置が取られるようになったのである。なお、この措置は教師に対するものであって、生徒のスカーフ着用は問題になっておらず、この点でフランスとは異なっている。

他の国のイスラモフォビアの例にも言及しておこう。オランダでは1980年代以来、ムスリム移民の言語・文化を多文化主義の枠組みのなかで保護してきたが、2004年に映画監督テオ・ファン・ゴッホがイスラーム過激派の青年に暗殺されると、モスクやイスラーム系学校への放火が相次いだ。社会の分断が明るみに出て、モザイク状の「列柱型」社会の限界が指摘されている。イギリスでも、2005年夏にロンドンで起こったテロ事件を受けて、「多文化主義」路線の政策が見直しを迫られている。スイスでは2009年11月、ミナレットの建設を禁止する法案が可決された。デンマークの新聞社が2005年秋に掲載したムハンマドの風刺画は、表現の自由か宗教の尊重かという問題を投げかけ、翌年初頭に世界的に大きな話題になった。このときムハンマドの風刺画を転載したフランスの「シャルリ・エブド」紙は、その後も過激な風刺を続け、2015年1月には本社がイスラーム過激派の襲撃を受け、漫画家たちが殺害された。

これらの事例から浮び上がってくるのは、第一に、ヨーロッパ各国におけるイスラームの統合のあり方は、その国の歴史的事情を反映しているということである。第二に、どの国も、現状においてイスラーム統合に成功しているとはいいがたいということである。しかしながら、そこから「ヨーロッパ対イスラーム」という宿命的な構図をこしらえあげるべきではないだろう。

イスラームはすでにヨーロッパの歴史における宗教的遺産をなしているし、大部分のムスリムはヨーロッパの慣習や価値観に馴染んでいて、いわゆる「イスラーム過激派」は実際にはごく少数である。他方で、テロの脅威も現実かつ深刻なものである。このような認識に立ったうえで、様々な偏見や格差があることを克服し、共生を実現していくことが求められているといえるだろう。

4. 2. ヨーロッパの（非）宗教的アイデンティティ

ヨーロッパはいかなる宗教的アイデンティティを有しているのだろうか。この問いは、特に 2000 年以降、EU 憲法の作成過程において登場してきたものである。

ヨーロッパの宗教的アイデンティティが問われるということは、ヨーロッパ統合が目指してきた方向性が変化してきたことを示すものだ。EU の礎石を築いた一人、ジャン・モネの名に由来する「モネ方式」とは、最終的な統合の青写真を描くことなく、機能重視の統合を漸進的に進める方法を指す。そもそもヨーロッパ統合は、市場経済や科学技術の分野に力点があって、当初はヨーロッパ人にヨーロッパ人としての自覚を持たせることが重要だとは考えられていなかった。だが、グローバル化の進展につれて、市場統合を超えたところにヨーロッパのアイデンティティの拠り所を見出すことが必要だと考える人たちが出てきた。ヨーロッパにおいて、国家を超えるアイデンティティとなりえるものには何があるだろうか。それが言語や人種ではありえない時、宗教ではどうだろうか。

「EU の父」と呼ばれるロベール・シューマン（フランス）、コンラート・アデナウアー（ドイツ）、アルチーデ・デ・ガスペリ（イタリア）は、3 人ともキリスト教民主主義の流れをくんでいた。ただし当時は、「ヨーロッパのアイデンティティとしてのキリスト教」をあえて打ち出す必要がなかった。それを強く唱えるようになったのは教皇ヨハネ＝パウロ 2 世の時代で、東西ヨーロッパに共通するキリスト教がヨーロッパ文明のアイデンティティであるという考えがクローズアップされてきた。

このような状況で EU 憲法条約の策定が始まり、ヨーロッパの「宗教的

遺産」という言葉をめぐる論争が起こる。2000年秋、ライシテの国フランスではシラク大統領（右派）とジョスパン首相（左派）がコアビタシオン（保革共存）政権を運営していたが、双方とも「宗教的遺産」の文言に異議を唱え、「精神的・道徳的遺産」という表現を対案とした。

　他方、キリスト教民主主義系の欧州議会議員は、「宗教的遺産」の文言に「とりわけキリスト教の」という言葉を付け加えることを提案した。ヨーロッパの歴史においてキリスト教が果たした役割が大きいことは事実だとしても、キリスト教をヨーロッパのアイデンティティとして特権化することは、暗に啓蒙主義の伝統や、ユダヤ人やムスリムがもたらしたものを軽んじることになりかねない。

　結局EU憲法条約には、「ヨーロッパの文化的・宗教的・人道的な遺産」という言い回しが用いられ、全加盟国（当時25か国）が署名した。しかし、この憲法条約自体はフランスとオランダの国民投票で否決されることになる。とはいえ、批准手続きが暗礁に乗りあげたおもな原因は、ヨーロッパの宗教的アイデンティティをめぐる問題にあったわけではない。代わりに発効したリスボン条約では、「ヨーロッパの文化的・宗教的・人道的な遺産」という、EU憲法条約とまったく同じ表現が使われている。

4.3. トルコから「ヨーロッパ」を考える

　ヨーロッパのフロンティアとアイデンティティを問う時、トルコという国の存在は興味深い。国土の96％は「アジア」だが、残りの4％はヨーロッパにある。首都イスタンブールは、ヨーロッパとアジアの二つの大陸にまたがっている。また、トルコは1999年以来EU加盟候補国となっている。もっとも、加盟交渉はあまり進展しておらず、2000年代に大きく拡大したEUも、現在ではブレグジットに揺れるなど、一つの転機を迎えている。

　宗教に着目するなら、トルコの人口の98％はムスリムで、ヨーロッパの宗教的アイデンティティをキリスト教に求める立場からすれば、トルコはヨーロッパとはいえないという考え方につながる。しかしながら、トルコはイスラーム国家ではなく、ライシテに基づく共和国なのである。

　近代トルコ建国の父アタテュルクは、オスマン・トルコと手を切って西洋

化とナショナリズムを進めるにあたり、フランスのライシテを参考に、世俗主義（ラーイクリキ）の国家を作りあげた。ただしこのトルコ流のライシテは、政教分離によって私的な領域における信教の自由を十全に保証するものというよりは、イスラーム教を管理統制する権威主義という趣が強い。

　第二次世界大戦後、複数政党制が導入されると、イスラーム勢力の復興が進むが、他方で軍部は 1960 年と 1980 年の二度にわたって軍事クーデタを起こし、国是としてのライシテを確認する。トルコ現代史には、ライシテが軍部と、イスラームが民主主義と結びついてきた側面がある。あえて単純な図式化をするならば、トルコでライシテを推進することは、ともすると反民主的な含みを持ち、民主主義を理念とするヨーロッパからは遠ざかる印象を与える傾向がある。他方、民主化と結びついたイスラーム復興は、ヨーロッパの宗教といえばキリスト教であると考える人からすれば、ヨーロッパのイメージにそぐわない印象を与えるかもしれないが、民主的という点ではヨーロッパの理念に近づく面がある。

　とはいえ、一見逆向きのライシテとイスラームは両立しうるし、民主化と権威主義化も同時進行しうる。親イスラーム政党である福祉党の流れを汲む公正発展党（AKP）は、2002 年に政権を獲得して以来、国是であるライシテを掲げながらイスラーム的な政策を実行してきた。2008 年には、公的な場においてイスラームのヴェールの着用を認める法律が制定された。イラン、イラク、シリアと国境を接するトルコは、混乱を深める「中東」においてほとんど例外的に長期に渡って安定政権を維持している「大国」である。2014 年に「イスラーム国」が「建国」され、繰り返されるテロ行為の標的ともなったトルコでは、治安強化とともに強権化も進んでいる。

5. おわりに

　今日の私たちにとっては、ヨーロッパの近代が唯一の近代ではないことは常識である。しかし、世界史のなかで近代が生まれた場所となると、それはやはりヨーロッパだという言明を真っ向から否定することは難しい。そのヨーロッパの近代は、キリスト教からの脱出というプロセスをたどった。そ

のため、近代化とは宗教から解放されることであるという通念も、長い間、世界の多くの場所で共有された。しかし、現代世界における宗教復興の動向を念頭においてヨーロッパの歴史と現状を眺めるならば、むしろヨーロッパのモデルが例外的に見えてくる面がある。例えば、アメリカでキリスト教保守派が政治的な場面で影響力を行使している様子や、1979年のイラン革命から2011年の「アラブの春」までのイスラーム復興を念頭に浮かべてみよう。そこでの「宗教」の姿がいかなるものであるかは別に考えなければならないが、かつて前提とされていたのが「普遍的なヨーロッパの世俗性」なら、現在印象的なのは「世俗的なヨーロッパの地域性」である。

＊本稿は、上智大学外国語学部編『ヨーロッパ研究のすすめ』（2012年）所収の拙稿「ヨーロッパの宗教」に加筆したものである。

■主要参考文献

・マルセル・ゴーシェ『民主主義と宗教』（伊達聖伸・藤田尚志訳）トランスビュー、2010年（原1998年）

　　近現代ヨーロッパにおける「宗教からの脱出」を、民主主義の歩みと関連づけながら考察するもの。小著だが、理論的射程は大きい。

・ホセ・カサノヴァ『近代世界の公共宗教』（津城寛文訳）玉川大学出版部、1997年（原1994年）

　　近代化が進めば宗教は世俗化するという通念を大きく相対化した一冊。宗教の私事化はあくまでオプションで、宗教は近代社会において公共的な役割を果たすものであることを、スペイン、ポーランド、ブラジル、アメリカの事例を通しながら理論的に解明。

・羽田正編『世俗化とライシテ』UTCPブックレット6、2009年

　　ライシテ研究の第一人者ジャン・ボベロの講演2編を収める。「世俗化」と「脱宗教化」の違い、フランスのライシテの歴史を簡便に知るのに有用。非売

品だが、ダウンロード可。http://utcp.c.u-tokyo.ac.jp/publications/2009/04/secularizations_and_laicites_u/

・内藤正典・阪口正二郎『神の法 vs. 人の法——スカーフ論争から見る西欧とイスラームの断層』日本経済評論社、2007 年

　　フランス、ドイツ、ベルギー、トルコなどのスカーフ問題につき、理論的かつ具体的に論じたもの。法学者と社会学者のコラボレーションもポイント。

・伊達聖伸『ライシテから読む現代フランス——政治と宗教のいま』岩波新書、2018 年

　　「フランス独自」の「厳格な政教分離」と言われる「ライシテ」の成り立ちと変化、現状を論じ、その実態を明らかにする。終章では、カナダのケベック州と日本との比較を通して、ライシテの「脱フランス化」の可能性について論じている。

・上智大学ヨーロッパ研究所『ヨーロッパの世俗と宗教』（上智大学ヨーロッパ研究叢書 12）、2019 年

　　科研による研究プロジェクト「ヨーロッパの世俗的・宗教的アイデンティティの行方——政教関係の学際的比較研究」において、2016 年度〜 2018 年度のあいだに海外から招聘した研究者の講演会や学会パネル発表の原稿を中心に論考を集めたもの。非売品だが、上智大学ヨーロッパ研究所などで参照可。

・Bérengère Massignon et Virginie Riva, *L'Europe, avec ou sans Dieu? héritages et nouveau d'éfis*, Paris, Les Éditons de l'Atelier, 2010.

　　ヨーロッパ各国の宗教の歴史と現状をデータを交えて簡潔に提示する。

東欧・ロシアにおける社会主義時代に対するノスタルジー

ムヒナ　ヴァルヴァラ[1]

1. はじめに

　20世紀の歴史には大規模な戦争が数多く刻まれており、その一つとして、資本主義陣営と社会主義陣営の対立による、いわゆる「冷戦」を挙げることができる。直接的な軍事力を用いて戦った第一次世界大戦や第二次世界大戦と異なり、「冷戦」では、政治、外交、経済、文化、そしてスポーツなどにおいても対立が見られたという特色がある。一見すると、「冷戦」は、それほどの被害を与えたものではなかったと考えられがちである。だが、実際は第二次世界大戦が終わりかけている1944年から、地中海のマルタ島で、ミハイル・ゴルバチョフとジョージ・ブッシュが冷戦の終結を宣言した1989年12月までの44年間、アメリカ合衆国を中心とする50ヶ国（資本主義陣営、西側ともいう）とソビエト連邦社会主義共和国を中心とする20ヶ国（社会主義陣営、東側ともいう）を巻き込んだことから、「冷戦」は20世紀の歴史における顕著な対決であったといえる。さらに、西側と東側との対立の結果、家族や個々人のレベルにおいて数多くの悲劇が起きたことも知られている。

1　本稿の著者はロシアの社会情勢を研究対象とし、2018年から2019年にかけてサンクトペテルブルクとウラジオストクでソ連に対する記憶をテーマとしたインタビュー調査を行った。
　　・サンクトペテルブルク：2018年9月：18人 / 2019年2月：10人
　　・ウラジオストク：2018年の2月：20人
　　この調査結果から、サンクトペテルブルクとウラジオストク、つまりロシアの西部と東部にある離れた都市において社会主義時代に対する思い出に共通点が存在していることが見てとれた。また、東ドイツや東欧に関する先行研究と、著者自身がとったデータに共通している語りに目を向けると、東ドイツからロシア東部まで、様々な記憶において、社会主義時代に対する共用部分が存在していることが分かった。

　1989 年の西側と東側の対立のシンボルとなっていたベルリンの壁の崩壊
や 1991 年のソ連解体により、全世界で資本主義と社会主義の対立が終焉を
迎えた。これは西側のイデオロギー的な勝利として捉えられている。それか
ら 10 年近く経過すると、東ドイツや東欧諸国（Boyer, D., 2012：17）、そ
してロシア（Очкина, 2012：53）において社会主義時代に対するノスタル
ジー、つまりその時代を懐かしく感じる現象が観察されるようになった。こ
のような広い範囲で現れた「ノスタルジー」は、国によって現れる形が異な
り、世代や政治的な思考にも影響されているため、普遍的なものではない
（Boyer, D., 2012：18）。また、「社会主義時代に対するノスタルジー」が現
れるタイミングは国によって違いが見られ、東ドイツ（1990 年代の中頃）
やハンガリー（1990 年代末期）が最も早かった（Berdhal, 2012：186；
Nadkarni, 2012：196）。それに対して、ロシアにおいてノスタルジーが
強く現れた時期は 2010 ～ 2011 年の反政府運動と重なっており（Очкина,
2012：53）、ソ連解体から 20 年も経った頃であった。一方、ルーマニア
ではノスタルジーの兆候は、少なくとも 2012 年現在、観察されていない
（Gille, 2012：282）。つまり、社会主義時代に対するノスタルジーは必ずし
も均質なものではないが、様々な旧社会主義の諸国において共通している
点も見られるのである。以上のようなノスタルジーは、「西側」諸国からす
れば逆行的なものとして捉えることができ、「社会主義体制を引き戻したい
のではないか」という懸念を抱かせる要因となっている。
　では、社会主義時代に対するノスタルジーが現れる原因は一体何であろう
か。また、その現象が確認されるタイミングが異なる理由はどこにあるのだ
ろうか。そして、「社会主義時代に対するノスタルジー」をいかに受け取る
べきなのか。本稿では、上記設問に対してその答えを検討する。その際、東
欧を対象とした先行研究を引用しながら、著者がロシアで行った現地調査の
データを事例として参照する。

2. 社会主義時代に対するノスタルジー──東ドイツ・東欧・ロシアの事例

　旧社会主義諸国における 1989 ～ 1990 年以降の市場経済への急激な移行

は、文化・社会的な変化はもちろん日常生活においても劇的な変化をもたらした。それに伴って、社会主義時代の生活は「より良く、より暖かく、思いやりのある、より安全で、より倫理的なもの」として回想されるようになった（Boyer, D., 2012：18）。また、社会主義時代に対するノスタルジーは、映画やドラマ、音楽、食文化、社会主義時代の社会的慣習についての語り、社会主義時代の政治家の名誉回復など、様々な形で観察されている。

2. 1. 映画とドラマ

ドイツにおける東ドイツ時代に対するノスタルジーは、オスタルギー（ドイツ語で「東」を表す «Ost» と «Nostalgie» の合成語）とも呼ばれており、Berdahl（2012）によると、1990 年代の半ばごろから観察されている現象である。2003 年に公開された「グッバイ、レーニン」（Becker 監督作）という映画が大ヒットし、新たなオスタルギーの波を引き起こした。この映画の舞台は 1989 年の東ドイツの首都、東ベルリンである。内容は以下の通りである：社会主義の熱烈な信者であるクリスティアーネは自分の息子アレックスが反体制運動に参加しているのを目撃する。ショックを受けた彼女は心臓発作を起こして倒れ、昏睡状態に陥る。昏睡状態が続くが、8ヶ月後、クリスティアーネは奇跡的に目を覚ます。この 8 ヶ月間でベルリンの壁は崩壊し、体制が代わり、東ドイツと西ドイツが統一するなど大きな変化が起きていた。だが、社会主義を信奉するクリスティアーネにこの事実を伝えれば、命の保証はないと家族は考え、アレックスと妹のアリアネは、アパート内で社会主義体制時代を再現することを決める。「グッバイ、レーニン」はドイツ国内で最も成功を収めた映画として記録を残し、国際的な賞も数多く受賞した。上映期間中、常にチケットは売り切れ状態にあったほどである（Berdahl, 2012：181）。

Berdahl（2012）によると、「グッバイ、レーニン」が大成功した理由は、急激な変化の中で生活している東ドイツ人にとって無視され、忘れかけていた経験や思い出が映画の中で表現されていたことにある。例として、東ドイツで製造されていたピクルス（"Spreewaldgurken"）が突然、製造停止になって買えなくなったことや、東ドイツにはなかった広告が急に増えて町

の景色が急激に変化してしまったことが挙げられる。「グッバイ、レーニン」では、このような戸惑いや期待、喪失感といった複雑で矛盾している感情が細かな点で丁寧に描写されている（Berdahl, 2012：181）。

　社会主義以降のハンガリーにおいて成功を収めた最初の映画は、1997年に撮影された「ドリーバード」（"Dolly Birds", Csinibaba 監督作）であった（Nadkarni, 2012：196）。この映画は、ハンガリーの政治的な背景を踏まえながら、ある若者が所属するロックバンドの活動を描いている：1956年の動乱とそれに続く1960年代の政治・経済の自由化の波に乗り、ある若者たちが、「ドリーバード」というロックバンドを結成し、ヘルシンキで行われるコンテストへの参加を決める。だが、実際の狙いは、コンテストをきっかけに西側に出国してそのまま亡命することにあった。「ドリーバード」は、1960年代におけるハンガリーの若者の日常的な娯楽や喜び、そして西側に対する憧れを描写することによって、ノスタルジーを引き起こした映画とされる（Nadkarni, 2012：196）。

　ロシアにおいてもノスタルジーを引き起こした映画は数多く存在する。その中で最も成功を収めた映画として、「期待としての宇宙」（«Космос как предчувствие», А. Учитель 監督作, 2005）、「スティリャーギ」[2]（«Стиляги», В. Тодоровский 監督作, 2008）、「私の父、バルィシニコフ」（«Мой папа – Барышников», Д. Проволоцкий, М. Другой 監督作, 2011）、「ガガーリン、世界を変えた108分」«Гагарин – первый в космосе», П. Пархоменко 監督作, 2013）、「雌羊ドリー」（«Овечка Долли была злая и рано умерла», А. Пиманов 監督作, 2015）、「宇宙開発一位」（«Время первых», Д. Киселёв 監督作, 2017）が挙げられる。

　また、ロシアにおけるノスタルジーの場合、ソ連時代をテーマにした映画の他に、テレビの連続ドラマも注目を浴びている。Завершинская и Завершинская（2017：14）によれば、2000 〜 2010年の間に国営テレビチャンネルで放送された、ソ連時代がテーマのドラマの数は90に上る。

2　「スティリャーギ」とは、1940-1950年代のソ連の大都市でジャズやロックンロール音楽を聴き、細いズボンや長いジャケットなどの派手な服装をしていた若者の呼称である（詳細は神岡（2010：86）を参照）。

その中で人気を集めたものとして、「モスクワのサーガ」（«Московская сага», Д. Барщевский 監督作, 2004）、「グローモフ家」（«Громовы», А. Баранов 監督作, 2006）、「清算」（«Ликвидация», С. Урсуляк 監督作, 2007）、「雪解け」（«Оттепель», В. Тодоровский 監督作, 2013）、「レニングラード 46 年」（«Ленинград 46», И. Копылов 監督作, 2015）、「家族のアルバム」（«Семейный альбом», Л. Прудовский 監督作, 2016）などを挙げることができる（Завершинская и Завершинская, 2017：14-15）。これらのドラマは、「時代の雰囲気を再現し、ドラマ内の人物の感情および日常的な困難の描写を通じて当時の暮らしを体験したかのような感情を覚えさせる効果があり、ソ連の『古き良き時代』のイメージを構築している」（ムヒナ、2018：54）。

2.2. 音楽

社会主義に対するノスタルジーは音楽においても現れており、例えば、ハンガリーでは社会主義時代に流行した歌集 "The Best of Communism" が 1998 年に何週間もチャートのトップを占めていた（Nadkarni、2012：199）。ブルガリアではポップ・フォーク歌手 Gloria が、Nostalgia（1997）というバラード曲を発表している。また、ロシアではミュージカル «Старые песни о главном»（「大切なものに関する古い歌」）というシリーズが 1995 年〜 2001 年（全 4 回）にかけて、大晦日の夜にロシアの国営テレビチャンネルで放送された。この四つのミュージカル映画では、1940 〜 1950 年代、1960 年代、1970 年代、1930 〜 1990 年代のソ連の歌が演奏された。

また、1990 年代のポップミュージックでは、資本主義がもたらした格差社会や、その格差社会において劣勢の立場に置かれてしまった人々の葛藤を描いたテーマが新たに出現した。例えば、ブルガリアの男性歌手 Magapasa の Momicheto（"The Girl"）と、ロシアのポップ・グループ Nancy の «Чёрный кадиллак»（「黒いキャデラック」）のミュージック・ビデオは、恋の悩みをテーマとしているが、そこでは主人公の恋人がより経済的に成功している男性を選び、主人公と別れてより裕福な世界へと去っていく姿が描かれている。このような歌は、直接的にノスタルジーを表現しているというよりも、1990 年代の社会体制に対する不満を表現することによっ

て、間接的に以前の社会主義体制を懐かしむ気持ちを表していると考えられる。

2. 3. 食文化

　社会主義時代をテーマとしたレトロカフェやレストランは、東ヨーロッパ各地に数多く存在している。例えば、（1）ハンガリーのブダペストでは、レストラン "Bambi Presszo" とピザ屋 "Marxism"、（2）ブルガリアのソフィアには社会主義時代の教訓が書かれた看板などで装飾されたレストラン "Rio"、（3）チェコのプラハにある飲み屋 "Hostinec Klasterni Pivnice"、（4）ポーランドのワルシャワにある、社会主義時代にレーニン、ブレジネフ、そしてカストロが訪問したイン（宿泊施設）«The Red Pig» の名前を冠したレストラン、（5）ドイツのベルリンにあるロシア料理レストラン "Datscha" と "Gorki Park"、（6）社会主義時代に人気を集め、2015 年にルーマニアで再開されたレストラン "Pescarus"、（7）ベラルーシのミンスクのマルクス通りにある、ソ連時代の共同アパートの雰囲気を再現したレストラン「共同アパート」（«Коммуналка»）などを挙げることができる。

　ロシアにおいても同様の状況が観察される。レストランやバーには、ソ連の国章の一部である鎌と槌や、ガガーリンの肖像が飾られており、くわえて、ソ連末期時代の日常生活用品、および歌手や政治家の肖像なども、飲食店のインテリアとして利用されている。また、カフェやレストランの名称が、ソ連時代を連想させるものも見受けられる。例として、モスクワのレストラン「ソ連」（Ресторан «СССР»）、サンクトペテルブルクのバー「ソ連」（Бар «СССР»）、ニジニ・ノヴゴロドのカフェ・バー「ソ連」、ソ連のスローガン「民族友好」を想起させるウラジオストクのバー「友好」（Бар «Дружба»）などが挙げられる（ムヒナ、2018：49）。

　ブルガリアのソフィアでは「チェックポイント・チャーリー」というレストランが人気を集めている。「チェックポイント・チャーリー」とは、東ベルリンと西ベルリンの境界線上に置かれていた国境検問所の名前を指す。その名称にある通り、このレストランは二つの区画に分かれており、そこ

では資本主義と社会主義の体制がそれぞれ再現されている。資本主義と社会主義の区画はインテリアのデザインの点で異なり、前者には明るい装飾が施されている一方で、後者は暗く、ミニマリズムの精神が貫かれている。また、社会主義の区画には検問所のポスターが飾られており、テーブルクロスの代わりに社会主義時代のブルガリアの新聞が置かれている（Creed, 2012：39）。レストランのデザインから明らかなように、経営者は社会主義時代を美化していない。むしろ、この単価の高いレストランを魅力的にするために、資本主義と社会主義の差異を強調し、社会主義時代に対するネガティブなイメージを浮き上がらせている。前述のプラハのバー "Hostinec Klasterni Pivnice" とミンスクの「共同アパート」（«Коммуналка»）の事例からも、社会主義時代を扱ったものを商品化する場合にはポジティブな面だけではなく、ネガティブな面にもスポットが当てられていることが分かる。

2. 4. 社会主義時代の社会的慣習の回想

1990 年代以降の旧社会主義諸国は、急激な社会・経済的な変化を経験し、そのような著しい変化への反動として以前の社会的慣習を懐かしく思う人が増加していったと考えられる。その事例として、ブルガリアにおけるブリガディエール運動、旧ユーゴスラヴィア軍隊の兵役、ソ連時代の中央人材派遣制度（распределение）の三つを紹介する。

●ブリガディエール運動

1960 〜 1970 年代のブルガリアでは、若者によるボランティアを促進させる運動「ブリガディエール」が起こった。偉大な国営プロジェクトの参加者（例えば、ディミトロフグラード[3]市の建設に従事する労働者）を募集し、彼らは社会主義の建設そのものに携わっていると動機づけた（Scarboro, 2012：46-60）。このようなボランティア活動は、単に無償で労働力を搾取したと捉えることもできるが、ブリガディエール運動に参加した当事者

3　都市の名前は、ブルガリアの共産主義の指導者ゲオルギ・ディミトロフに由来している。

は、「若者の熱意」、「生きがい」、「愛国心」を感じていたと回想している（Scarboro, 2012：53）。市場経済への移行と共に、将来に対する不安が増えており、かつて国の未来や社会主義の創設に参加した経験を思い出すことによって、自尊心や尊厳を取り戻しているのだと考えられる。

●旧ユーゴスラヴィア軍隊の兵役

　1990 ～ 2000 年代にユーゴスラヴィアはいくつかの民族紛争を経て、その結果、解体した。しかし、新独立国家においても、共通の思い出を保持している中年世代の男性が数多く存在する（Petrović, 2012：61-81）。それは、兵役の記憶である。ユーゴスラヴィアには兵役制度があったため、大半の男性はその経験を共有しているのである。多くの場合、兵役は男性に限られた経験であった。ユーゴスラヴィア軍隊における経験も「男性らしさ」を形成する一つの要因であり、軍隊は「青年を大人の男に変える」組織として回想されている。同時に、ユーゴスラヴィアでの兵役の経験は解体以前の共同体意識を再現している。そして、その意識は美化され、民族・兄弟愛の象徴として語られている。だが、ユーゴスラヴィア軍は独立運動に敵対した組織として捉えられており、抑圧のシンボルとなっている。そのため、このような男性らしい思い出を語る場所がなくなっている。

●ソ連時代の中央人材派遣制度（распределение）

　ソ連では、大学を含む全ての教育が無料であったが、大学卒業後 3 年間は派遣された場所で働くという義務が課されていた。派遣される場所はソ連全土に及んだため、生まれた場所や教育を受けた場所を離れざるをえないことも少なくなかった。しかし、多くの場合、派遣された場所で住居が提供された。現在のロシアでは、住居が手に入れにくいという事情がある。また、就職にも不安を抱えている若者にとって、このような中央人材派遣制度は魅力的に捉えられている（ムヒナ、2018：66）。

2. 5. 社会主義時代の政治家の名誉回復

　近年、旧社会主義諸国において、社会主義時代の政治家の名誉を回復さ

せる傾向が見られるようになった。例えば、この流れにより、（1）ヤーノシュ・カーダール（ハンガリー社会主義労働者党書記長 / 在職期間：1956 〜 1988 年）、（2）ヨシップ・ブロズ・チトー（ユーゴスラヴィア社会主義連邦共和国大統領 / 在職期間 1953 〜 1980 年）、（3）ヨシフ・スターリン（ソビエト連邦共産党書記 / 在職期間：1922 〜 1953 年）に対するポジティブなイメージが強くなった。

　ボスニアではチトー政権に対するポジティブな評価が高まり、1994 年にチトーのホームページが作成され、全国からメールが殺到した（Burić, 2012：227）。また、同国ではチトーが描かれたグラフィティ、T シャツ、チトーに因んでオープンしたカフェ（Cafe Tito, Saraevo）などが人気を集めている（Burić, 2012：228）。特にチトーに対するノスタルジーが強いのは、ボスニアのムスリム、マケドニア人、そしてアルバニア人である（Schwandner-Sievers, 2012：103）。なぜなら、彼らはチトー政権以前のユーゴスラヴィアにおいては同化の抑圧を受けており、チトー時代の解放感を思い出すためである。上記グループは、チトー政権の時代を、犯罪率が低く、安定性・生活水準が高水準であり、かつ仕事・食の不足が起きず、民族的な葛藤が少ない全ユーゴスラヴィアのアイデンティティが強かった時代として回想する（Schwandner-Sievers, 2012：103-104）。また、女性の多くは、チトー政権下で初めて女性が初等教育に進学する権利を得た過去を思い出す。結果、チトーに対して「父親」のイメージが形成され、チトーは一般人に対する思いやりがあるリーダーとして描写されている。

　類似の現象はロシアでも観察され、現在、スターリン政権に対する評価が変わりつつある。ロシアの民間世論調査機関「レヴァダ・センター」の調査によると、2009 〜 2017 年にかけて、スターリンを犯罪者として認めることに賛成する人が 38％から 26％まで減少しており、一方で、スターリンを認めて銅像を立てることに賛成する人が 26％から 47％に増加した。また、ソ連・ロシア史におけるスターリンの役割をポジティブに評価している人が 2019 年には 70％にまで上昇し、史上最も偉大な人物の中でスターリンは 37％を獲得して 1 位となった（2 位と 3 位は 34％の支持を得た現ロシア大統領プーチンと 19 世紀の詩人プーシキンであった）（Левада-Центр, 2017；

Левада-Центр, 2019-a; Левада-Центр, 2019-b）。ロシアの世論においてスターリンはソ連を大国へと発展させ、産業化を行い、核兵器を作り、世界各国からの尊敬を集めたリーダーとして認識されており、同時に、ソ連国内の情勢を治め、安い物価を維持し、汚職と戦い、一般人のことを考えていた政治家として、近年では描写されるようになった（Левада-Центр, 2019-a）。このような傾向は海外から懸念されているが、ハンガリーの事例を見ると、社会主義時代の政治家の名誉回復は、社会主義体制の復活に繋がらないことが分かる。

　1999 年の世論調査の結果、冒頭で触れたカーダールは 20 世紀のハンガリー史において最もイメージの良い（positive）政治家として選ばれた（Nadkarni, 2012：212）。さらに、2001 年にはハンガリーの労働党がカーダール像の設立を提案した。民間のテレビチャンネル「TV2」は、この件に関する電話の聞き取り調査を実施し、回答者の 80％がその提案に賛成していることが明らかになった。カーダール政権下では経済が比較的安定しており、他国から多額の借金をしてはいたが、生活水準が上昇した 30 年間であった（Nadkarni, 2012：201-202）。だが、2002 年の国会議員選挙の際に、カーダール時代の安定化をアピールした労働党は、上述の電話の聞き取り調査の高い支持率にもかかわらず、国会議員に選出されるための 5％の支持率のラインを超えることができなかった。つまり、過去の美化として現れたノスタルジーは、カーダール体制の復活への呼びかけに対しては全く効果がなかったのである。

　ここまで、旧社会主義諸国におけるノスタルジーの事例を紹介してきた。次に、このようなノスタルジーが発生している理由と、ノスタルジーが現れるタイミングについて考察を行う。後述の議論のために、まずはノスタルジーという用語について言及する。

3. 「ノスタルジー」という用語

　ノスタルジーという語は 17 世紀末から医学用語として使われており、船員が故郷を懐かしむ精神的な状態を指していた。当時、ノスタルジーは一種

の精神障害とみなされており、19世紀末期までこの意味で「ノスタルジー」という用語が使われていた（Абрамов, Чистякова, 2012：52）。

　だが、20世紀の半ば頃、「ノスタルジー」が人文科学の研究対象となり、医学用語とは異なる意味を帯びるようになった。人文科学における「ノスタルジー」は、故郷＝場所への懐かしさではなく、過ぎ去った過去＝時間に対する懐かしさという意味で使われている（松浦、2005：6；Абрамов, Чистякова, 2012：52-53）。

　ここでは、地理的で有形な「場所」という概念と哲学的で無形な「時間」という概念の違いに注目したい。「場所」という地理的な概念には、その場所に戻る可能性が残されている一方、「過ぎ去った時間」はその時間にもう一度戻る可能性が否定されている。さらに言えば、簡単に戻れる場所に対してノスタルジーは起こりにくい。つまり、船員のように、状況的に戻りたい場所に簡単に戻れない時にこそノスタルジーを感じると考えられる。言い換えれば、ノスタルジーは、戻りたい場所に戻れない時、引き戻したい時間を戻せない時にこそ起こりうるといえる。

　このノスタルジーの特徴は、他の研究者も指摘している。例えば、Petrović（2012：71）は、旧ユーゴスラヴィアの過去を回想させるシンボル（青年団体（пионер）の青いキャップ、ユーゴスラヴィアの国旗、チトーの肖像画など）の使用が旧体制を復活する意図を表しているのではなく、反対に、「復活が不可能であると意識しているからこそ、無難な距離から自分の過去に対する暖かい気持ちを持つことが可能である」と述べている。また、Nadkarni（2012：204）によると、ハンガリー人はカーダール時代に戻ることを恐れていないからこそ、ノスタルジックになる余裕があるのだとしている。

　これらの考察から、それぞれの国においてノスタルジーが現れる時期のタイムラグを説明することができる。つまり、過去の切り離しが早く、社会主義体制を取り戻す可能性が低かった国々は、ノスタルジーが起こるタイミングも早かった。例えば、東ドイツは、ベルリンの壁崩壊後、生活が急速に変化し、オスタルギーが発生した。一方、ロシアやルーマニアのような、共産党のエリートが権力を持ち続けている国々では、ノスタルジーが起こるタ

イミングが遅く、もしくは現れていないと考えられる（Creed, 2012：37；Gile, 2012：282）。

　もう一つの大事なポイントは、社会主義時代に対するノスタルジーが、社会主義体制の復活を望むが故に生じているわけではないことである。この点に関して、研究者の認識は共通している。例えば、Petrović が指摘しているように、旧ユーゴスラヴィア軍の兵士たちは、決してもう一度兵役につきたいとは思っていないし、当時、断るという選択肢があれば、その多くが軍役を拒否していただろう。「兵役の日々に対するある種のノスタルジーを可能にするのが、まさにその経験の非可逆性の意識である」（Petrović, 2012：64）。

　同様に、「ブリガディエール」運動に参加したブルガリア人は当制度の復元を、ロシアの大学生は中央人材派遣制度などの復元を望んでいるとは考え難い。この種のノスタルジーは、日常生活の変化が著しい体制移行期において以前の共同体意識、自尊心、そして安定感を懐かしく思うことのみに起因している。政治的場面における社会主義時代のレトリックの使用も、このアイディアを支持している。つまり、チトーやスターリンの名前を出した政党は世論調査においては支持を得ているかのように見えたが、それは選挙結果には繋がらなかった。

　以上の考察をまとめてみると、ノスタルジーは過去と切り離されていることを意味しており、過去を復元する願望を表していないと考えられる。では、過去の慣習を復元することが狙いでなければ、ノスタルジーはなぜ起こるのか。次節では、ノスタルジーの発生を説明する三つの学説を紹介する。

4. ノスタルジーという現象について

●学説1：トラウマに適応する手段

　ノスタルジーという現象を説明する際、「トラウマ」といった概念が用いられることが多い。先行研究は、移行期に伴う著しい変化が一般人に心的

なトラウマを与えたと述べている[4]（Todorova, 2012; Boyer, 2012; Creed, 2012; Абрамов, 2014; Завершинская и Завершинская, 2017）。そして、トラウマを被った社会は新しい価値観に適応できず、美化された過去を支点としている（Завершинская и Завершинская, 2017：16-17）。アブラモフによると、「急激な歴史的変革を経験した社会は、急進的で深い変化のトラウマを被る。このようなトラウマの治療には、麻酔と集団的セラピーが必要とされる。そのため『古き良き時代』に対する集団ノスタルジーは、その歴史的なトラウマからの解放の手段と、予想できなかった急激な変化への適応の手段となることがしばしばある」（Абрамов, 2014）。また、Boyer も、社会主義に対するノスタルジーは、新しい環境への適応を和らげる手段として生じた（Boyer, D., 2012：18）と指摘している。

　具体的に、ノスタルジーが心的トラウマからの解放の手段になるメカニズムを説明する。トラウマという概念は心理学や社会心理学で用いられているが、ここでは後者の概念を用いてそのメカニズムを説明できると考えられる[5]：社会心理学的アプローチにおける「トラウマ」は、「喪失」との関連で議論されている。この「喪失」とは死、離婚、戦争、暴力、雇用・家・財産の喪失、偏見、スティグマ化などのアイデンティティに関する喪失体験にお

4　以下に 2 つの事例を挙げる。
　（1）ブルガリア：1992 〜 2002 年の間に多くの農民が職を失い、国は 19 世紀の生産方式に戻らざるを得なかった。多くの家族は新たにできた土地の所有権をめぐる争いに巻き込まれた。ギリシャ、イタリア、スペインやドイツへの出稼ぎ移住も著しく増加した（Creed, 2012：34-35）。
　（2）ロシア：ソ連解体以降の経済的な改革は社会的格差を生み出し、その結果、利益を得た人の数は、人口のわずか 20% のみであった。一方で、全体の 40％は生活水準が低下したとされる（Очкина, 2012：53）。1990 〜 1997 年の間、ロシアの GDP（国内総生産）は 50％ほど下落し（GKSR,1997）、1994 年に実施した世論調査の結果によると、回答者の 67％が貯金を持っていないと述べている（ITAR-TASS, July 29, 1994）。さらに、1998 年にロシアが直面した経済危機やそれに伴うインフレの影響で、事実上ほぼすべてのロシア人が月収の 4 分の 3 を失ってしまった（Levada, Shubkin et al., 2002：19）。その結果、1999 年にはロシアの貧困層は 3,400 万人に上り、1990 年の 14 倍に達した（Levada, Shubkin et al., 2002：19）。
5　心理学における「トラウマ」（心的外傷）は、戦争、暴行、性的いたずら、虐待、事故、自然災害などの外的・内的要因により、肉体的、また精神的な衝撃を受けたことにより、長い間それにとらわれてしまう状態を指すものであり（ラヴィーン、2017）、その出来事以前の生活を美化し、懐かしく思うことを意味するものではない。

いて、より広い意味で使われている（ハーヴェイ、2003：2）。この定義による「トラウマ」は、「重大な喪失を必然的に伴うものである。すべての喪失がトラウマであるとは限らないが、すべてのトラウマは喪失を伴うものである」（ハーヴェイ、2003：6）。このようなトラウマからの回復もしくはトラウマの癒し（当分野ではトラウマへの適応とも言う）のために、「『悲嘆を癒す仕事』をやり遂げる必要があり、適応はその仕事が済むまではなかなかできない」とされている（ハーヴェイ、2003：21）。そのプロセスの中で、コミュニケーションの役割は非常に重要であり、「自分が感じている悲嘆についての物語を構成し、他者に打ち明けることは、われわれの体験する様々な喪失に立ち向かい、それらを理解し、対処するための最も重要な手段の一つである」（ハーヴェイ、2003：5）。

　上記の論理に従えば、社会主義体制の崩壊やその後の社会変動は、以前の生活ぶりに対する集団的喪失感を生み出す。そして、ノスタルジーがその喪失感に適応するための「悲嘆を癒す仕事」として重要な役割を果たしており、社会主義体制についての悲嘆の物語を構成しているといえる。

●学説2：自尊心の回復と「西洋化」への反応としてのノスタルジー

　旧社会主義諸国におけるノスタルジーは、自尊心の回復と「西洋化」への反応として生じると思われる。1989年以降、社会主義諸国が次々と資本主義体制や市場経済に移行したが、冷戦終了以降は「西側」諸国と対等な関係を築けると期待していた。しかし、様々な改革は「西欧」の基準に合わせて行われることが多く、旧「東側」諸国の西欧化が進められていった。

　また、EUへの統合の条件も厳しく、多くの国々はその条件を満たすことができなかった。EU内で対等なメンバーとなるという期待を抱いていた国々は、実際にはEUのために安い食料品や労働力を提供する地域と化してしまった。Gilleが指摘しているように、旧社会主義諸国の視点から「社会主義以降の『西欧』的な現在は、社会主義の過去のように多くの疑問点を巻き起こす」（Gille, 2012：280）。そのため、社会主義時代に対するノスタルジーは、「西欧化」への反応として現れており、過去に向けられているものの、現在の情勢に対する不満を表す手段、自尊心やユニークなアイデンティ

ティを取り戻す手段となっている（Pilbrow, 2012：82）のである。例えば、ハンガリーにおける社会主義末期の商品（男性用のカバン amcsi dipo やサンダル alfoldi papucs など）は、当時、西欧の商品のパロディーとして高くは評価されなかったが、近年、時代を象徴するユニークなものとして再評価されるようになった（Nadkarni, 2012：197）。また、ロシアでは、ソ連をテーマにしたレストランの出現やスターリンに対するイメージが改善した時期が、クリミヤ半島を巡る西洋諸国との対立が厳しくなった 2014 年以降と重なっており、これは、ここで述べた説を支持しているといえる。

　松浦によれば、過去の忘却はアイデンティティ危機に繋がることがあるため、過去の回想は個人のアイデンティティ形成に大きな影響を与える（松浦、2005：4）。Pilbrow[6] も述べているように、国や家族の歴史を否定されると自尊心を保つことが難しくなるが、自尊心を回復するためには「過去」に意味を見いだし、「過去」と「現在」の連続性を回復することが重要である（Pilbrow, 2012：87）。

　また、Gille が示すように、「個人は自分の過去を語ることによって、自尊心や自立性を主張する。それは社会主義時代に、大変な苦労をして取り除いた自尊心や自立性である。このような個人特有の思い出の働きは、国民（ネイション）共同体が生き残り、元気を回復させる唯一の手段である」（Gille, 2012：284）。

●学説 3：若いころの思い出

　旧社会主義について語ることは、必ずしも社会主義体制に対するノスタルジーを意味するわけではないと考えられる。例えば、社会主義体制を、ネガティブに語る人も当然いる。あるいは、その時代について語らない人も存在する（Gille, 2012：287）。

　また、著者のインタビュー調査のデータから明らかなように、社会主義時代を生きていた人に関しては、自分の幼少時代や青年時代の思い出が、たまたま社会主義時代の思い出と重なる。その時代を懐かしく思うこともある

6　Pilbrow（2012）は、ブルガリアにおいて歴史の授業を担当している教員やその授業を受けている生徒の事例を使用している。

が、それは社会主義体制を恋しく思うのではなく、自分の若さを恋しく思うことを意味する。その事例として、筆者が行ったインタビューのデータを紹介する。

ウラジオストク、2019 年、女性、55 歳（Interview 17）

　質問：今は、ソ連に対してどう思っていますか。どのような思い出がありますか。ポジティブなのか、ネガティブなのか。何を思い出しますか。

　答え：若いころの思い出は、ポジティブな思い出しかないでしょう。あなたは、今のことを 40 年後に聞かれたら、どんな思い出があると答えますか。私も同じです。若くて、健康で、未来を楽しみにしていました。そのため、ポジティブな思い出しかありません。

サンクトペテルブルク、2019 年、男性、18 歳（Interview 1）

　質問：あなたの両親は、ソ連を思い出すときにどんな気持ちを覚えますか。ポジティブなのか、ネガティブなのか、中立なのか。何について語っていますか。

　答え：ソ連そのものを中立的な感情で思い出していると思います。一方、彼らの幼い頃は、もちろん、ポジティブに。しかし、ソ連を彼らの幼いころの思い出と強く関係づけているとは思いません。例えば、どこか他の国で暮らしていたとすれば、同じような気持ちで思い出していたでしょう。

　この二つのインタビューにより、ソ連時代を生きてきた世代は自分の若い頃に対するノスタルジーを感じているが、社会主義体制そのものを美化していないことが分かる。

5. おわりに

　以上、旧社会主義諸国におけるノスタルジーの現象について考察し、ノス

タルジーが現れる原因やそのタイミングが異なる理由を説明した。ノスタルジーという現象は、映画やドラマ、音楽、飲食店、社会主義時代の社会的慣習に対する懐かしさ、社会主義時代の政治家の名誉回復などに現れており、国によって多少違いが見られるものの、全体的に「旧社会主義」地域を特徴付けている現象であるといえる。

　このようなノスタルジーが起きている原因は、三つ挙げることができる（4 節参照）。一つ目の原因は、社会心理学の「トラウマ」という概念で説明される。つまり、社会主義体制から資本主義体制への移行期には激しい社会的な変動が伴い、その時代を生きていた人々は急激な変化に適応できずトラウマを被った。トラウマとそれに伴う喪失感への適応手段は、本人が抱えている悲嘆を他者に語ることである。ここでは、ノスタルジーがある意味でそのような悲嘆の語りとなっており、トラウマを癒す手段として機能している。

　二つ目の原因は、自尊心を回復したいという願望にある。「東側」の体制が崩壊し、冷戦が終焉を迎えた際、「東側」と「西側」の政治・経済・軍事の分野における統合が始まったが、対等の条件での統合は行われなかった。旧社会主義諸国は、「西側」諸国が設けた条件に合わせざるを得なくなり、結果、「自尊心」を傷つけられてしまった。そのため、社会主義に対するノスタルジーが生じ、社会主義時代が美化されるようになったのである。

　三つ目の原因は、幼少期や若い頃の理想化である。社会主義体制の崩壊から 30 年も経ち、その時代を生きた人々は、現在 40 代を超えている。中年世代を超えた人々は、若い頃を思い出すことが自然であり、その頃が社会主義時代と重なるため、当時の思い出が必然的に社会主義時代の思い出になる。

　以上、社会主義時代に対するノスタルジーが広がった三つの説について述べた。それでは、社会主義時代に対するノスタルジーを如何に受けとるべきか。そのようなノスタルジーは、社会体制の回復を狙うものなのであろうか。社会主義時代に対するノスタルジーを研究している多くの研究者らは、その質問に否定的な答えを出している。ノスタルジーには、過去を美化してはいるものの、その過去を復元する狙いはないというのが研究者の共有認識

である。むしろ、ノスタルジーは、それを抱えている社会の状態を表している重要な現象であり、社会的な変動が残したトラウマ、自尊心、自理性の喪失、若い頃の思い出の美化などの重要な印であるといえる。さらに、ノスタルジーが起こる重要な条件は、その過去と距離を置き、その過去を取り戻すことができないという認識である。

　本稿では、東欧、東ドイツ、ロシアの事例に基づいてノスタルジーについて考察し、先行研究で取り扱われている多種多様なデータをまとめ、著者が実施した調査のデータとの比較を実施した。このような研究方法は、共通分野の研究をまとめ、より広い地域を取り扱えるメリットがあると同時に、統一した基準での比較ができないというデメリットもある。本来は、統一した条件を設けた国際的な調査を実施することが理想である。だが、ノスタルジーが生じるタイミングが異なるという特徴を考えると、これはより現実的な方法であると考える。

　最後に、今後の課題について述べる。今回の調査は、社会主義時代を生きた世代を対象としている。しかし、社会主義体制の崩壊から30年も経ち、その時代を生きていなかった世代もじきに中年期を迎える。さらに言えば、今後、社会主義体制を生きていない人々が、社会主義体制を生きていた人の数を超えていく。社会主義体制を生きていない人々が、その時代をいかに捉えるのかが重要になるであろう。

■主要参考文献

・神岡理恵子「1950年代の若者文化の伝統と現代における最受容の問題―ソ連の「スティリャーギ」をめぐって―」現代文芸論研究室論集、2010年、86-104頁。
・ハーヴェイ J.『喪失体験とトラウマ―心理学入門―』北大路書房、2003年、304頁。
・松浦雄介『記憶の不確定性―社会学的探究』東信堂、2005年、265頁。
・ムヒナ V.「現代ロシアの若者が抱くソ連時代に対するイメージ―インタビュー調査の結果―」『上智大学外国語学部紀要』第53号、2018年、47-74頁。

・ラヴィーン P.『トラウマと記憶―脳・身体に刻まれた過去からの回復―』春秋社、2017 年、272 頁。

・Berdhal D. Good Bye, Lenin! Aufwiedersehen GDR: On the Social Life of Socialism. In *Post-Communist Nostalgia* (Eds. Todorova M., Gille Z.,). Bergham Books, New York, Oxford, 2012. pp. 177-189.

・Boyer, D. From Algos to Autonomos: Nostalgic Eastern Europe as Postimperial Mania. In *Post-Communist Nostalgia* (Eds. Todorova M., Gille Z.,). Bergham Books, New York, Oxford, 2012. pp. 17-28.

・Burić F. Dwelling on the Ruins of Socialist Yugoslavia: Being Bosnian by Remembering Tito. In *Post-Communist Nostalgia* (Eds. Todorova M., Gille Z.,). Bergham Books, New York, Oxford, 2012. pp. 227-243.

・Creed G.W. Strange Bedfellows: Socialist Nostalgia and Neoliberalism in Bulgaria. In *Post-Communist Nostalgia* (Eds. Todorova M., Gille Z.,). Bergham Books, New York, Oxford, 2012. pp. 29-45.

・Gille Z. Postscript. In *Post-Communist Nostalgia* (Eds. Todorova M., Gille Z.,). Bergham Books, New York, Oxford, 2012. pp. 278-279.

・GKSR, Rossiiskii Ststisticheskii Ezhegodnik, Goskomizdat: Moscow, 2002.

・ITAR-TASS. A Press Release. Moscow. 1 October 1998.

・Levada Y., Shubkin V. et al. Russia: Anxious Surviving. In *Fears in Post-Communist Societies* (Eds. Shlapentokh V., Shiraev E.). PALGRAVE, New York, 2002, pp. 11-28.

・Nadkarni M. "But it's Ours": Nostalgia in the Politics of Authenticity in Post-Social Hungary. In *Post-Communist Nostalgia* (Eds. Todorova M., Gille Z.,). Bergham Books, New York, Oxford, 2012. pp. 190-214.

・Petrović T. Nostalgia for the JNA? Remembering the Army in the Former Yugoslavia. In *Post-Communist Nostalgia* (Eds. Todorova M., Gille Z.,). Bergham Books, New York, Oxford, 2012. pp. 61-81.

・Pilbrow T. Dignity in Transition: History, Teachers, and the Nation-State in Post-1989 Bulgaria. In *Post-Communist Nostalgia* (Eds. Todorova M.,

Gille Z.,). Bergham Books, New York, Oxford, 2012. pp. 82-95.

・Scarboro C. Today's Unseen Enthusiasm: Communist Nostalgia for Communism in the Socialist Humanist Brigadier Movement. In *Post-Communist Nostalgia* (Eds. Todorova M., Gille Z.,). Bergham Books, New York, Oxford, 2012. pp. 46-60.

・Schwandner-Sievers S. Invisible – Inaudible: Albanian Memories of Socialism after the War in Kosovo. In *Post-Communist Nostalgia* (Eds. Todorova M., Gille Z.,). Bergham Books, New York, Oxford, 2012. pp. 96-112.

・Todorova M. Introduction. From Utopia to Propaganda and Back. In *Post-Communist Nostalgia* (Eds. Todorova M., Gille Z.,). Bergham Books, New York, Oxford, 2012. pp. 1-16.

・Абрамов Р., Музеефикация советского: историческая травма или ностальгия? 2014. http://gefter.ru/archive/11132 (アクセス 2019.08.26)

・Абрамов Р., Чистякова А. Ностальгические репрезентации позднего советского периода в медиапроектах Л. Парфенова: по волнам коллективной памяти. *Международный журнал исследований культуры*, Вып. 1 (6), 2012, с. 52-53.

・Завершинская Н., Завершинская П. Кинематографические «прочтения» советской эпохи как проекция воспоминаний и забвений современного российского общества. *Вестник ПНИПУ. Культура. История. Философия. Право.* 2017. № 3, с.13-19.

・Левада-Центр, «Выдающиеся люди всех времён и народов», 2017 https://www.levada.ru/2017/06/26/vydayushhiesya-lyudi/ (アクセス 2019.08.26)

・Левада-Центр, «Сталин – репрессии – твёрдая рука» https://www.levada.ru/2019/05/22/stalin-repressii-tverdaya-ruka/ 2019-a (アクセス 2019.08.26)

・Левада-Центр, «Динамика отношения к Сталину» https://www.levada.ru/2019/04/16/dinamika-otnosheniya-k-stalinu/ 2019-b (アクセス 2019.08.26)

・Очкина А., К вопросу о социальной природе «Советской ностальгии». Известия *Пензенского Государственного Педагогического Университета им. В.Г. Белинского. Общественные науки.* № 28, 2012, с. 50-57.

▨文献案内

・*Post-Communist Nostalgia* (Eds. Todorova M., Gille Z.), Bergham Books, New York, Oxford, 2012.

　東ドイツ・東欧諸国における社会主義へのノスタルジーをテーマにした論文集。ブルガリア、ルーマニア、ボスニア、アルバニア、東ドイツなどの具体例が多く、該当国における社会主義時代がいかに振り返られているかが説明されている。

・Bouma, A. German Post-Socialist Memory Culture: Epistemic Nostalgia, Amsterdam University Press, 2019.

　東ドイツに対する記憶（特に、秘密警察・諜報機関（Stasi））をテーマにし、現代ドイツの社会主時代に対する態度を分析している。社会科学という分野の「記憶」や「ノスタルジー」という概念の説明もある。

・Fears in Post-Communist Societies: a Comparative Perspective (Eds. Shlapentokh V., Shiraev E.), Palgrave, USA, 2002.

　世論調査などのデータに基づき、ソ連解体以降の不安定な移行期の中で人々が経験した不安や悩み、恐怖や期待などの感情について紹介している。

・Etkind A. Warped Mourning: Stories of the Undead in the Land of the Unburied, Stanford University Press, 2013.

　ロシア社会がソ連時代の大粛清の歴史にいかに対応しているかを分析している。大粛清の犠牲者に対する記憶、また、その喪との向き合い方について述べられている。

・Levada Center. Yuri Levada Analytical Center. (https://www.levada.ru/en/)

　民間世論調査機関のホームページ。現代ロシア人の意識調査の結果が数多く記載されている。

ヨーロッパ社会とサッカー

市之瀬　敦

1. 暮らしの中にあるサッカー

　話がやや古くなるが、2008年8月、世界のスポーツファンの視線が北京五輪に注がれていた頃、ジョージア（当時はまだグルジアと表記されていた）共和国内の南オセチア自治区ではジョージア軍とロシア軍が衝突を起こしていた。いまだに大国の思惑によって小国や少数民族の暮らしが翻弄される現実を目の当たりにし、やり切れない思いに駆られた人々は少なくなかっただろう。アメリカとロシアという大国が対立する「新冷戦」構造の成立を口にする人もいた。21世紀になってもなお、地下資源も民族対立も紛争の火種になりうることが明らかになったのである。

　数多くの死傷者を出した悲しい出来事だったが、その時の報道写真の一枚が今でもきわめて印象深く私の脳裏に焼きついている。

　それは紛争の舞台になった故郷から逃げ惑う一家の姿なのだが、父親に手を引かれた息子らしき少年がロンドンの名門サッカークラブ、アーセナルFCのレプリカ・ユニフォームを着ていたのである。私もけっこう好きなチームである。こんなことをいうと、痛ましい戦争の一場面をとらえた写真のどこを見ているのかというそしりは免れないかもしれない。少年が逃げるにあたり一番大切なシャツを身にまとったのか、それとも友人たちとサッカーをしていた時に砲火から逃げることになったのかも分からない。

　ただ、たった一枚の写真に、ヨーロッパにおけるサッカーの広がり、そして日常生活への浸透の深さが見て取れたような思いがしたのである。カスピ海と欧州が天然ガスのパイプラインで結びつけられるからではなく、紛争の直接的な被害に遭う者と、欧州最先端のサッカーをプレーしていたクラブの

ユニフォームという取り合わせ。現代ヨーロッパの両極端の組み合わせを見せつけられるような気がした。

　さて、ヨーロッパ社会におけるサッカーの位置づけや意味合いを述べるに当たっては、いきなりディーテールにこだわりすぎたかもしれない。豆知識ついでにいえば、私たちが日ごろ使う紙のフォーマットとサッカーのピッチの形が同じだということをご存じだろうか。そうドイツのサッカーライターが言っている。いや、いくら神（紙？）は細部に宿るとはいうものの、あまりにも詳細にこだわるのはよくない。話題を転じることにしよう。

　ロシア軍とジョージア軍の衝突のわずか2ヶ月前の2008年6月、オーストリアとスイスを舞台に開催されたサッカーの欧州選手権＝「ユーロ08」のゲームを見た人なら少なくないはずである。ヨーロッパを代表する16の国々が最高レベルのサッカーを1ヶ月にわたり世界中のサッカーファンの目の前で披露してくれたのである。サッカーの欧州選手権（通貨と混同しそうだがこちらも「ユーロ」と呼ばれる）は4年に1度開かれる大会で、世界中の国が参加するワールドカップの中間年に実施される。2016年フランス大会は世界的スーパースター、クリスティアーノ・ロナウドを擁するポルトガルが悲願の初優勝を遂げたが、2020年大会は12ヶ国で共同開催される予定である。アジアの片隅に暮らす一サッカーファンとしては、2年ごとに世界最高水準の大会を経験できるヨーロッパの国々は本当に幸せだと思うのである（クラブチームのレベルなら毎年である）。

　こうした大きな国際大会などなくとも、欧州にはサッカーがあふれている。実際のところ、欧州では毎年、毎月、いや毎週のようにサッカーの興奮と感動に酔いしれることができる。どの国でもリーグ戦が行われ、特にイングランド、スペイン、イタリア、ドイツ、フランスなどでは世界中から名選手が集まり、国内リーグ戦が毎週末に繰り広げられ、さらに同時進行で、欧州強豪クラブが激突するチャンピオンズリーグ、ヨーロッパリーグも行われる。プレーに熱中する選手はもちろんのこと、スタジアムを埋めるサポーターたちの興奮ぶりを見ていると、サッカーが地球温暖化の原因の一部なのではないかという疑念さえ浮かんでくるのである。

　という学問的根拠のない与太話はさておき、ヨーロッパの人々だけでな

く、世界中の人々を熱狂させるサッカーというスポーツ。それは単なるスポーツではなく、20世紀以降の一大社会現象ということができるだろう。20世紀は「サッカーの世紀」だったかもしれないが、昨今のサッカー人気を見れば21世紀はますますそうなりそうな気配である。もしサッカーがなくなれば、ヨーロッパはヨーロッパでなくなる、と言い切っても過言ではなさそうである。サッカーは欧州のアイデンティティの一端を成すだろう。

　実際、ヨーロッパのどこかに暮らしてみると（旅をしてもよいのだが）、彼らの生活の中にサッカーが深くしみ込んでいることがよく分かる。例えば、分かりやすい所でいうと、テレビの総合ニュース番組を見ても、試合がない日でもサッカーが大きく扱われるし、一般の新聞でもサッカーが一面で扱われることは稀ではなく、サッカー関連の記事が日本とは比較にならないくらいに充実している。

　スポーツ新聞を手にとれば、サッカー新聞と言っても誇張ではない（それに比し、日本のスポーツ新聞は基本的に野球新聞であろう）。そして新聞を手にした人々が（主に男性だが）何やら口角泡を飛ばしながら熱心に議論している。前日の試合のペナルティーキックのジャッジは正しかったのか否か、それは今日の取り引きの成否よりも大切であるかのように議論されているのだ。

　試合当日ともなろうものなら、パブに集まった人々がテレビ画面を食い入るように見つめながら、声援を送り、悲鳴をあげ、サッカーの試合に熱中しているのである（規模は違うものの、最近は日本でも見られる光景と

なった）。また、国民生活の豊かさを示す様々な統計数値よりも、FIFA（国際サッカー連盟）が発表する国別ランキング、あるいはワールドカップ予選順位表の位置の方が重要と感じる人さえ存在する。

　このように、うわべを少しだけ見ただけでも、ヨーロッパ社会に

おいてサッカーがいかに浸透しているかが分かるというものだが、外国語能力の高い外国語学部の学生ともなれば、さらに興味深い現象に気がつくこともできるだろう。知り合った友人の自宅に呼ばれると、子供たちがテレビ画面の前で観戦に熱中するのはもちろん、サッカーのテレビゲームに夢中になっている。それはあたかも世界中がサッカー場になってしまったかのようだ。いや、サッカーが生活そのものに変わってしまったかのようでもある。

　あるいは、職場の会話で、上司が仕事を始める合図に「キックオフ」という言葉を口にしたり、女性職員がしつこく迫る男性同僚に「オフサイド」としかりつけたり、サッカー用語が日常生活の言葉遣いに溶け込んでいることに気づくかもしれない。また、選挙期間中、町中の大きな看板に、「○○党にレッドカードを！」というフレーズを読むこともできるだろう。現代のヨーロッパでは、サッカーが社会化し、さらに社会がサッカー化しているのかもしれない。ことの良し悪しは別にして、サッカーはますますヨーロッパ社会を被いつつあるのだ。

　サッカー用語が日常生活に使われるようになってきたというのは大きな問題ではないかもしれない。だが、サッカーが政治に利用されるとなったら、それは許されることなのだろうか。第二次世界大戦直前、自国開催のワールドカップでイタリアの独裁者ムッソリーニが「勝利か死か」という言葉で代表チームに勝利を義務付けたのは有名な逸話である。

　スペインの独裁者フランコはお膝元レアル・マドリードにテコ入れし、欧州随一のクラブへと導き、ポルトガルでは 1960 年代に植民地支配の批判をかわすためにアフリカ出身の選手を多数擁しワールドカップに出場したことがある。独裁者がサッカーを好きかどうかは別にして、その利用価値を熟知していたことは確かなようである（もちろん、サッカーによって圧政に対抗しようと試みた例もあるので、一概にサッカーと政治の関係を断罪することはできないかもしれない）。

　現代社会ではスポーツの経済効果は無視できないレベルに達しているが、欧州サッカーの世界でも常に巨額のマネーが動いている。スター選手1人の移籍に数百億円という金額が動き、その他テレビの放映権、クラブのグッズの売り上げなど、その経済効果は上昇するばかりである。ちなみに、

2008 年のユーロ 08 の売上高が 20 億 4,000 万ドル（約 2,203 億円）、収益は 3 億 9,400 万ドル（約 426 億円）であったという。わずか 3 週間の大会でこれだけの巨額のマネーが動くのである。

　大きな経済効果を生み出すこと自体悪いことではないのかもしれない。サッカーを露骨に政治利用する独裁者というのも現れにくい時代になっているだろう。だが、すでに多数の死者を出しているフーリガンという憎むべき現象もサッカーの世界では生まれてしまっている。異なるクラブ、国のサポーター同士の対立が過熱し、死者を出すまでの暴力的対立を生みだすとなると、サッカーは最大の人気スポーツであると言っているだけではすまされない状況にあることもまた事実である。また、スタンドにいる観客がアフリカ系の選手にバナナを投げつけるなどの人種差別的行為が今なお問題になることも枚挙にいとまがなく、宗教対立がサッカーの場に持ち込まれることも少なくない。

　このように、サッカーの社会的影響については良い面も悪い面もある。いずれにしても、どのような歴史的背景を経て大きな社会的影響力を持つに至ったのか。本稿では、こうした点を考察し、サッカーを素材にしてどのようなヨーロッパ研究が可能なのかを検証してみたい。

　なお、多くの国ではサッカーではなくフットボールと呼ばれるため、サッカーという語に対しては批判的な意見もあるが、日本で定着した呼称はサッカーであるため、サッカーとして議論を進めることにする。

2. ヨーロッパが、いや世界がサッカーに熱狂する理由

　人間は物を投げ、そして物を蹴る。物を投げたり蹴ったりすることが下品な振る舞いと見なされることがあったとしても、人間は投げたり蹴ったりす

る動物であることに変わりはない。もちろん何かの物体を蹴れば、現代われ
われがサッカーと呼ぶスポーツになるわけではないが。

「サッカーの歴史」に関する書物を紐解くと、紀元前2697年に中国で「蹴
鞠（スーキー）」が兵隊の訓練に課されていたとある。ギリシャ人もローマ
人もボールを蹴って楽しんだらしい。そして紀元後7世紀になると日本の
「蹴鞠」の記述が出てくる。どれも近代サッカーには直接の関連はないだろ
うが、人類が古くから広く、丸い物体を蹴ることに興じたことが分かる。

ヨーロッパの中世時代では、フィレンツェの人々が「カルチョ」に夢中に
なっていた（イタリアでは、サッカーのことをフットボールやサッカーに
由来する言葉ではなく今も「カルチョ」という）。イングランドの「フット
ボール」やフランスの「スール」は宗教儀式として行われた。

この儀式がスポーツになるのが19世紀のことで、1863年には「フット
ボール協会」がイングランドで設立され、手を使えるラグビーと手を使えな
いサッカーが別のスポーツとなったのである。ちなみに、サッカーの母国イ
ングランドでも長くサッカーよりもボクシングや闘鶏の方が人気があったと
いうから意外に思えないだろうか。

サッカーが生まれた時代はビクトリア朝時代。パブリックスクール改革の
さ中、スポーツが教育の一環に組み込まれた。また、産業革命により労働時
間が減ると土曜の午後に余暇の時間ができた。ルールが簡単そして用具にも
お金がかからない、そんな理由もあってサッカーは人気を伸ばしていった。
日刊紙、無線電信、鉄道の普及もサッカー人気の上昇に拍車をかけたにちが
いない。

そして何より、七つの海を支配するイギリスの商工業の影響が世界に広が
るのと同時に（特に港町を介して）、世界中からイギリスに留学する若者た
ちが帰国する時にサッカーを急速に広めるのに貢献した。英語とサッカーが
人類の「共通の言語」となった所以である。サッカーはイギリスの植民地支
配によって普及したとはいえ、その意味ではネガティブな歴史を持つのかも
しれないが、良いタイミングで誕生したこともまた事実であろう。

サッカーは、もともとは上流階級のスポーツであったが、のちに大衆の娯
楽となり、工業都市の労働者階級の注目を一身に集めるようになった。当

時、世界を「支配」していたイギリスから他の国々へ広がったように、サッカー人気はトップダウンで伝わったのである。そして、「20世紀はサッカーの世紀」と呼ばれるくらいまで世界の隅々まで普及し、熱中させるようになったことは周知のとおりである。

　いくら誕生のタイミングが良かったとはいえ、なぜ世界中の人々はサッカーにこうまでも夢中になるのだろうか。狂信的な信仰に比されるほどまでに人気があるのはどうしてなのか。サッカーには「教義」などない。人生を生きる意義を与えてくれるわけでもない。しかし、こうは言えるだろう。つらく悲しいことが多い日常生活からの逃避を可能にしてくれる、と。さらに、教会にいる時と同じく、なにか超越したものに属しているという感覚をもたらしてもくれる。教会にいる時と同じく、老いも若きも、金持ちも貧乏人もみんな平等だという感覚を持つことができる。サッカーは宗教であるという人もいるが、けっして大袈裟ではないかもしれない。

　宗教になぞらえる説明以外に、今から半世紀ほど前なら、サッカーの人気は世界の重要な問題から大衆の注目をそらすためだというマルクス主義的な陰謀説が流行していたが、今ではあまり受け入れられない説明かもしれない。また、サッカーを通じて、ナショナリズムや軍国主義を大衆に浸透させようとしたのではないかという理論も流布した。日常生活のストレスから逃れるのに、社会生活で敗北した者にとりその代償としてサッカーはふさわしかったともいわれた。

　完全に否定はしきれないが、これらの説明は、「なぜサッカーなのか」を明らかにしてくれておらず、不十分である。

　そこで、もう少し納得のいく説明を探してみよう。サッカー（だけ）がこれほどまでに人気を得ている理由は、例えば、ボールが一つあれば他の装備は不要であり（もちろん正式な試合は別）、場所も広い原っぱがあればよい。

　さらに100年以上にもわたりルールが大きな変更を被っていないという事実も指摘できるだろう（マイナーチェンジは頻繁に行われている。昨今のVAR（ビデオアシスタントレフェリー）の導入などはその一例であろう）。そしてルールが単純で少ないことから、人種や民族の壁を越えて誰でも「直観」でプレーできる。プレーに自由度が増すのも楽しみであり、またゲーム

の流れが留まることが少なく、常に動いているという魅力も加わる。さらに幅広い解釈ができるため、その広がりの中に北ヨーロッパのサッカー、南米サッカー、中間としての南ヨーロッパサッカーの特色が生まれたのだと考えられる。ルールが単純であれば、教養のない者でも一家言ある評論家になれるという「利点」もある。

けっして過度ではなく、適度なフィジカル・コンタクトが繰り返されるのもよいだろう。サッカーがフィジカルだけのスポーツだったなら、ペレもマラドーナもメッシも世界最高峰の名選手にはなれなかったはずである。日本代表がワールドカップ制覇を夢見ることもできないだろう。

だが、人間にとり不器用な部位である両足でボールを扱うという逆説の中で、高度な技術を披露し、それがさらにチームプレーの中で生かされる時、観衆は興奮のるつぼに落とされる。

いつチャンスになり、いつピンチになるか分からない、つまり常に緊張感を味わっていられるという点もよい。幸不幸が入れ替わり立ち替わりやってくる。絶頂にいたかと思うと、次の瞬間にはどん底に突き落とされる。サッカーはまさに人生なのだ。

ゴールが決まりにくいという特徴も重要だ。そして稀にしか訪れないゴールがもたらす感動と興奮こそが私たち現代人の退屈な日常生活に刺激、時にエクスタシーを与えてくれる。我々がサッカーを求めてやまない理由がそこにある。

さらに忘れてならないのは、サッカーのチームはどれもアイデンティティを有していることだ。地域であれ、企業であれ、国家であれ、宗教であれ、民族であれ、サッカーチームは何かと同一関係にある。人々が感情移入するのは当然である。グローバル化の進行によりナショナル・アイデンティティが薄れる時代だからこそ、自らの所属を明らかにしてくれるさらにサッカーは求められるのだろう。ナショナルチーム同士が真剣勝負を繰り広げるワールドカップや欧州選手権の時には、国民国家という「想像の共同体」が想像されたものではなくなることを実感できるのである。国民国家の独立はサッカーの代表チームを持つことによって保証されるとさえいわれるのだ。

ワールドカップや欧州選手権などの国対国の対決ともなれば、代表チーム

は国家と同一化される。サッカーは他の手段をもってする戦争の延長だともいわれる。サッカーの世界では、既成の国際秩序とは別に、大国も小国も「ゼロ対ゼロ」からスタートすることができ、しかも何でも起こりうるのだ。経済力も軍事力もなくとも、世界一の超大国を倒すことが可能である。ならば、必死になって代表チームを応援する人が出ても不思議ではないだろう。

3. 何を、どう研究するか?

　以上見てきたように、現代社会においてサッカーのプレゼンスは増すばかりである。ブラジルやアルゼンチンやウルグアイといった強国がいる南米でさえヨーロッパの選手供給源となってしまった今、サッカーの中心地はヨーロッパだといってよいだろう。それだけサッカーが深く社会に浸透しているヨーロッパであるからこそ、ヨーロッパ研究においてサッカーが重要な位置を占めるのである。では、具体的にサッカーをどのように使って、ヨーロッパ研究を進めたらよいだろうか。その可能性の一端だけでも明らかにしてみよう。

　今では一国の独裁者がサッカー選手に勝敗に生死を賭けるよう求めることはないだろう。しかし、重要な国際大会に出場する代表チームを国家元首が官邸に招いてテレビ画面を通じて国中に放映させるというのは当たり前の光景である。選挙期間中にサッカー選手やクラブ会長を味方につけることも大切な選挙戦術である。現在でも、政治とサッカーは結びついているのだ。

　とはいえ、選挙戦において本当にサッカーが役立っているのだろうか。世界一に輝いたチームを政府が表彰しても、政策が悪ければ選挙には勝てないのである。投票行動とサッカーの関係を調べてみるのは面白いのではないか。サッカーは本当に政治に影響力を行使しているのか、大きな研究テーマになりそうである。

　すでに述べたように今日サッカーには大量のマネーが流れ込んでいる。イングランドやイタリアのサッカークラブのオーナーに世界的な大富豪が就き、巨額のマネーを動かしていることは周知の通りである。しかし、実際のところ、サッカーマネーが一国の経済、国際経済の中でどの程度の位置を占めるのか、調べてみるのもよいかもしれない。

　活字メディアが国民国家を作り上げてきたことはよく指摘されることである。今でも新聞を読めば、サッカー記事によってナショナリズムを高揚させていることは確かである。そして今ならテレビやインターネットなどがさらに強くビジュアルに訴えながら、代表チームと国民の一体感をあおっている。メディアがどうサッカーを扱うのか。報道の在り方の分析は不可欠である。

　サッカーが宗教的か否かの議論は別にして、宗教文化の違いがサッカーに反映されているかどうかは検討してみる価値があるかもしれない。熟考的なカトリック圏と、より合理的で実践的なプロテスタント圏の違いを、サッカーという切り口から分析するというのも興味深い作業ではないだろうか。つまり、イタリアやスペインとイングランドのサッカーを比べてみるのだ。サッカーのスタイルの違いと宗教文化圏のそれぞれの特徴を重ねてみると、ヨーロッパのもう一つの側面が見えてくるようにも思える。

　かつてアメリカの国務長官を務めたヘンリー・キッシンジャーも、サッカーのプレースタイルを見れば、国民性が理解できると述べたという。グローバル化の時代に国民性の議論は古臭いと思われるかもしれないが、けっして無効というわけではないだろう。

　以上に指摘した項目以外にも数多くの興味の持ち方があるはずだ。ここにあげた例など氷山の一角にもなりはしないだろう。私たちが夢中になるものの特色を理解できれば、私たちが生きる時代の特色も見えてくる。サッカーの理解は、間違いなくヨーロッパの理解につながっているのである。

　サッカーは人生そのものだというのなら（サッカーは生きるか死ぬかよりも重要だといった監督もいた）、その理解のためのアプローチは限りないくらいある。サッカーが世界を解明するというのは誇張かもしれないが、好き嫌いは別にして、サッカーがヨーロッパの人々の現実の一部であることだけは確かである。サッカーによる多面的かつ多角的なヨーロッパ研究が無限の

可能性を秘めている所以である。

　以下に参考文献を掲げておこう。サッカー関連書籍は山ほどあるので、偏りが生じるのはご容赦願いたい。

■主要参考文献

・市之瀬敦『ポルトガルサッカー物語』社会評論社、2001 年。
　　ポルトガルサッカーの歴史をポルトガル社会の変遷の中に位置付けながら綴る一冊。

・市之瀬敦『砂糖をまぶしたパス　ポルトガル語のフットボール』白水社、2006 年。
　　ポルトガル、ブラジル、アンゴラなど、ポルトガル語圏諸国のサッカーの歴史的つながりを論じた本。現在は電子化されている。

・後藤健生『決定版　世界サッカー紀行』文春文庫、2006 年。
　　日本を代表するサッカージャーナリストが世界各地で異なるサッカーのスタイルの源流を解き明かす。

・ステファン・シマンスキー、アンドリュー・ジンバリスト『サッカーで燃える国　野球で儲ける国　スポーツ文化の経済史』田村勝省訳、ダイヤモンド社、2006 年。
　　サッカーと野球、二大スポーツを経済的視点から分析した本。日本語文献だけでなく、英語でも文献を読んでみよう。

・Armstrong, Gary. and Guilianotti, Richard. (eds.) (1999) *Football Cultures and Identities.* Macmillan Press
　　各大陸、様々な国のサッカー文化史を語る論文集。日本も言及されている。書籍だけでなく、日本語で読める海外サッカー専門誌としては「月刊フットボリスタ」(ソル・メディア) を推薦しておく。

第4章

ヨーロッパの
文化

ヨーロッパの演劇 ── 研究方法の手引き

村田 真一

1. はじめに

　演劇研究とはいったいどのような行為なのだろう。

　かつて研究対象の主流は、戯曲の文学的価値の分析だったし、今日でも、テクストをないがしろにした研究はありえない。しかし、ドラマツルギーが演劇芸術の総体を意味している点に思いをいたせば、演劇研究が本来めざすところは、戯曲のみならず、演出や演技、演劇を成立させるあらゆる要素とその相互の有機的関係の解明にあることが容易に理解できる。そのほか、演劇の独自性を研究するにあたっては、隣接する芸術や学問との関わりも視野に収める必要があるだろう。このような多面的な研究アプローチにより、戯曲テクストのもつ意味はさらに明確になり、テクストと上演作品、上演と現実との間に具体的な新しい言語的・身体的関係性が生まれる。

　そして、演劇は、他者の存在によって初めて成り立つ創造的行為である以上、他の芸術のジャンルに比べると、受容者に対しより直接的なインパクトを与えることができるという点も常に念頭に置きたい。つまり、舞台や戯曲の受容も重要な研究対象の一つなのである。

　ブレヒトが作った劇団ベルリーナ・アンサンブルの演出家ハイナー・ミュラーは、ベルリンの壁崩壊後のヨーロッパの文化状況を目の当たりにして、これはヨーロッパの終わりの始まりであり、社会主義体制の崩壊は市場経済の崩壊のプロローグだと語ったことがある。また、経済管理が進行し、スターリニズムが西ヨーロッパ的産業社会へと造りかえられるに伴い、犯罪的エネルギーが増加したが、それにより演劇には希望が生じると述べ、演劇には、現実とは別の現実、すなわち夢であり、犯罪的世界の暴力やノイローゼ

を抑える力があるとまとめた（『群像』1994年2月号、講談社）。

この考え方にみられる演劇の本質は、古代ギリシャ時代以来、人間が演劇に求めてきたものに通底する。なぜなら、演劇は、観客の存在を前提として、自己の内面や自己と他者との関係、世界の理想的モデル、あるいは理想をめざして反理想的モデルを提示する場として常に存在してきたからである。「人生は演劇、世界は舞台」というフレーズは、まさにこのような意味において理解されなくてはならない。そして、ミュラーの発言は、予測がつかない方向へ向かう世界への積極的働きかけという現代演劇の新たな役割も示唆している。

演劇研究一般がそうであるように、ヨーロッパ演劇の研究も、人間や社会に関する様々な興味深い内容を含む。

そもそも、「ヨーロッパ演劇」は存在するのだろうか。それは、世界の演劇の一部なのか、それとも、ヨーロッパ文化の一翼を担う芸術のみを指すのか。これが熟考に価する問題であるのは、ヨーロッパの演劇を研究することが、演劇芸術のみならず、ヨーロッパの概念やヨーロッパ的、あるいは非ヨーロッパ的人間へのより深い洞察につながる可能性が十分あるためである。

2. ヨーロッパ演劇研究の基本問題

ヨーロッパ演劇研究の主な対象として、以下の7項目を掲げる。それぞれの項目を概説し、各節の末尾に「考察すべき課題」として、ヨーロッパ演劇を研究するためのいくつかの具体的な研究テーマを挙げておく。

2.1. 舞台空間

祈祷や舞踏から芸術へ移行していったヨーロッパ演劇は、古代ギリシャの大ディオニュソス祭に源を発する。そこでは、1万数千人が観劇できる円形劇場が作られたが、コロス中心の劇が仮面劇を演じる俳優を増やす芝居に次第に替わっていく。古代ローマでは、劇場における演技のエリアが広がると観客数は数千人に減る。一方、中世では、舞台と客席は混在していたが、文

学の発展とともに 17 世紀に登場した対面型舞台が、お馴染みの作家の台詞をすぐれた俳優の口から聴いてみたいという観客の強い欲求から生まれた。

　ところで、舞台空間を定義することは簡単ではない。舞台は狭義の劇場に留まらないからである。イギリスの演出家ピーター・ブルックは、「裸の舞台を一人の人間が歩いて横切る。もう一人がそれをみつめる。演劇行為はこれだけで成り立つ」と書いた（ピーター・ブルック『なにもない空間』晶文社、1997 年）。ここでいう最初の人間は見せる者（劇行動する者）であり、もう一人はフィクションを見る行為をする者である。また、チェコの記号学者ホンズルは、観客の知覚の及ぶ範囲はすべて舞台空間だとの見方を示した。

　このように考えると、演技者と受容者という創造的行為をする者を一つに結ぶ幻想空間が舞台空間といえるだろう。

　考察したい課題：
① 　世界の舞台空間の発展史と観客層の変容
② 　舞台と客席の関係と観客参加の意味
③ 　舞台空間や舞台装置・俳優の配置が作品の読み方を変える可能性

2. 2. テクスト

　演劇は劇的葛藤があってはじめて成立する。その葛藤を生む原動力は、テクストである。

　アリストテレスの説いたカタルシスは、悲劇を鑑賞したときに起こる哀れみや恐怖により、鑑賞者の感情が浄化されるという理論だった。その基盤は、プロット・登場人物の性格・作者の思想・言語的表現・動作・音響・歌・踊り・コスチューム・背景などが書き込まれた言語テクストである。

　ヨーロッパの戯曲は、古典主義に至るまで、場所・時間・プロットを統一する「三一致の法則」に厳しく貫かれていた。そして、テクストとしてより完成度が高いのは、登場人物に先駆けて観客に筋がわかり、人物たちには目隠しされた劇的真実が観客だけに伝わるように書かれたテクストである。

　そして、劇作家が書いた戯曲をベースにして上演台本が編まれるが、戯曲に忠実に上演するか、戯曲を素材としてのみ用いるかという問題はきわめて

重要だし、小説・詩などを翻案した劇も数多く上演されている。テクストの問題も、演出家が原作の何を伝えたいのか、観客は何を受けとめたいかという問題に関わってくる。両者のズレがズレのまま終わることもあれば、成功を収める場合もある。

考察したい課題：

① 原作と演出の関わり

② 翻訳されたテクストを使う場合に生じる問題

③ 原作と翻案

2.3. ジャンル

古代ギリシャから古典主義までのヨーロッパ演劇では、悲劇と喜劇というジャンル分けが主流だった。とくに古代ギリシャでは、神と個人の対置という構図が最も重要視されたため、神に逆らえない人間の悲劇的運命が戯曲のメインテーマとなった。

喜劇の本質は、台詞のみならず、多くの部分が、表情を含む身体動作で表される。観客は、登場人物が気づかないその滑稽さがわかっていながら、舞台上で起きる勘違いや人物の取り違え、立場や価値の逆転を楽しむことができる。喜劇の世界への道案内は、commedia dell'arte（コンメディア・デッラルテ）のアルレッキーノのようなトリックスターが即興を交えながら行う。

このほか、比較的新しいジャンルとして、悲喜劇やファルスがある。また、原作のパロディ化が進んだモダニズム時代以降、ジャンルのボーダーは曖昧になり始めると同時に、演劇が演劇という形式でしか表現できない特別な内容を求めるようになっていった。さらに、現代では、演劇に関する演劇であるメタ・シアターの役割も大きい。

考察したい課題：

① モダニズム以降、既存のジャンル分けが通用しなくなった理由

② ロシアの劇作家チェーホフの喜劇の核心

③ 観客論

2.4. 演技と演出

劇作家のテクストを演出家のユニークな世界観によって造形的に練り上げる総合的な試みが舞台上演だと考えれば、演技と演出が舞台表現の中核となることはいうまでもない。劇作家さえも気づかなかったようなまったく新しい芸術的・文学的側面を観客に斬新な視覚的・聴覚的手法と芸術的リズムを駆使して提示することが可能な演出こそ、演劇を独自の芸術として成り立たせ、存在意義を深めるものだろう。

また、日常動作とははっきり異なる演劇の身体動作の意図と目的と舞台的効果を明確に意識して作られる舞台表現としての演技については、これまで、古今東西の様々な演劇人や理論家が論じたり、体系化を試みたりしてきたことはよく知られている。そして、演技は、時代精神を反映させたり、時には時代に新風を吹き込んだりしながら、演出方法とともに絶えず進化していかなくてはならない。

手法的には、演技も演出も映画や舞踊、電子技術などの影響も受けながら発展している点は興味深い。

ここで注目したい点は、質の高い演劇を作るにあたって不可欠なのは、俳優と演出家の体系的な養成である。民衆劇やアマチュア演劇が職業劇団の活動を刺激する役割も担ってきたことはたしかだが、訓練を受けた演劇人が上演のレベルを上げてきたのがヨーロッパの演劇である。

考察したい課題：
① 演技の歴史：東洋の演劇のヨーロッパへの影響
② 俳優養成法の国や地域ごとの比較
③ 演出家の登場と役割の変遷
④ 演劇と映画における演技の違い

2.5. 受容と批評

演劇にとってきわめて重要なのは、作品が観客に受け容れられる条件としての約束事である。約束事と即興を組み合わせて成功したヨーロッパ劇の一例が、後述する commedia dell'arte における職人的演技である。また、

20世紀前半のロシアを代表する演出家のひとりだったメイエルホリドは、チェーホフの述べた「演劇は真髄だけを映すもの」という演劇観に触発され、約束事と様式を鍵概念に独自の実験的舞台を作るようになる。

観客論の視点は不可欠である。すぐれた戯曲は、観客の反応を先読みする構造になっていることがしばしばある。

演劇批評は、受容美学に留まる解釈でも、観客による受容の手助けになる解説でもない。それは、演劇のもつ意味と意義をあぶり出すきわめて創造的な仕事であり、舞台作りにフィードバックされて然るべきである。一方、舞台表現も世界の現状や芸術に対する卓越した批評でなくては、現実的価値を持てないだろう。

演劇は受容されなければ生命を吹き込まれないが、劇作家や演出家の意図どおりに芝居の受容が実現することは、むしろ稀だった。これと関連して、検閲というきわめて政治的な問題がある。ロシアでは、帝政時代から1986年くらい、イギリスでは、1968年くらいまで検閲が制度として存在し続けたことを知っておきたい。

考察したい課題：

① 演劇における約束事
② 批評を舞台上演に効果的に活かす方法
③ 検閲という政治的装置の仕組みと歴史

2.6. その他の芸術との関係性

音楽が主導するオペラと演劇との関わりは、けっして小さいものではない。モダニズム時代のロシアには、メイエルホリドやエヴレイノフのように、オペラを手がけた演出家は少なくなかった。メイエルホリドは、俳優が歌うように台詞を発する手法を演劇に採り入れた。

演劇は、振り付けによる演技と流派による様式性が際立つバレエとの接点も大きい。また、身体性やアクロバットの技法を強調した舞台公演も少なくない。

実験演劇が盛んだった革命前後のロシアで活躍した未来派詩人マヤコフスキーは、サーカスの要素を堂々と舞台へ持ち込んだ。

　モンタージュ理論で世界的によく知られる映画監督エイゼンシテインは、芝居のシーンのエピソード化を狙ったメイエルホリドの弟子だったが、映画『イワン雷帝』などにおいて、劇中劇やメイク・所作に東洋的要素を多く取り混ぜた演劇的なショットを生み出した。

　美術や建築も、ロシア未来派や構成主義的芸術の作品が示すように、演劇との関係は不可分である。例えば、メイエルホリドが演出したマヤコフスキー作『ミステリヤ・ブッフ』の舞台装置は画家マレーヴィチが手がけたし、画家バクストはアヴァンギャルドの舞台作品のコスチューム・デザインを担当している。また、前衛音楽家シュニトケが演出した画家カンディンスキーの戯曲『黄色い音』は、音と色の持つ演劇性をみごとに表現した作品である。

　考察したい課題：

①　演劇が総合芸術と言われる根拠

②　他の芸術が演劇表現にどのような効果を与えているのか

2. 7. 様々な学問や理論との接点

　まず、文学が挙げられる。戯曲は劇文学として発展をみたが、20世紀に入り、「演出の時代」が訪れると、上演台本が優位に立つようになる。

　戯曲のテーマには、しばしばフロイトやラカンの理論と重なり合う部分があり、「狂気」「憑依」「無意識」など、精神分析学や心理学が扱う重要な領域に接する。そして、美学理論は作品受容と密接に関わる。

　演劇と言語学との結びつきに関しては、あらためて言うまでもないだろう。一つだけつけ加えるとすれば、commedia dell'arte のように、標準語と様々な地域の方言が混淆したり、方言のみで上演されたりする芝居の分析に関しては、今後の研究の深化が俟たれる。この場合の方言は、言葉の意味よりも音声あるいは音響として芝居の要素をなしているともいえる。

　俳優の身体や演技の技法、ジェスチュアや発声などは、人類学や文化人類学の研究テーマに含まれる。さらに、20世紀後半になって、バルバやサヴァレーゼらが中心となって構築した演劇人類学は、演劇理論と俳優術の身体的側面の相関関係を研究し、それを実践に活かす比較的新しい学問分野で

ある。

このほか、ジェンダー論は、女性の登場人物の分析のみならず、女形や女優の誕生した経緯、女性の演劇人の視点や演出作品の研究や、テクストとジェンダーの相関関係の解明にも役立つだろう。

考察したい課題：

① 様々な学問を援用した演劇理論の比較

② 学問や理論体系としての演劇学と実践としての演劇の接点

3. ヨーロッパの演劇がめざしてきたもの

ここで、より具体的な研究内容を探るために、ヨーロッパ演劇が築き上げてきた演劇を俯瞰してみたい。それぞれの項目には、考察すべき課題を付す。

3. 1. 古代ギリシャ

ヨーロッパの演劇は、紀元前5世紀頃、古代ギリシャで生まれたとされる。そこでは、演劇コンクールが開かれ、芸術家たちは、演技と演出の技を競い合った。そして、そのような芝居は、特定の地域で特定の観客に向けて上演されたのである。

古代ギリシャの演劇は、あらゆる点において、芸術・文化の雛型であると同時に世界を構築するためのモデルであり、未来を予見していたともいえる。戯曲のテーマや演技、劇場設備など、そのどれ一つを取り上げても、古代ギリシャの演劇はある種の完結した形式と内容をもっていたのである。

考察したい課題：ミメーシスとカタルシスの概念の変遷

3. 2. 民衆劇

民衆が自ら行う劇、民衆教化の劇、教訓的な芝居、体制批判的な劇など、その定義や目的は多岐にわたる。

台本がある劇とない劇があるが、古いものは台本があっても保存されていない場合が多い。もっとも、ヨーロッパの民衆劇は、よく知られている人物

の行動や昔話、お伽噺の劇化である場合が多かったため、文字として台本に残す必要がなかったといえるかもしれない。一般的な姿としては、台詞よりも身体動作に重きがおかれ、大道具は簡素だったり、デフォルメされている。また、コスチュームが記号的であり、登場人物の身分や地位、性格などを明瞭に表している。そして、野外や縁日で行われることが多かったため、様々な階層の人が観劇した。

　実験精神に溢れるモダニズム演劇は、民衆演劇の備えていたカーニバル的諸要素を積極的に採り入れて、演技や演出に活かした。ロシアのレーミゾフのように、近世に数多くのヴァリエーションが存在した『皇帝マクシミリアン』を 1920 年代に戯曲化した例もあるほど、古い民衆劇は演劇性の源泉として大きな注目を集めたのである。

　考察したい課題：民衆劇と劇場との関係

3. 3. commedia dell'arte（コンメディア・デッラルテ）

　16 世紀から 18 世紀にかけて、イタリアとフランスを中心に発達したのが、本稿で何度か例示してきた commedia dell'arte である。これは、「職人的喜劇」「筋書きの喜劇」などを意味するイタリア語だが、この劇の特徴として、アクロバットの導入、仮面の使用、仕掛けの露呈などが挙げられる。最大の目的は、滑稽でリズムのある台詞や所作で観客を大いに笑わせることだった。

　登場人物のイメージと性格は予め決まっているが、台詞は俳優が上演ごとに工夫した。台詞は登場人物の出身地の方言が主に用いられた。身体動作を中心とした演劇と見られがちだが、仮面の口は大きく開いており、台詞の喋り方がかなり重要だったと推察される。

　commedia dell'arte は、近世に流行した一つのジャンルという枠には収まりきれない。20 世紀のモダニズム演劇にも多大な影響を及ぼした。例えば、ロシアではメイエルホリドがその身体性に、エヴレイノフが突飛な発想に注目することにより、模倣のレベルではなく、現代の舞台の発展に創造的に活かそうと試みた（巻頭カラー図❸❹❺❻参照）。

　考察したい課題：commedia dell'arte が世界の演劇に強い影響を与えた理由

3. 4. 公共劇場

16 世紀から 17 世紀にかけて、公共劇場の発展により、観客層が激増し、それが劇文学の需要を促し、文学としての戯曲執筆にも刺激を与えた。

公共劇場がいち早く登場したのは、宗教劇上演を禁じたエリザベス朝のイギリス（シェイクスピア、ベン・ジョンソン）、戯曲の黄金時代を迎えたスペイン（ローペ・デ・ベーガ、カルデロン・デ・ラ・バルカ）、古典主義の発展が著しかったフランス（コルネイユ、ラシーヌ、モリエール）だった。とくにフランスの演劇は、スタイルにおいてもテーマ性においても、ロシアの近代演劇の発展に多大な影響を及ぼした。

考察したい課題：公共劇場と私設劇場の相違点

3. 5. 18 世紀

18 世紀半ば、ヨーロッパの芸術・文化に、それまでなかったような大きな内的変化が生じ、個人を超えた価値体系の枠組みが崩れ始めると、個人が作る新しい価値が前面に出てくる。演劇の発展にとって大きな転換点となった時代の到来である。文化の大衆化にともない、受容者である観客層が大きく変わり、各国の演劇交流が盛んになったためである。

これにより、ヨーロッパ各国の演劇の共通性も明確になってくる。私設劇団も流行ったが、ロシア貴族が農奴に芝居やバレエをさせ、職業劇団への俳優の供給源ともなった農奴劇場などは、その極端な例であろう。

一方、この時代のヨーロッパではロマン主義演劇が芽生え、後の自然主義の基盤を作ったブルジョワジー劇も発展していく。

考察したい課題：ヨーロッパ演劇の共通化に伴う国民演劇の行方

3. 6. 自然主義とリアリズム

自然主義演劇は、ドイツの「疾風怒濤」の作品や娯楽物が中心だった。ゾラやイプセンの戯曲にみられるように、人間関係の変化、個人の苦悩を描く戯曲が特徴的である。それにともない、演出家の役割が大きくなり、演技では「演劇らしさ」が強調された。

　リアリズム演劇は、社会の変化と批判的リアリズム文学の発展に連動していた。演技と舞台装置の写実性が増した。モスクワ芸術座に強い影響を及ぼしたドイツのマイニンゲン一座、フランスのアントワーヌ自由劇場の舞台活動などがよく知られる。

　考察したい課題：舞台上演の社会的役割

3.7. モダニズム

　デカダン、シンボリズム、アヴァンギャルドを含む、「演劇らしさ」を排する反リアリズム芸術運動のうねりを指し、表現主義の影響を強く受けて発展した。芸術は次第に匿名性を帯びて、特定の技巧でしか表現できない内容だけを表現しようとするようになる。

　劇の中心人物は見当たらず、仮にいたとしても、彼らの存在は戯曲の形式や構造に直接影響しないことも多かった。モダニズムの演劇は、常に新しい形式を求めていたのである。

　この時代には、イギリスの演出家クレイグが身振りや舞踊に着目したことはよく知られるが、演技にかかわる要素として注目されてきたものに、パントマイムがある。commedia dell'arte で使われた滑稽な内容を表すパントマイムに加え、モダニズム時代の小劇場や演劇スタジオを中心に上演された小品などに用いられたパントマイムがとくに独創的である。ロシアでは、パントマイムを重視した演出家に、メイエルホリド、エヴレイノフ、タイーロフがいたし、ラドロフ、クズミンなどの劇作家の名前も挙げることができる。

　考察したい課題：観客がモダニズム演劇の表す新しい演劇的言語を理解する可能性

3.8. 不条理劇

　不条理劇とみなされるものには、人間存在そのものの不条理を扱った例が多い。フランスのアルトーの論文『演劇とその分身』（1938 年）には、不条理劇の特徴がよく現れている。また、ロシアのハルムス、フランスのベケットやイヨネスコ、ポーランドのムロジェクに代表される演劇は、太陽劇

団やリヴィング・シアターといった、感性を重視するポスト・モダン劇の発展につながる下地を作った。

　考察したい課題：人間存在の意味を解剖するような演劇における社会と個
　　　　　　　　　人の関係性

3. 9. 最前線の演劇

　最前線にある演劇ほど最も古い演劇かもしれない。不条理劇やポスト・モダン劇のような形式面での衝撃性は、現在のヨーロッパの舞台からはそれほど強く感じられないが、演劇が演劇だった古代ギリシャ劇や演劇そのものを扱う演劇に注目が集まっている。

　身体が視覚的刺激に偏って反応し、統合体としての身体が忘れられることが多くなった現代において、演劇は、他の芸術と競合したり、反発し合ったりしながら、身体のあらゆる感覚や言語性、言語の身体性を追求する可能性を持っている。

　考察したい課題：現代演劇のメディア性

4. ヨーロッパの国々の演劇 —— ロシア演劇史を例に

　ヨーロッパの演劇の全体像を研究するには、ヨーロッパの国々の演劇の歴史と現状を把握する必要がある。例えば、ロシア演劇の発展過程と展望に焦点を当てる目的でロシアの演劇史を繙くと、演劇研究にとってきわめて基本的かつ重要な問題に数多く出合う。

（1）ロシア演劇の曙（9世紀〜16世紀）
　　・異教の儀式、カーニバル、結婚式
　　・スコモローヒ（旅芸人）
　　・人形劇、縁日、見世物小屋
　　・ギリシャ正教受容にともなう、宗教劇・学校劇の発展
　　・民衆演劇の姿
（2）西欧文化の強い影響（17世紀〜18世紀後半）

- ・アレクセイ帝とピョートル大帝の時代 ── 政策としての外国劇団の招聘
- ・commedia dell'arte、バレエ、オペラの導入
- ・エリザヴェータ帝の時代 ── 常設の帝室劇場設立
- ・エカチェリーナ二世の時代 ── 農奴劇団と職業劇団
- ・フランス古典主義の流行

(3) 独自性をめざして（18世紀後半～19世紀後半）
- ・国民喜劇の誕生 ── フォンヴィージンの『親がかり』
- ・諷刺劇の流行
- ・「余計者」の系譜 ── グリボエードフの『知恵の悲しみ』
- ・近代標準語の確立 ── プーシキン
- ・詩劇の発展 ── レールモントフ
- ・グロテスクと幻想的リアリズム ── ゴーゴリの『検察官』
- ・大都市での商業演劇の普及
- ・帝室劇場の独占体制と地方劇場の台頭
- ・本格的な俳優養成 ── シチェープキン
- ・近代国民演劇の確立 ── オストロフスキーの描く「闇の王国」
- ・自然主義の流行 ── 「マイニンゲン一座」のロシア公演
- ・「モスクワ芸術座」創設とスタニスラフスキー・システム
- ・チェーホフの「静劇」── リアリズムとモダニズムのはざまで

(4) 演出の時代（20世紀）
- ・自然主義に対抗するデカダン、シンボリズムとドイツ表現主義の影響
- ・アヴァンギャルド芸術の隆盛
- ・様式と約束事 ── commedia dell'arte、能・歌舞伎・舞踊・京劇への関心
- ・俳優養成法の開発 ── メイエルホリドの「ビオメハニカ」
- ・演劇理論の探究 ── エヴレイノフの「モノドラマ」
- ・音楽とパントマイム ── タイーロフ
- ・「夢」と「転換」の手法 ── ブルガーコフの戯曲
- ・小品劇場の隆盛 ── 「蝙蝠」「歪んだ鏡」
- ・詩劇の現代性 ── ツヴェターエワ劇のメタファー

・政治による言論・芸術弾圧
・「雪解け」時代の外国劇紹介
・真実の声を求めて —— タガンカ劇場の人気
・ソ連邦崩壊と新しい演劇の模索
・シーズン・レパートリー制の導入
・地方劇場の飛躍
・世界各国との演劇交流促進

5. 今後の研究課題と展望——様々なアプローチの可能性

（1）映像とライヴ

　　映像は一人の監督のヴィジョンの投影であり、繰り返し同じ内容を鑑賞できる。一方、演劇は一回性のライヴの芸術であり、社会批判の力も強い。しかし、舞台を映像で観る行為も次第に普及してきた。

（2）他の芸術ジャンルとの関係性の行方

　　演劇と舞踊やパフォーマンスとの差異が、演技だけでなく、演出においてもどう変わっていくかが注目される。

（3）演劇の国際交流における諸問題

　　何を目的とした演劇交流なのか。自国のあるいは自分の劇団の舞台活動をブラッシュ・アップするためなのか。それとも、共同作業により、世界が共有できる新しい演劇を創造することなのか。その際、言語や翻訳の問題にどう対処するか。

（4）進化する演劇学

　　戯曲研究をふまえた上演作品の研究をするにあたり、演劇テクストの受容という最も重要な問題を常に考えなくてはならない。この視点に立って、戯曲における「間」や「沈黙」、ト書きやメタファーなど、演劇特有の言語を再考することが不可欠である。

6. むすびにかえて

　本稿は、ヨーロッパの演劇の基本問題を様々な視角から研究する手引きとして編んだものだが、ここで考慮しておくべきことがある。

　私たちが「ヨーロッパ」という時、頭に浮かぶのは、政治的概念を基にした「西欧」の地理や歴史、文化現象である場合が多い。しかし、「西欧」だけでなく、ギリシャ世界やヴィザンツ文化を受容して発展してきたロシアや中欧、バルカンにある国々の存在への視点を欠いては、ヨーロッパ文化の全体像はつかめない。

　例えば、前衛グループ「デヴェトシル」を生んだチェコや、ヴィトケーヴィチ、グロトフスキの実験演劇で知られるポーランド、前衛演劇が発展し、ロシアの演劇や文学を西欧に紹介する役目を担ったこともある旧ユーゴスラビアが、豊かな演劇文化を築いてきた点に注目したい。

　演劇研究が、狭義の戯曲史や上演史研究ではないことはすでに述べた。演劇のテクストは常に生きており、時代ごとに新たに生成され、それに合わせてテクストの受けとめ方も刻々と変化していく。このようなダイナミズムを認識してこそ、演劇と呼ぶにふさわしい芸術が生まれる。

　映画やインターネットなどの発達とともに映像文化が急速に発達した今日、舞台芸術のもつ意味はいったいどこに見い出せるのだろうか。映像と演劇が対等な立場で競合し合えるとすれば、それは、記憶の再生を過去に書かれたテクストの現代における意味の創造につなげる営みにおいてである。古代ギリシャの芝居が特定地域の特定の市民を対象に作られ、演じられたという揺るぎない歴史的事実があったにせよ、いかなる時代のどのテクストも、現在とのかかわりとのあぶり出しにより、初めて人類共通の財産として甦らせることが可能になる。

　ヨーロッパの演劇は、近代世界や近代の知のモデルを構築した後、反近代としてのモデルを作り上げ、既存の概念や芸術に揺さぶりをかけてきた。今後も、一回性という唯一無二の武器を手に、個々の地域と地域相互の歴史的過去を舞台に映し出しつつ、それが我々の目の前に突きつける現代性を積極

的に世に問い続けていくに違いない。

■主要参考文献

　ヨーロッパの演劇を研究するにあたって、まず読んでおかなければならないのは、エウリピデス、シェイクスピア、モリエール、チェーホフ、ブルガーコフなどの戯曲であろう。演劇芸術の基本テクストといっても過言ではないこれらの作品は、現在に至るまで様々な演出で舞台にかけられてきたし、これからも斬新な手法で上演されるに違いない。

　そのほか、ヨーロッパの演劇全体の姿や研究状況を俯瞰するための日本語の必読文献を以下に掲げる（西暦は初版年）。

・フランシス・ファーガスン『演劇の理念』未来社、1958 年。
　　エウリピデス、シェイクスピア、ラシーヌ、イプセン、チェーホフ、ピランデッロなど、著名な劇作家のドラマツルギーを包括的に扱った、演劇論の古典である。巻末に専門的概念の詳しい解説がある。

・ピーター・ブルック『なにもない空間』晶文社、1971 年。
　　20 世紀の実験演劇の伝統を創造的に発展させてきた多才な演出家の演劇論である。さらに、エドワード・ブローンの『メイエルホリド　演劇の革命』やアントナン・アルトーの『演劇とその分身』なども参照し、現代ヨーロッパの実験演劇の本質を考察するきっかけとしたい。

・フィリス・ハートノル『演劇の歴史』朝日出版社、1981 年。
　　『オックスフォード演劇事典』の編者としても知られる著者が、図版や写真を盛り込んで、世界の演劇史をコンパクトにまとめた。翻訳者による付録の邦訳書案内も便利である。

・ウィリアム・ウィルフォード『道化と笏杖』晶文社、1983 年。

　ヨーロッパの演劇において中心的役割を演じてきた道化（フール）の持つ両義性を、儀式、宮廷劇、シェイクスピア劇、ヴォードヴィルなどを通して解明しようとした力作である。イーニッド・ウェルズフォードの『道化』と合わせて読むとよい。

・浦雅春・武隈喜一・岩田貴編『ロシア・アヴァンギャルド全集①テアトルⅠ─未来派の実験』『ロシア・アヴァンギャルド全集③テアトルⅡ─演劇の十月』国書刊行会、1987年、1989年。
　　実験演劇の宝庫だったロシア・アヴァンギャルドの理論や回想、戯曲などを網羅した貴重な資料の一つ。本稿でも取り上げたメイエルホリドやエヴレイノフといった演劇人の活動を理解するうえでの入門書。

・ジャック・ルコック、大橋也寸訳『詩を生む身体─ある演劇創造教育』而立書房、2003年。
　　演技が現実の再現やそこから離れるものを表現する場合、意識的に身体動作を創造するセンスが不可欠であり、これを実現するには絶えざる訓練が欠かせないことをあらためて考えさせてくれる、演技ためのすぐれた入門書。

・コンスタンチン・スタニスラフスキー『俳優の仕事─俳優教育システム』（第一部・第二部）、未来社、2008年。
　　スタニスラフスキー・システムを考案した筆者による俳優教育の古典をロシア語から完訳した。「システムを演じてはならない」という言葉が印象的である。「役を生きる」意味を考えるのに最適だろう。

・佐藤亨、中條忍、廣木一人、伊達直之、村田真一、堀真理子、外岡尚美著『ギリシャ劇と能の再生─声と身体の諸相』青山学院大学総合研究所叢書、水声社、2009年。
　　古典の再生の意義と変容をテーマに、演劇における声と身体の特質を手がかりとしながら、東西の劇様式の時空を超えた融合を縦横に論じている。

ヨーロッパの美術を学ぶ

松原　典子

1. はじめに

　海外の有名美術館や有名画家の名を冠して開催される展覧会場で、あるいは旅行中に訪れた美術館で、ずらりと並んだ西洋の名画を前に、当初の期待に反して退屈な思いをした経験はないだろうか。

　なぜ退屈なのか。おそらくその最大の理由は、目の前にある作品が何を表しているのかがよく分からないからであろう。多くの日本人にとって、伝統的な西洋の美術作品で取り上げられているキリスト教や古代ギリシア・ローマの世界は馴染みが薄く、聖書の登場人物や神話の神々、古代の英雄たちが繰り広げる様々な情景を理解するには、作品の脇の壁に置かれたキャプションやカタログの解説文が欠かせない。モネやルノワールに代表される印象派の絵画が常に日本で最も高い人気を誇っているのは、輝くばかりの光や心地よい色彩が観る者の目を無条件に楽しませてくれるということばかりでなく、戸外の風景や当時の日常的光景を主体とした画題の分かり易さゆえでもあろう。

　しかし、その印象派の先駆けとされるエドゥアール・マネが1863年の官展（フランスの芸術アカデミーが主催する公式展覧会）に出品した《草上の昼食》（図1）は、裸婦は神話や歴史的物語がそれを要求する場合に限っ

図1　エドゥアール・マネ《草上の昼食》

パリ、オルセー美術館　1862-63 年

て認められるという伝統的了解に反して、当世風の男性と同座する現実の裸の女性を描いたために大いに非難されたのであった。現代の感覚からは理解し難いことであるが、19 世紀までの西洋美術の主題には厳然たるヒエラルキーが存在しており、その中で最高位とされたのは、我々日本人には最も厄介な聖書や神話、古代史に取材したものだった。他方で風景や風俗、静物などは低級なものと見なされ、一流の画家や彫刻家ならば取り上げるに値しない主題とされていたのである。このことからすると、西洋美術を鑑賞するにあたっては、伝統的主題についてのある程度の予備知識が不可欠だということになろう。

　無論、美術作品の鑑賞は洋の東西を問わず、個人の感性や美意識に根差したものであって、主題を知ることなど大した問題ではない、人それぞれ眺めて楽しいと思えれば良いのだという考えもあるかもしれない。確かに美術の鑑賞において、表現されているものの形態や色彩から受ける印象と、個人の趣味に基づく評価が占める割合は低くない。それでも、作品の視覚的、心理的効果と主題や意味内容を総体的に判断するのでなければ、真価を理解したとは言えないだろう。何よりも、主題を知る、主題が分かるということは、作品への親近感を格段に増し、その作品についてさらに深く知りたいという欲求、探究心を高め、作品を鑑賞する喜びを増大させてくれるものである。

　これに関して、ロンドンのナショナル・ギャラリーの館長も務めたイギリスの著名な美術史家ケネス・クラーク卿は、著書『絵画の見方（*Looking at pictures*）』の序文で次のように記している。

　　私は、絵画作品を前にした場合も、それが与えてくれる喜びをいっそう強め、あるいは長続きさせるように問いかけることは、習い覚えることができると信じている。……偉大な芸術作品の意味、あるいはわれわれが理解しうるそのほんの一部は、常にわれわれの人生と結びついていて、精神のエネルギーを増大させるようなものでなければならない。絵を見るということは、積極的な参加を要求するものであり、しかも、その初期の段階においては、ある程度の訓練を必要とするのである。（高階秀爾訳）

　クラーク卿の言う訓練にはそれなりの時間と経験を要するが、その訓練の手引きとして、以下ではまず、主題を理解する上での鍵となるポイントのいくつかを、具体的な例を挙げながら示していくことにしよう。

2. 西洋美術を読み解く鍵

2. 1. アトリビュート

　まずは図2と図3を見てほしい。図版では確認しにくいがいずれも頭上に光輪をもつことから聖なる存在と思われる若く美しい女性が描かれている。西洋美術で聖なる女性と言えば、聖母が真っ先に頭に浮かぶだろう。事実、図2は聖母子の画家とも呼ばれるイタリア・ルネサンスの巨匠ラファエッロが描いた《牧場の聖母》（1506年、ウィーン美術史美術館蔵）で、聖母が両手で支えている幼子がキリスト、その左側の別の幼子は、聖母の親類にあたる聖エリザベトが生み、後にキリストに洗礼を授けることになる洗

図2　ラファエッロ　《牧場の聖母子》

ウィーン美術史美術館　1506年
※巻頭カラーに図版あり（巻頭カラー図❼）

図3　ラファエッロ
　　　《アレクサンドリアの聖カタリナ》

ロンドン、ナショナル・ギャラリー　1508年
※巻頭カラーに図版あり（巻頭カラー図❽）

礼者聖ヨハネである。

　一方、同じラファエロの手になる図3の絵はどうであろうか。一見すると図2と同じ聖母と思われるかもしれないが、実はそうではない。そう判断しうる根拠は、女性が左腕をのせている車輪である。こうした車輪とともに表される女性といえば、ローマ帝国時代の殉教聖女、アレクサンドリアのカタリナと決まっている。伝説によればキリスト教に帰依したカタリナは、皇帝マクセンティウスによって車輪にかけられた後、斬首され殉教したという。このように西洋美術においては伝統的に、キリスト教の聖人やギリシア・ローマ神話の登場人物はそれぞれの生涯の挿話にまつわる事物とともに描かれ、それによってその人物が誰であるのかが一目で同定できるようになっているのである。カタリナのような殉教聖人の場合は一般的に、拷問あるいは処刑の際に用いられた道具を伴って描かれる。

　別の例を見てみよう。図4はもう一人のイタリア・ルネサンスの巨匠、ヴェネツィア派のティツィアーノによる《悔悛するマグダラのマリア》である。マグダラのマリアは元々娼婦だったが、キリストと出会って悔い改め、

図4　ティツィアーノ　《悔悛するマグダラのマリア》

ナポリ、カポディモンテ国立絵画館　1567年

図5　ピエロ・ディ・コジモ　《マグダラのマリア》

ローマ、国立古典絵画館　1490年代

その弟子となった女性で、悔悛を象徴する頭蓋骨や、キリストの足に油を注いだというエピソードから、香油壺とともに描かれるのが常である。ティツィアーノもその伝統にしたがっている。さらにこのことを念頭に置いて図5に目を向けるならば、一見美しい一般女性が読書している姿を描いた肖像画に見えるこの作品も、実はマグダラのマリアを表した宗教画であるとすぐに分かるだろう。

　人物を特定するためのこうした小道具的モチーフは、美術用語では「アトリビュート（日本語では持物）」と呼ばれる。代表的な聖人のアトリビュートをいくつか挙げてみると、キリストの弟子の筆頭で初代ローマ司教（教皇）となった聖ペテロは鍵や司教杖、しばしば裸体の美青年として描かれる3世紀の殉教聖人セバスティアヌスは矢、聖書のラテン語訳者である聖ヒエロニムスはライオンや体を打つための鞭、石などである。ギリシア・ローマ神話の登場人物の場合、最高神ゼウス（ローマ名ユピテル）は鷲や雷、その妻である最高女神ヘラ（ユノ）は孔雀、愛と豊穣の女神アフロディテ（ウェヌス、英語ではヴィーナス）はその子であるエロス（クピド、英語ではキューピッド）を伴い、英雄ヘラクレスは獅子の毛皮や棍棒を持つ、といった具合である。

2.2. シンボル（象徴）

　「アトリビュート」が人物を特定するための目印であるのに対して、「シンボル」とは、人間が直接的に知覚したり視覚化したりすることのできない概念や価値などを、それを連想させる具体的な代替物によって暗示すること、あるいはその代替物そのものを指す。王権を表すのに王冠や王笏を、平和を表すのに鳩やオリーブの枝を、純潔を表すのに百合の花を用いるなど、様々である。こうした象徴表現は美術に限られたものではなく、日常生活の中にも深く入り込んでいて、我々は特に意識することなく、経験的に事物が持つ象徴的な意味を理解していることも少なくない。例えば平和の祈りを目的とする式典の際に、そのシンボルとして鳩が放たれる光景を目にしたことがあるだろうし、国連旗にオリーブの枝があしらわれていることの意味合いも、よく知られている。

　こうした象徴には古今東西を問わず共通のものもあるが、そもそも人間が
それぞれの文化の中で身の回りの事物、現象をどのように認識し、それにど
のような意味を与えてきたかということと深く関わっているために、時代や
地域によって異なる場合もある。それだけに日本人である我々にとって、西
洋文化の中で培われてきた象徴の意味するところを正しく知ることが重要だ
といえよう。

　美術作品においては、色彩が持つ象徴的意味も理解しておく必要がある。
先に図 2 と図 3 を比較した際、図 3 に登場する車輪というアトリビュート
が、そこに描かれた女性を聖カタリナと特定する鍵になると述べた。しかし
ながら図 2 と図 3 の女性を見分ける違いが他にもある。それは衣の色であ
る。図 2 の聖母は赤い長衣に青いマントをはおっているのに対し、図 3 の
聖カタリナは深緑色と水色の内衣に赤の外衣を身につけている。赤い衣に
青のマントという組み合わせは聖母に特有のものであり、赤は「天上の愛」
を、青は「天上の真実」を表すとされる。聖母の画像を目にする機会があっ
たら、このことに注目してほしい。ほぼ例外なくこの色の組み合わせである
と確認できるだろう。時に赤と青と白、あるいは青と白の衣の組み合わせに
なっていることもあるが、その場合の白は百合の花と同じく純潔を象徴して
いる。

2. 3. アレゴリー（寓意）

　西洋美術の作品の中には、宗教画や神話画以上に日本人には理解し難い、
「寓意画」と呼ばれるジャンルが存在する。《○○○の寓意》、あるいは《○
○○のアレゴリー》という作品名を目にしたことはないだろうか。「アレゴ
リー」は「シンボル」に類似するものであるが、「シンボル」が原則として
一つのモチーフで一つの概念や価値を暗示するのに対し、「アレゴリー」は
複数のモチーフを組み合わせたより複雑なイメージによって特定の概念や価
値、または事象を表現する方法である。

　この「アレゴリー」の最も単純な形式として知られているものに、「擬人
像」がある。「擬人像」は、抽象概念、特定の土地（例えば大陸、国家、都
市）、自然とその現象（例えば山、川、曙、夜）などを、それを暗示する

「シンボル」を伴った人間の姿で表すものである。例えば図6はローマ帝国の2代皇帝ティベリウスの時代に鋳造された金貨であるが、表面にはティベリウスの横顔が、裏面にはその統治がもたらした平和を表す擬人像が刻まれている（この平和の擬人像は皇妃リディアの肖像も兼ねているとされる）。この女性像を「平和」と特定できるのは、その左手に平和の象徴であるオリーブの枝を持っていることによる。また図7でコンスタンティヌス2世の金貨の裏面に表されている有翼の女性は、勝利を象徴する棕櫚の葉と月桂冠を手にしていることから「勝利」の擬人像であると分かる（マラソン大会で、優勝者に月桂冠が与えられる場面をテレビの画面で見たことがあるだろう）。擬人像の性別は、それが表しているものがギリシア語やラテン語において男性名詞であるか女性名詞であるかによって決まっており、例えば同じ水に関わるものであっても、川ならば男性名詞であるため男性像、泉ならば女性名詞であるため女性像で表されるが、抽象名詞はそのほとんどが女性名詞であるがゆえに、大抵の場合は女性の姿を取る。

　次にこうした擬人像と他のイメージを組み合わせてより複雑な概念を表したアレゴリーの例を見てみよう。図8はティツィアーノが時のスペイン国

図6　ティベリウスの金貨　1世紀前半

図7　コンスタンティヌス2世のソリドゥス金貨　4世紀前半

王フェリペ2世のために描いた《スペインに救われる宗教》である。ここ
では、画面右側に描かれた弱々しい裸の女性が石に膝をつき、左側から彼女
の方へ向ってくる勇ましい姿の女性とその仲間たちに庇護を求めているよう
に見える。裸の女性の足元には十字架と杯が置かれ、その背後の木には何匹
もの蛇が巻きついている。また2人の間には甲冑その他の武具が積まれて
おり、後景へ広がる海の上にはターバンを巻いた男の姿が認められる（図
9）。個々のモチーフはどれも意味ありげで、謎めいている。

　この作品の主題を理解するためには、描かれているモチーフを読み解くと
同時に、その背景にある歴史的状況を思い起こさなければならない。これ
が制作される数年前の1571年には、スペインにとって重要な事件が起こっ
た。スペインと教皇庁、ヴェネツィア共和国の連合軍（神聖同盟軍）が、当
時の西欧諸国にとって大いなる脅威であったオスマン帝国軍を撃破した、レ
パントの海戦である。これは西欧の軍隊がオスマン帝国軍に大勝した最初
の戦いとして、西欧全体にとって重要であったが、当時ヨーロッパ一の大
国であり、教皇庁と並ぶカトリックの擁護者を自負していたスペインにとっ
ては、とりわけ意義深い出来事であった。そのスペイン国王の依頼による図
8の作品はまさに、このレパントの海戦での戦勝を記念し、異教徒であるイ

図8　ティツィアーノ
**　　　《スペインに救われる宗教》**

図9　ティツィアーノ
**　　　《スペインに救われる宗教》部分**

プラド美術館　1572-75年
※巻頭カラーに図版あり（巻頭カラー図❾❿）

スラム勢力を打ち負かしてカトリック信仰を守ったスペインを称えるために描かれたのである。すなわち、キリスト教のシンボルである十字架と聖杯を伴い、邪悪なものを象徴する蛇の脅威にさらされた裸の女性は「宗教（カトリック）」の擬人像であり、武具と女戦士たちを従えて彼女に歩み寄るもう一人の女性は「スペイン」を表す（スペインの国名 España は通常、女性名詞として扱われる）。図版では確認しにくいかもしれないが、事実、彼女が右手に持つ盾にはフェリペ2世の紋章を見て取ることができる。海上のターバン姿の男性はいうまでもなく、敗走するオスマン・トルコ軍というわけである。

　ここまでの記述から、予備知識がなければ見落としてしまうような細部に、実は作品を知るための重要なヒントが隠されていることもあるのだということが、多少なりとも理解されただろうか。アトリビュート、シンボル、アレゴリーの数は無限にあり、ここで言及したのは僅かな例にすぎない。しかしそれらは作品を多く見ているうちにある程度習慣的に分かってくるものである。まずは実際の美術館や美術展に足を運んで、なるべく多くの実物に触れることから始めてほしい。ちょっとした時間のある時には図書館に足を運び、画集をめくってみるのもよいだろう。そして目にした作品の中で気になるモチーフに出会った際には、文末の参考文献に挙げる『西洋美術解読事典』や『西洋美術用語辞典』などで調べれば、すぐにその意味するところを見つけられるはずである。

3. 美術史学の代表的な研究方法

　先の項では、われわれ日本人が西洋の美術作品を楽しむための障壁となりがちな三つの事柄について簡単に述べたが、この項ではより学問的に美術作品と向き合うにあたって、どのようなアプローチ、研究方法があるのか、その概略を示そう。

3.1. 図像学と図像解釈学

　アトリビュート、シンボル、アレゴリーなどに隠された意味を探り、美術作品の主題を突きとめようとする時、実は誰もがすでに「美術史学」の学問領域に足を踏み入れていることになる。作品の意味内容に関わる形象の約束事を体系化し、研究しようという学問的アプローチは、「図像学（イコノグラフィー）」と呼ばれる。これは 19 世紀に、古代から受け継がれてきた美術の規範よりも芸術家個人の自由な創造性を貴ぶ「ロマン主義」が台頭し、普遍的な美のあり方や表現方法の伝統が崩壊したことから生まれてきた。つまり、過去の時代に生み出され、継承されてきた図像の象徴的意味合いが次第に失われ始めたために、却ってそれらを学問的に体系化する必要が生じたというわけである。20 世紀に入ると、この「図像学」を踏襲しつつも、個々の図像が持つ慣習的な意味を読み取ることからさらに進んで、より狭い特定の人間集団や社会においてのみ共有され、そこに生きる人々の文化、精神、思想などと分かちがたく結びついていた図像の深層の意味を解き明かそうとするアプローチが登場した。これは「図像解釈学（イコノロジー）」と呼ばれる研究方法である。「図像解釈学」には、あたかも推理小説のように美術作品の隠された意味を解読していく面白さや驚きがあり、20 世紀後半の美術史学においてきわめて大きな影響力を持つにいたった。しかしながらこのアプローチは、美術作品が有する美や表現性といった、意味内容以外の多様な価値をなおざりにし、ただの謎解きに終わってしまう、あるいは独りよがりの深読みに陥ってしまうという危険性もはらんでおり、それゆえに批判の対象と

図 10　ルーベンス
《バスケットのある聖家族図》

ポツダム、サンスーシ絵画館　1616 年頃

されることもある。

3. 2. 様式研究

　美術作品の主題や意味内容に注目する「図像学」や「図像解釈学」と並んで、美術史学の中核をなす研究方法として、作品の表層に表れている形態や表現形式を分析しようとする「様式研究」がある。様式は美術作品を語る際の基本的な概念で、一群の作品に統一性を与えている表現形式のことである。例えばルネサンスの古典主義的様式（註：美術において「古典主義」と言う場合、紀元前5世紀のギリシア美術や16世紀初頭の盛期ルネサンスを最高の美の規範とする考え方を指す）を代表するラファエッロの作品（図2）と、バロック様式の代名詞とも言えるルーベンスの聖家族図（図10）を比較すれば、様式の違いは一目瞭然だろう。安定感のある均衡のとれたラファエッロの聖母子の三角形構図に対し、ルーベンスの作品を支配しているのは、右上の聖ヨセフから聖母、幼子キリスト、洗礼者聖ヨハネを通って左下の子羊へと、ダイナミックに画面を斜めに切る対角線である。こうした画面構成上の原理の違いは、ルネサンスの作品とバロックの作品を比較した際に広く認められる。しかしながら同じ時代に属していても、古典主義的傾向の強いフランスのバロックの代表的画家プッサン（図11）と

**図12　ニコラ・プッサン
《聖エラスムスの殉教》**

ヴァチカン美術館　1628年

図11　ニコラ・プッサン《階段上の聖家族》

ワシントン、ナショナル・ギャラリー　1648年

ルーベンスの同主題を比べてみると、プッサンの群像が作り出す水平な構図は、ラファエッロに近い安定と均衡を志向していると言える。そうかと思えば、プッサンの作品の中には図12のような、ルーベンスの様式に近づいているものもある。このように、様式を定義する要因は個人や地域、流派、時代などが複雑に絡み合っており、様式論的アプローチも、美術の歴史の流れを時代や地域別に区切って図式化できるほど単純なものではない。

3.3. その他

上に述べた作品の主題や意味内容を探求する「図像学」や「図像解釈学」と、作品の造形的側面の分析に主眼を置く「様式研究」が近代の美術史学の二大潮流だが、この他にも様々なアプローチが存在し、その多様化は近年ますます顕著になっている。比較的伝統のあるものとしては、作品が生まれる背景にある社会の制度や構造、経済といった視点から美術の歴史を捉えようとする社会史・社会学的方法、作者の心性や知覚の在り方、あるいは無意識の作用に着眼して作品を解釈しようとする心理学・精神分析学的アプローチがある。その他、作品を受けとめる観者の側から美術の歴史を読み直す受容研究、フェミニズムやジェンダー（社会的・文化的性差）論、記号論といった比較的新しい理論的枠組みを適用して従来の美術史学の体系と言説を根底から見直す試みなども、盛んに行われてきている。

4. おわりに

上に述べた通り、西洋美術を専門的に研究するにあたってのアプローチは幾通りもあり、それはおそらく今後も増え続けていくだろう。しかしながら一つ確実に言えるのは、「美術史学」という学問を成り立たせているのは、その名称を構成している二つの部分が表すように、視覚体験に基づく分析と評価からなる「美術的」要素と、作品にまつわる史料の地道で緻密な分析からなる「歴史学的」要素だということである。今後、どんなに新しい理論的枠組や研究手法が美術史学に適用されようとも、その根底は揺るがないはずである。そうであるからには、これから西洋美術を真剣に学ぼうと考えてい

る人にとって、国内でも海外でもなるべく多くの作品に接して視覚体験を増やし、その中で作品を見る力と自分なりに分析する力を養うこと、そして適切な文字史料を探し当て、それを正確に読み、その内容を分析、評価する力を培っていくことの二つが何よりも大切である。西洋美術史学にとっては、外国語で書かれた文献を大量に読みこなすことが常に求められる。近代美術史学の基礎を築いたのが19世紀から20世紀初めのドイツの研究者であったことから、どの地域の美術を研究するにせよ、基本文献にはドイツ語で書かれたものも多い。英語の他に最低でも二つ、ないし三つの欧州系言語を読みこなせることが必要である。その点では外国語学部の学生には有利な学問領域だといえるだろう。西洋美術史研究を志すならば、日頃の学生生活の中で美術作品に触れる機会を積極的に持つとともに、高い語学力を身につけるよう研鑽を積んでほしい。

■主要参考文献

・ケネス・クラーク『絵画の見かた』高階秀爾訳、白水社、1970 年。(白水 U ブックスから 2003 年に新書版でも刊行されている)
・高階秀爾『名画を見る眼』岩波新書、1969 年。
・高階秀爾『続　名画を見る眼』岩波新書、1971 年。
・若桑みどり『イメージを読む 美術史入門』筑摩書房、1993 年。
・若桑みどり『絵画を読む イコノロジー入門』日本放送出版協会、1993 年。
・三浦篤『まなざしのレッスン　①西洋伝統絵画』東京大学出版会、2001 年。
・三浦篤『まなざしのレッスン　②西洋近現代絵画』東京大学出版会、2015 年。

　　上記の 7 冊は、西洋の美術作品(特に絵画)を理解するための鍵を与えてくれる入門者向けの指南書。いずれも読み物としても十分に楽しめる。

・高階秀爾、三浦篤編『西洋美術史ハンドブック』新書館、1997 年。
・高階秀爾監修『カラー版　西洋美術史』(増補新装版)美術出版社、2002 年。

　　上記 2 冊は、西洋美術の通史を扱った入門書。『西洋美術史ハンドブック』には通史のみならず、美術史学上の重要なトピックを取り上げたコラムが挿入さ

れている他、巻末には美術史学の方法と歴史に関する章も設けられており、美術史学を志す人には必携の一冊といえる。

・小佐野重利・小池寿子・三浦篤編『西洋美術の歴史』（全 8 巻）中央公論新社、2016-17 年。

　古代から 20 世紀にいたる西洋美術の歴史を、各分野の代表的研究者が最新の研究成果を反映しつつ書き下ろしたシリーズ。見るだけでなく、読むことに比重を置いた美術書。

・グザヴィエ・バラル・イ・アルテ『美術史入門』（吉岡・上村訳）、白水社、1999 年。

　ルネサンスから今日に至る美術史学の歴史を、体系的かつ簡略に解説した一冊。巻末にはルネサンス以降の重要な美術史家や美術家の言葉の翻訳が、アンソロジー形式で掲載されている。

・ジェームズ・ホール『西洋美術解読事典』（新装版）（高階秀爾監修）河出書房新社、2004 年。

　キリスト教や古典文学など西洋美術に特有の主題、シンボル、アトリビュート、人物などについて、図像学の成果に基づきながら明快に解説した、イメージを読むための基礎事典。

・『新潮世界美術大事典』新潮社、1985 年。

　西洋に限らず、全世界の美術に関する事柄を広く解説した事典。

・『世界美術大全集』西洋編全 28 巻、小学館、1992-97 年。

　美術全集は他にも何種類も刊行されているが、現在のところこの小学館のシリーズが最も新しく、それだけに比較的近年の研究成果が反映されており、図版の質も高い。

・Jane Turner et al. (eds.), *The Dictionary of art*, 34 vols., London & New York, 1996.

　古代から現代にいたる全世界の美術に関する事項を網羅した、英語版美術百科事典。各項目は当該分野を代表する研究者によって詳細かつ平明に解説されており、それぞれについて出版時までの主要参考文献リストも付されている。きわめて充実した内容で、西洋美術に関するあらゆる調査、研究の出発点となるレファレンス資料といってよい。中央図書館1階のレファレンスコーナーにある。電子版もあり、中央図書館ホームページの「情報検索」にあるポータル、*Oxford Art Online* よりアクセスできる。

●図版参考文献

図1　高橋明也『もっと知りたい　マネ』東京美術、2010年：図2、3　池上英洋『もっと知りたい　ラファエッロ』東京美術、2009年：図4、8、9　Pedrocco, Filippo, *Titian*, New York:Rizzoli, 2000：図5　Jouffroy, Alain, *Piero di Cosimo ou la forêt sacrilège*, Paris, 1982：図6　Rowland, Ingrid D. (ed.), *The Place of the Antique in Early Modern Europe*, Chicago: The Smart Museum of Art, 1999：図7　Friedberg, Arthur L., et al., *Gold Coins of the World: From Ancient Times to the Present*, Vermont, 2017：図10　Bartoschek, Gerd, *Flämische Barockmalerei in der Bildergalerie von Sanssouci*, Potsdam, 1985：図11、12　『世界美術大全集 西洋編 第17巻 バロック2』小学館、1995年。

ユーロヴィジョンから見たヨーロッパ

ネーヴェス　マウロ

1. ユーロヴィジョンとは

　2015 年、ヨーロッパの大部分の国々で放映されている、年に一度の国別対抗の音楽コンテスト番組 EUROVISION（ユーロヴィジョン）は 60 周年を迎えた。

　戦後から増加したアメリカポップスに対抗番組として、またヨーロッパの平和を求めて、1956 年にヨーロッパ放送協会（EBU）によって誕生したユーロヴィジョンは、最初の 4 年間は大変規模の小さいイベント番組であった。

　第 1 回ユーロヴィジョン・グランプリーは 1956 年にスイスで行われた。この初回には、7ヶ国（ベルギー、フランス、ルクセンブルグ、ドイツ、イタリア、オランダ、スイス）しか参加しなかった。基準があまりクリアでなかったため、参加国の代表は二曲を披露し、14 人の審査員により優秀者が決定された。

　翌年、三つの基準が決定され、現在に至る。第一は、参加国の代表は一曲のみとすること。第二に、曲の長さは 3 分程度までにとどめること。第三点は、スコアボードの使用である。第 2 回ユーロヴィジョンにはオーストリア、デンマーク、英国が加わった。

　参加国は次第に拡大していき [1]、60 年代、70 年代にかけて、ヨーロッパポップスを代表するコンテストにまで発展した。

　1966 年には参加国はその国の言語で曲を披露することを義務付けられた

1　それぞれの国が何年から参加し始めたかなどを章末にリストアップした。

　が、これに関してはその後数度にわたって議論され、言語に関する規則は繰り返し変更されてきた。1973年、言語制限はなくなった。しかし、1977年には再び国の言語での歌唱が義務付けられ、最終的には1999年に言語制限が解かれて現在に至っている。

　言語の他にも、数度にわたって変更されてきた規定が投票方法である。1975年に確立された12点満点システムによる投票方法が、現在の投票方法の基礎となっている。これは、各参加国が相手国の代表に12点を満点とする点数を投票するものである。なお、1998年から導入された電話による投票数はコンピューターで処理され、それぞれの点に加算される仕組みとなっている。

　1989年にもう一つの規則が決定された。それは、参加する歌手が16歳以上でなければならないという年齢制限である。

　80年代、90年代には、ユーロヴィジョンはヨーロッパポップスの代表的番組としての役割は終えていたにもかかわらず、番組の人気は継続しており、未だにヨーロッパのテレビ番組の中でトップの視聴率を獲得している。

　そしてベルリンの壁の崩壊によって民主化が進む東ヨーロッパ各国の同番組への参加により、その規模は拡大してきた。

　その拡大に伴って1993年から2003年の間は、ファイナルの参加国数は25ヶ国まで制限され、本番以前に予備審査が行われるようになった。予備審査に参加しなければならない国は、前年に結果が悪かった国及び、新規に番組参加を望む国であった。

　2000年に放送協会の予算を最も多く負担しているドイツ、スペイン、フランス、英国は、予備審査を受けることなく直接ファイナルに参加できる「ビッグフォー」というシステムが導入された。

　2004年にセミファイナルとファイナルのシステムが導入された。ファイナルに参加できる国は、前年の10位以内の国及び、「ビッグフォー」とセミファイナルの上位10ヶ国であった。

　2008年からセミファイナルに二つのシステムが導入された。ファイナルに参加できる国は、「ビッグフォー」と前年の優秀国及び、それぞれセミファイナルの上位9ヶ国と参加した国の全ての代表審査員に選出されるそれ

ぞれのセミファイナルから1曲である。

　2009年、ファイナルの投票に審査員が再び参加することが決定された。これに伴って、投票の50％は審査員で、残り50％は視聴者による電話投票でなされることとなった。

　2010年、ファイナルの投票に加え、セミファイナルの投票にも代表審査員が再び参加することが決定された。これに伴って、投票の50％は代表審査員、残り50％は視聴者による電話投票となった。

　2011年にはイタリアが14年ぶりに参加することになり、それによって「ビッグフォー」は「ビッグファイヴ」になった。

　2015年、前年のゲストだったオーストラリアが正式に加わった。

　2016年には、2009年から続いていた投票方法（代表審査員と視聴者の投票数がコンピューターで合計され、各国の点に加算される）が変更された。代表審査委員と視聴者の投票数は別々にコンピューターで処理され、それぞれの国の点に加算されてから、結果を合わせることになった。

　数回に及ぶ形態の変更を経てさらに拡大し、2019年のユーロヴィジョンは41ヶ国が参加するに至った。

2. ユーロヴィジョンに表れる特徴と問題

2. 1. ユーロヴィジョンに見られるナショナルアイデンティティーとヨーロッパ概念

　国内選出方法はそれぞれの参加国に任されている。それぞれの代表の国籍、出演させる音楽ジャンル、使用する言語、パフォーマンスなどにより、ナショナルアイデンティティーはどのように表現されているのだろうか。

　アルバニアあるいはトルコのように代表の国籍にこだわる国もあれば、スイスのように全くと言ってもいいほど、国籍にこだわらない国もある。

　音楽ジャンルに関してもスペインのように国の代表であるフラメンコを代表とする国もあれば、代表音楽ジャンルであるファドを全く出演させなかったポルトガルのような国もある。

　ナショナルアイデンティティーはユーロヴィジョンの歴史において様々な

形で現れてきた。

　その一つは、コンテストであるゆえに、国家間の競争として現れる要素である。応援団が参加し、自分の国に対する応援は極めて目を引くものがある。

　もう一つは、審査員が優勝者を決めていた時代に見られた政治的な投票方法である。例えば、北欧の間で満点を交換する。あるいはキプロスとトルコはお互いに絶対に相手に投票しないといったことである。

　さらに歌詞の内容が国の自然、歴史などを誉めたり、伝えたりすることもある。

　ヨーロッパ観の共有もユーロヴィジョンの一つの目的であるため、ヨーロッパの概念は歌詞やパフォーマンスに現れたこともあった。

　それを最も代表するケースは1990年にユーゴスラヴィアで優勝したイタリアの「Insieme：1992」という曲である。その歌詞は正に1992年から統合するヨーロッパが賛美され、パフォーマンスにEUの旗を使用することで、アピールしていた。このパフォーマンスが長い間ユーロヴィジョンに参加してきた唯一の東欧国であったユーゴスラヴィアで行われたことに、より大きなインパクトがあったと思われる。

　しかしながらユーロヴィジョンに最も多く見られるヨーロッパの概念は、統一対中心の議論である。

　一方、ユーロヴィジョンはEUよりも広がっていたヨーロッパを表してもいる。現在、EUは27ヶ国まで拡大しているが、ユーロヴィジョンに参加する国の数は1993年に既に25ヶ国であった。そしてEUに加盟する以前からスペイン、トルコ、バルト三国などの国々は既にユーロヴィジョンへの参加を果たしていた。

　もう一方、2000年から導入された「ビッグフォー」が示しているように、経済的にヨーロッパの中心になっているドイツ、イギリス、フランスとスペインが得点を持つことになっている。

　皮肉であるが、「ビッグフォー」を導入されて以降、この4ヶ国がユーロヴィジョンで成功を収めたことはほとんどない。

2. 2. ユーロヴィジョンに見られる言語の存在

　先述のように、参加国はどの言語で曲を披露するかについては、数度にわたって議論されてきた。

　しかし最終的には 1999 年に言語制限が解かれ、英語で歌を披露することは多く見られることになった。

　いくつかの事例を通して説明しておこう。

　第一に、国の状況も考え、使用言語が三つの言語コミュニティーの間で交互に選択されてきたのがベルギーである。言語制限が存在していた間は、ある年にフランス語で披露するならば、その翌年はオランダ語で披露するといった選択を続けてきた。だが 1999 年以降、フランス語コミュニティーが代表する年は（2003 年、2007 年、2009 年、2011 年、2013 年、2015 年、2017 年および 2019 年以外）、フランス語で曲を披露してきたが、オランダ語のコミュニティーの場合は（2008 年以外）、英語になった。

　第二に、4 ヶ国語を公用語としているスイスである。1956 年から 2019 年までスイスの代表は 23 回フランス語で、11 回ドイツ語で、10 回イタリア語で、14 回英語で、そして 1 回ロマンシュ語で歌ってきた。優勝の 2 回はフランス語で歌を披露した時である。10 位以内に留まった時もフランス語で歌った時の方が多い。しかしながら言語制限がなくなってからフランス語で曲を披露した年は 2002 年のみである。そして 2000 年以降スイスが 10 位以内に留まった年は、英語でエストニア人のガールズバンドが披露した 2005 年と 2019 年のみである。

　第三に、北欧の 5 ヶ国（アイスランド、スウェーデン、デンマーク、ノルウェーとフィンランド）の状況である。言語制限がなくなってから 2006 年のノルウェーの代表曲、2008 年度、2010 年度、2012 年度と 2015 年度のフィンランドの代表曲、2009 年度のスウェーデンの代表曲および 2013 年度と 2019 年度のアイスランドの代表曲以外、全ての提出曲は英語であった。

　第四に、フランス語にこだわるフランスである。2008 年に全て英語で歌うことを発表した際、国会で議論になったほど、フランスはフランス語で歌を披露することにこだわってきた。それはフランス政府のフランス語に対

する文化政策の表れである。しかしフランスでも 1992 年以降言語に対して
様々な試みを行ってきた。1992 年はハイチのクレオール語とフランス語を
合わせて歌い、1993 年にフランス語とコルシカ語を合わせ歌った。そして
2001 年と 2007 年は、フランス語で歌いサビは英語で歌った。それ以外に
スペイン語のサビを入れた 2004 年の曲もあった。2008 年に英語のみで披
露することが発表され、国会で議論された結果、サビにフランス語を入れる
ことで落ち着いた。フランス語を完全に捨てて歌を披露したのは、1996 年
にブルターニュ語で披露された曲と 2011 年にコルシカ語で披露された曲で
ある。しかし 2016 年以降の多くのフランスの代表曲はフランス語と英語を
合わせた曲になったことも事実である。

　最後にフランスと同じように国語にこだわってきたもう一つの国がある。
トルコである。トルコ政府もトルコ語をトルコ文化の大事な要素として守っ
ており、ユーロヴィジョンへの参加曲はトルコ語で披露するべきであると何
回も国会で討論してきた。その結果 34 回参加したトルコは、英語のサビを
入れたことは 4 回で、完全に英語で歌を披露したことは 7 回のみである。
皮肉なことに優勝したのは、英語で歌を披露した年である。

2.3. 西欧、南欧、北欧と東欧におけるユーロヴィジョンの存在の違い

　ユーロヴィジョンはヨーロッパの統合を願うために設立されたイベントに
もかかわらず、参加国は主に完全に四つの地域に分けられる。

　西欧（本稿では、ベネルクス、イタリア、英国、スイス、アイルランド、
フランス、オーストリアを指す）において、ユーロヴィジョンは既にテレビ
のイベントに過ぎない。特にフランスとイギリスには、ユーロヴィジョンを
通してヨーロッパの音楽マーケットへの進出を試みるという考えはもう存在
しない。また、ユーロヴィジョンで言うとチャンピオンそのものであるア
イルランドも、最近 10 位以内に残ることができた年は 2000 年、2006 年、
そして 2011 年である。他の問題も影響を与えるに違いないが、そもそも西
欧の国々のユーロヴィジョンに対する情熱はもう存在しないといっても過言
ではない。

　南欧（本稿では、ポルトガル、スペイン、マルタ、ギリシア、キプロスを

指す）において、ユーロヴィジョンの人気はほとんど減退していない。特に
ギリシアにおいては、ユーロヴィジョンは過去よりも現在の方が人気を得て
いる。2001 年および 2004 年に 3 位を獲得し、2005 年には優勝を果たし
たギリシアは、選曲が優れていることが勝因の一つであるが、電話投票にお
ける移民の存在も大きい。一方、2017 年にようやく初優勝を手にしたポル
トガルや、2013 年の 8 位以外に良い結果を出していないにもかかわらずマ
ルタにおいても、番組の人気と存在は衰えない。

　国内において最もユーロヴィジョンに対して真面目に組んでいる地域は、
北欧（本稿では、アイスランド、フィンランド、デンマーク、スウェーデ
ン、ノルウェーを指す）である。番組の人気も衰えず、国内選出に参加する
歌手、作曲家と作詞家は主に国のトップに位置する人々である。そもそも北
欧はユーロヴィジョンを通してヨーロッパ音楽マーケットを狙い、成功を収
めた地域である。ABBA はその好事例である。2008 年に 5 位以内に入った
唯一の東欧（ここでは、ギリシアも含む）ではない国は北欧のノルウェーで
あった。そして 2009 年に圧勝したノルウェーの結果は久々の西ヨーロッパ
の参加国の優勝であった。それ以降、スウェーデンが 2013 年と 2015 年に
優勝を果たしたこともあり北欧におけるユーロヴィジョンの人気はますます
高まっている。

　最後に東欧におけるユーロヴィジョンの存在を見てみたい。東欧諸国に
とってはユーロヴィジョンへの参加は、ヨーロッパへの仲間入りを示す役割
になっている。それに伴い、東欧のテレビ局は真面目に国内選出を行うこ
とを考えている。確かに、旧ソ連の国々と旧ユーゴスラヴィアの国々の間に
おける政治的投票も見られるが、他の地域と比べて国内代表の選出に最も力
を入れている地域は東欧であるといっていいだろう。その結果、2001 年、
2002 年、2004 年、2007 年、2008 年、2011 年、2016 年に優勝している
のは東欧の国である。

2. 4. ユーロヴィジョンに見られるエスニシティー

　ユーロヴィジョンに見られる要素としてエスニシティーも注目すべき点で
ある。

「1964年までユーロヴィジョンは、3分のポップソングを通してナショナリティーを表現する『全白人』環境であった。」[2]

しかし1964年に、オランダは代表としてインドネシア系の歌手を送った。この出来事はユーロヴィジョンにおけるエスニシティー要素の始まりとも言える。

1964年からそれぞれの国の代表として様々なエスニシティーの歌手が参加してきたが、特にオランダは白人以外のルーツを持つ歌手を送り続けた。

オランダは、60回の参加のうち、16回は白人ではない歌手を送った。インドネシア系以外にスリナム系、インド系、そして2008年のモロッコ系の歌手もいたが、最も多かったのは、スリナム系の黒人である。それは、主に1960年代と1970年代にオランダの人口に起こったスリナムからの移民の増加の現れでもある。1975年以降スリナムの人口の半分程度がオランダに移民した[3]。オランダにおける移民の影響は様々な分野に見られるが、最も強く影響しているのが音楽といえよう。インドネシア系とスリナム系によってオランダポップスは1960年代後半から変化し、ニューオランダポップスを誕生させたほどである。そして1990年代後半以降、西アフリカ及び北アフリカからの移民も受け入れて更に変化してきている。この状況を考えると、スリナム系の一人、エドシリア・ラムブレイが現代オランダポップスの最も有名な歌手でユーロヴィジョンに二度ほど国の代表として出演したことは、驚くことではないだろう。

オランダはユーロヴィジョンの場を利用し、差別のない社会をアピールしてきた。これを最も表現した出来事は、1978年に送った代表である。その年にアフロスリナム系の一人、インドネシア系の一人と白人系の一人で構成された「ハーモニー」というグループを送り、当時のオランダ社会を表現しているとした。

なお、ユーロヴィジョンで優勝した黒人歌手は一人しかいない。2001年

2　Mutsaers, Lutgard, "Fernando, Filippo, and Milly: Bringing blackness to the Eurovision stage" in: Raykoff, Ivan and Robert Deam Tobin (ed.), *A Song for Europe: Popular Music and Politics in the Eurovision Song Contest* (Hampshire, Ashgate, 2007), pp. 61-70, p. 61.

3　Idem, ibidem, p. 67

にエストニアの代表として参加したアルバ出身のデービッド・ベントンである。

2. 5. ユーロヴィジョンへの投票に見られるディアスポラの影響

1998 年から電話による投票が導入されてから、ユーロヴィジョンへの投票に政治的な投票と同様、ディアスポラの影響も見られることになった。

2005 年を例としてどんな国がどんな国に 12 点をあげたかを通し、その影響を探ってみよう。

ディアスポラの影響の表れである投票は次の通りである。

オーストリアとスイスにはセルビア出身の移民が多く、それぞれの国における電話投票の結果により、12 点はセルビア・モンテネグロに投じられた。同じようにポルトガルとスペインにルーマニア出身の移民が多いため、12 点はルーマニアに投じられた。

ディアスポラの影響が最も見られたケースは、トルコ移民が多い国である。2005 年の結果も決して意外なものではなかった。オランダとフランスにおける電話投票の結果によって 12 点がトルコに投じられた。大体同じ状況はドイツでも見られるが、2005 年には、珍しくドイツにおける電話投票の結果によって、12 点はやはり移民数が多いギリシアに投じられた。

ディアスポラの影響と同時にまだ継続している要素は、政治的な投票である。

2005 年の場合、それを代表している投票は、バルト三国の投票結果と北欧の投票結果である。もちろんこれまでよく見られていたギリシアとキプロスが相互に 12 点を相手国に投じる要素も残っている。

しかし、ディアスポラの影響と比べ、政治的な投票は、政治的というよりもむしろ文化的と言えるのかもしれない。

バルト三国にしても、北欧にしても、旧ソ連の国々や旧ユーゴスラヴィアの国々にしても、ギリシア・キプロス間にしても、それぞれのアーティストが地域的に活躍しているだけではなく、言語と文化の共通点が多いことが、電話投票での相互的な点の獲得になっていると思われる。

もちろん曲そのものを中心にして投票する結果もうかがえる。例えば、

2005 年にディアスポラも政治的な要素も感じられないアイルランドの電話投票におけるラトビアへの 12 点、ハンガリーの電話投票におけるギリシアへの 12 点、そして最も珍しく（ユーロヴィジョン史上初めて起こった）トルコの電話投票におけるギリシアへの 12 点である。

3. 音楽としてのユーロヴィジョンは何か

　ルクセンブルクの代表であったフランス・ガールが優勝する 1965 年まで、ユーロヴィジョンで発表されてきた曲は、ポップスよりもそれぞれの参加国を代表する歌謡曲ジャンル（シャンソン、カンツォーネ、シュラーガー等）であった。

　それ以降ポップスが中心になってきたが、歌謡曲の披露も継続しており、民謡などのジャンルも溢れてきた。

　ここでは、著者が実際に生で鑑賞できた 2018 年を例として参加国が披露したジャンルを考察し、音楽としてユーロヴィジョンはどのようなイベントであるかを探ってみる。

　それぞれの参加曲について述べる前に注意したい点が一つある。60 年代以降、音楽よりも、ユーロヴィジョンと関係するパフォーマンスの方が中心に位置する参加曲も存在する。そのようなジャンルを本稿では、「エンターテインメント曲」と名付けることとする。曲調はほぼポップスであるが、内容はパフォーマンスによって強調され、コメディーに近い曲も存在するため、単なるポップスとは異なる。

　2018 年には 43ヶ国が参加したが、その内 35ヶ国が披露した曲はポップスだと言ってもいいだろう。その中でも多様性が見て取れる。例えば、アルメニア、ギリシア、セルビアおよびモンテネグロが披露した民謡がポップスアレンジされている曲、ラテン音楽のテイストがたっぷり入っているキプロスが披露した曲、イタリアが披露したメッセージソング、ポップス曲調のクラブダンスミュージックのポーランド、フィンランドおよびスウェーデンの参加曲などである。

　ポップス曲調以外の曲は次のジャンルであった。上述した「エンターテイ

ンメント曲」の 1 曲（モルドバ）、アルバニアとルーマニアのロック、ハンガリーのハードロック、オランダのカントリー、ブルガリアのクラブミュージック、ジョージアの伝統歌謡曲とエストニアのオペラである。

　その多様性が示しているように、ユーロヴィジョンに参加する音楽ジャンルを述べるよりも、ユーロヴィジョン自体がヨーロッパポップスの一つのジャンルとして扱われる方が適切かもしれない。

■**付録 1：ユーロヴィジョンの参加国（デビュー年順）**

　イタリア（1956 年）（45 回参加、2 回優勝）

　オランダ（1956 年）（60 回参加、4 回優勝）

　スイス（1956 年）（60 回参加、2 回優勝）

　ドイツ（1956 年）（63 回参加、2 回優勝）

　フランス（1956 年）（62 回参加、5 回優勝）

　ベルギー（1956 年）（61 回参加、1 回優勝）

　ルクセンブルク（1956 年）（37 回参加、最後に参加した年は 1993 年、5 回優勝）

　英国（イギリス）（1957 年）（62 回参加、5 回優勝）

　オーストリア（1957 年）（62 回参加、2 回優勝）

　デンマーク（1957 年）（48 回参加、3 回優勝）

　スウェーデン（1958 年）（59 回参加、6 回優勝）

　モナコ（1959 年）（24 回参加、最後に参加した年は 2006 年、1 回優勝）

　ノルウェー（1960 年）（58 回参加、3 回優勝）

　スペイン（1961 年）（59 回参加、2 回優勝）

　フィンランド（1961 年）（53 回参加、1 回優勝）

　ユーゴスラヴィア（1961 年）（27 回参加、ユーゴスラヴィアとして最後に参加した年は 1992 年、1 回優勝）

　ポルトガル（1964 年）（51 回参加、1 回優勝）

　アイルランド（1965 年）（53 回参加、7 回優勝）

　マルタ（1971 年）（32 回参加）

イスラエル（1973 年）（42 回参加、4 回優勝）

ギリシア（1974 年）（40 回参加、1 回優勝）

トルコ（1975 年）（34 回参加、最後に参加した年は 2012 年、1 回優勝）

モロッコ（1980 年）（1 回参加）

キプロス（1981 年）（36 回参加）

アイスランド（1986 年）（32 回参加）

クロアチア（1993 年）（25 回参加）

スロベニア（1993 年）（25 回参加）

ボスニア・ヘルツェゴビナ（1993 年）（19 回参加）

エストニア（1994 年）（25 回参加、1 回優勝）

スロヴァキア（1994 年）（7 回参加）

ハンガリー（1994 年）（17 回参加）

ポーランド（1994 年）（22 回参加）

リトアニア（1994 年）（20 回参加）

ルーマニア（1994 年）（20 回参加）

ロシア（1994 年）（22 回参加、1 回優勝）

北マケドニア（1998 年）（19 回参加）

ラトビア（2000 年）（20 回参加、1 回優勝）

ウクライナ（2003 年）（15 回参加、2 回優勝）

アンドラ（2004 年）（6 回参加）

アルバニア（2004 年）（16 回参加）

セルビア・モンテネグロ（2004 年）（2 回参加、その後は別々の国として参加）

ベラルーシ（2004 年）（16 回参加）

ブルガリア（2005 年）（12 回参加）

モルドバ（2005 年）（15 回参加）

アルメニア（2006 年）（13 回参加）

ジョージア（2007 年）（12 回参加）

セルビア（2007 年）（12 回参加、1 回優勝）

チェコ（2007 年）（8 回参加）

モンテネグロ（2007 年）（11 回参加）

アゼルバイジャン（2008 年）（12 回参加、1 回優勝）

サンマリノ（2008 年）（10 回参加）

オーストラリア（2015 年）（5 回参加）

■付録 2：チャンピオン国とその年に使用した言語

1956 年　スイス（フランス語）

1957 年　オランダ（オランダ語）

1958 年　フランス（フランス語）

1959 年　オランダ（オランダ語）

1960 年　フランス（フランス語）

1961 年　ルクセンブルク（フランス語）

1962 年　フランス（フランス語）

1963 年　デンマーク（デンマーク語）

1964 年　イタリア（イタリア語）

1965 年　ルクセンブルク（フランス語）

1966 年　オーストリア（ドイツ語）

1967 年　英国（英語）

1968 年　スペイン（スペイン語）

1969 年　英国（英語）、スペイン（スペイン語）、フランス（フランス語）、オ
　　　　　ランダ（オランダ語）

1970 年　アイルランド（英語）

1971 年　モナコ（フランス語）

1972 年　ルクセンブルク（フランス語）

1973 年　ルクセンブルク（フランス語）

1974 年　スウェーデン（英語）

1975 年　オランダ（英語）

1976 年　英国（英語）

1977 年　フランス（フランス語）

1978 年　イスラエル（ヘブライ語）

1979 年　イスラエル（ヘブライ語）

1980 年　アイルランド（英語）

1981 年　英国（英語）

1982 年　ドイツ（ドイツ語）

1983 年　ルクセンブルク（フランス語）

1984 年　スウェーデン（スウェーデン語）

1985 年　ノルウェー（ノルウェー語）

1986 年　ベルギー（フランス語）

1987 年　アイルランド（英語）

1988 年　スイス（フランス語）

1989 年　ユーゴスラヴィア（セルヴォ・クロアチア語）

1990 年　イタリア（イタリア語）

1991 年　スウェーデン（スウェーデン語）

1992 年　アイルランド（英語）

1993 年　アイルランド（英語）

1994 年　アイルランド（英語）

1995 年　ノルウェー（ノルウェー語）

1996 年　アイルランド（英語）

1997 年　英国（英語）

1998 年　イスラエル（ヘブライ語）

1999 年　スウェーデン（英語）

2000 年　デンマーク（英語）

2001 年　エストニア（英語）

2002 年　ラトヴィア（英語）

2003 年　トルコ（英語）

2004 年　ウクライナ（英語、ウクライナ語）

2005 年　ギリシア（英語）

2006 年　フィンランド（英語）

2007 年　セルビア（セルビア語）

2008 年　ロシア（英語）

2009 年　ノルウェー（英語）

2010 年　ドイツ（英語）

2011 年　アゼルバイジャン（英語）

2012 年　スウェーデン（英語）

2013 年　デンマーク（英語）

2014 年　オーストリア（英語）

2015 年　スウェーデン（英語）

2016 年　ウクライナ（英語、クリミア・タタール語）

2017 年　ポルトガル（ポルトガル語）

2018 年　イスラエル（英語、ヘブライ語）

2019 年　オランダ（英語）

■付録 3：最高得点曲（獲得可能な点数割合）（2018 年時点）

1) Tu te reconnaîtras（第 1 位、1973 年、ルクセンブルク、80.63%）

2) Save Your Kisses（第 1 位、1976 年、英国、80.39%）

3) Ein Bißchen Frieden（第 1 位、1982 年、ドイツ、78.92%）

4) Love Shine a Light（第 1 位、1997 年、英国、78.82%）

5) Fairytale（第 1 位、2009 年、ノルウェー、78.66%）

6) Rock'n'Roll Kids（第 1 位、1994 年、アイルランド、78.47%）

7) Eres tú（第 2 位、1973 年、スペイン、78.13%）

8) Heroes（第 1 位、2015 年、スウェーデン、77.99%）

9) J'aime la vie（第 1 位、1986 年、ベルギー、77.19%）

10) Amar pelos Dois（第 1 位、2017 年、ポルトガル、77.03%）

■付録 4：最高得点曲（全体点数）（2019 年時点）

1) Amar pelos Dois（第 1 位、2017 年、ポルトガル、758 点）

2) Beautiful Mess（第 2 位、2017 年、ブルガリア、615 点）

3) 1944（第 1 位、2016 年、ウクライナ、534 点）

4) Sound of Silence（第2位、2016年、オーストラリア、511点）

5) Arcade（第1位、2019年、オランダ、498点）

6) You Are The Only One（第3位、2016年、ロシア、491点）

7) Soldi（第2位、2019年、イタリア、472点）

8) Hey, Mamma!（第3位、2017年、モルドバ、374点）

9) Fairytale（第1位、2009年、ノルウェー、372点）

10) Euphoria（第1位、2012年、スウェーデン、372点）

■**付録5：執筆者からのおすすめの20曲（2019年時点）**

1) Rhythm Inside (Loïc Nottet、ベルギー、2015年)

2) Angel (Chiara、マルタ、2005年)

3) Color of Your Life (Michał Szpak、ポーランド、2016年)

4) Milim (Harel Skaat、イスラエル、2010年)

5) Un banc, un arbre, une rue (Séverine、モナコ、1971年)

6) Rise Like a Phoenix (Conchita Wurst、オーストリア、2014年)

7) Arcade (Duncan Laurence、オランダ、2019年)

8) Spirit in the Sky (KEiiNO、ノルウェー、2019年)

9) Mall (Eugent Bushpepa、アルバニア、2018年)

10) Truth (Chingiz、アゼルバイジャン、2019年)

11) Beautiful Mess (Kristian Kostov、ブルガリア、2017年)

12) L'oiseau et l'enfant (Marie Myriam、フランス、1977年)

13) Miazoume (Takis Biniaris、ギリシア、1985年)

14) Ne partez pas sans moi (Céline Dion、スイス、1988年)

15) Neka mi ne svane (Danijela Martinovic、クロアチア、1998年)

16) Together (Ryan O'Shaughnessy、アイルランド、2018年)

17) She Got Me (Luca Hänni、スイス、2019年)

18) Under the Ladder (Mélovin、ウクライナ、2018年)

19) Non mi avete fatto niente (Ermal Meta & Fabrizio Moro、イタリア、2018年)

20) Mercy（Madame Monsieur、フランス、2018 年)

■主要参考文献

・Raykoff, Ivan, and Robert Deam Tobin (ed.), *A Song for Europe: Popular Music and Politics in the Eurovision Song Contest*, Hampshire: Ashgate, 2007.

　ユーロヴィジョンを様々な面から分析している論文集。著者はアメリカ、イギリス、オランダ、イスラエル、スウェーデン等の音楽を研究する代表的研究者たち。ユーロヴィジョンの研究には不可欠の文献。

・Gambaccini, Paul et al., *The Complete Eurovision Song Contest Companion*, London: Pavilion Books, 1998.

　ユーロヴィジョンの歴史をつづり、なおかつその分析を初めて試みた著作。著者はイギリス音楽評論界を代表する 4 名。写真も皮肉もたっぷり込められている文献。

・O'Connor, John Kennedy, *Eurovision Song Contest, 50 Years: The Official Story*, London: Carlton Books, 2005.

　ユーロヴィジョン 50 周年の祝賀イベントに向けて出版されたオフィシャルヒストリー。写真が多くデータも詳細にわたっている。ユーロヴィジョンの研究に欠かせない一書。フランス語やドイツ語、オランダ語、スウェーデン語版もある。

・West, Chris, *Eurovision: A History of Modern Europe Through the World's Greatest Song Contest*, London: Melville House, 2017.

　ユーロヴィジョンの歴史に照らしながらヨーロッパ史の様々な出来事がユーロヴィジョンにどのような影響を与えてきたかを鋭く分析。ユーロヴィジョンの研究を音楽面からだけではなく、社会面および歴史面からも研究したい方に欠かせない一書。

・Tragaki, Dafni (ed.), *Empire of Song: Europe and Nation in the Eurovision Song Contest*, Lanham: The Scarecrow Press, 2013.

　ヨーロッパおよび EU における様々なナショナルアイデンティティーの面から、ユーロヴィジョンに参加しているいくつかの国の代表曲および投票結果を通して分析している一書。特にユーロヴィジョンにおけるスウェーデン、イタリア、トルコとポルトガルについての分析は優れている。

ヨーロッパ映画史

ウィリアムズ　ジョン

1. 定義とセレクションの問題

　ヨーロッパ映画史のすべてを短くまとめることは、様々な理由から至難の業である。まず一つ目の理由として、ヨーロッパそのものの定義の難しさがある。真のヨーロッパ映画史には東欧諸国をはじめ、スカンジナビア、国土の小さな国々、そしてイギリスで製作された数多くの作品を考慮しなければならない。しかし、ヨーロッパ映画史のほとんどは大きな産業が存在する"中央諸国"といわれるフランス、ドイツ、そしてイタリアへと傾倒しているうえ、周知のように、イギリスは EU からの離脱が決定し、ヨーロッパにおけるアイデンティティーは薄れつつある。二つ目の理由は、このような調査を行うには、膨大な本数の映画を網羅しなければならないことにある。毎年ヨーロッパで製作されている映画の数がハリウッドで製作される映画の数を上回っているという現実は、20 世紀初頭より首尾一貫している。つまり、何百本、何千本という、一生かけても見切れない本数を扱うことになるのだ。また、個々の監督、作品の傾向、ジャンルに焦点をあてるのか、それとも人気のある映画に的を絞るのかなど、どの分野を重要視するかも問題になってくる。

　ごく最近まで、大学で映画の教鞭をとる教師は偉大な監督や素晴らしい作品等を基準とし指導していた。多くの大学生にとって、ヨーロピアン・シネマはエイゼンシュテイン、ルノアール、ラング、トリュフォー、ベルイマン、ファスビンダーなど、偉大な巨匠の作品を勉強することを意味していた。映画は産業ではなく"芸術"として、また、ポップ・カルチャーとしてではなく、個人の表現方法の媒体の一つとして学ばれていた。また、映画

は一人の天才監督がすべて仕切って作られた、エリート意識の強いメディアだったのだ。観客から愛される膨大な数の人気映画は、批評家や学者から無視され、歴史的にも日の目を見ることがなく、それはあたかも、ヤクザ映画、Jホラー、寅さん、そして『釣りバカ日誌』シリーズが日本映画史から取り除かれたようなものなのだ。

　しかし近年、学者の映画史に関する基準は変わりつつあり、より大衆的な目で論評されるようになっている。監督一人の手で映画が作られているのではないという意識や、製作過程の複雑さへの認識など、新しい映画の見方が生まれたのだ。脚本家、プロデューサー、目玉となる役者、そしてプロダクション過程それぞれの役割も追求されるようになったほか、観客の反応や映画のうけも考慮されるようになった。しかしながら、“基準”とされてきた映画はいまだに映画そのものに強い影響を与えており、このエッセーの大半はそれらの作品を手掛けた監督に関するものになる。それは単に、この入門的なエッセーで映画史の全体像を記すのは複雑すぎるのと、基準とされている多くの映画が世界中に知られており、日本語字幕版も手に入りやすいからである。ゆえに今後は、鍵となるムーヴメントやヨーロッパ映画界の監督たちに焦点を絞り、そのスタイルや技術に関する発展、作品のスタイルやムーヴメントに影響を与えた映画理論に関する議論、そして世界中のフィルムメーカーたちに影響を与えた作品などに触れていく。しかしこの手引きは単なる概略にすぎない。草創期のパイオニアに関する再発見をはじめ、東欧諸国の映画へとフィールドが広がったことや、忘れ去られていた素晴らしい人気作や見過ごされていた監督たちなど、ヨーロッパ映画史における近年の学術的な発見はほとんど扱っていない。これらの新たな発展は、結論部分と参考文献などで少々触れている。

2. 第一次世界大戦以前のヨーロピアン・シネマ

　初期の映画史については、世界的な科学技術、経済、そして科学的発見を除いては語ることができないほど複雑なものだ。映画界初期に綴られる過去の発展の栄光は、エジソンやリュミエール兄弟といった一握りの先駆者たち

の活躍によるものとされていたが、現実には何百人という技術者、科学者、企業家、そして芸術家たちが、それぞれ同時進行で異なる技術発展に着手し、"映画"という媒体をイギリス、アメリカ、ドイツ、そしてフランスで作り上げたのだ。最近ではありがたいことに、初期の映画史は学問的に、より多様かつ細かく記されるようになっている。例えば、芸術的にも産業的にも映画界に多大な貢献をしたアリス・ギーといった世界初の女性監督など、初期の映画史に残る重要人物も映画史研究家の手によって注目を集めるようになった。

　科学技術面についてはさておき、ビジネス、エンタテインメント、そして芸術としての"映画（シネマ）"のはじまりは、ベルリンで初めて映画を一般公開したスクラダノウスキー兄弟が1895年に記したことが確実視されている（当初は、フランスのリュミエール兄弟が初の一般公開をしたとされていたが、実は彼らの上映はスクラダノウスキー兄弟の2週間後に行われていた）。初上映から10年で、映画は新しいポピュラーなエンタテインメントとして受け入れられた。今日の映画と比べれば技術的には劣るものの、1905年のパリへタイムスリップすれば、人々が映画館を訪れた時の興奮は一目瞭然だ。何百人という観客が暗くなった講堂に座り、スクリーンに映し出される物語を一斉に目にする。ヒーローやヒロイン、そして悪役が紡ぎ出す物語に時には泣き、時には笑い、そして時には驚きや恐怖で皆、息を呑むのだ。

　第一次世界大戦が勃発する以前、世界で最も重要視されていた映画産業はフランスにあり、当時は現在のハリウッドのようにフランス映画が世界の市場を占めていた。フランス映画があまりにも市場を支配していたため、アメリカのビジネスマンやフィルムメーカーたちはフランス映画をアメリカに輸入させないため、映画に保護関税をかける運動をはじめ、その政治的争いは現在も継続している。初のスタジオ、完全なプロダクション・システム、配給、そしてエキジビション（映画の製作、マーケティング、そして劇場公開）など、"産業"としての映画の形成の大部分は、フランスの手によるものだった。

3. リュミエール兄弟 対 メリエス監督

　フランス映画を語るにあたり、一事業としての映画への芸術的、技術的貢献をはじめ、産業として確立させた二大パイオニアについて触れずにはいられないだろう。映画には中心となる二つの表現法が存在する。一つはリアリティーを追求したドキュメンタリー・スタイルのもの。そしてもう一つは観客たちが現実逃避できるようなファンタジックな世界だ。これらの二つの表現法は、映画以外のビジュアル・アートをはじめ、演劇や文学にも存在する。一方、映画史初期からは継続的に面白い論争が繰り広げられている。それは「映画的"現実"の定義とその描写」対「現実を見せる、疎外もしくは破壊する映画の責任」についての論争だ。こういった表現法に関する議論は非常に複雑で、哲学的な疑問や現実社会そのものの性質から起こる問題を考慮すると結論に至らない。映画はこの 100 年ほどで発展を遂げている。しかしその間、現実社会は常に変化し、破壊され、再生し、時には非現実的なものとしての認識を高めた。これらの議論、もしくは映画そのものこそ、我々の住む社会や経済、そして技術的現実を映し出す鏡となっていることを示している。

　リュミエール兄弟が手掛けた映画の三分の二は、工場の門から姿を現す労働者や、都市部や田舎の町並みといった日々の生活を映し出しているドキュメンタリー・タッチの映画だ。一方、メリエスは特撮を駆使し、月面旅行といったような SF ファンタジー映画を作った。リュミエール兄弟の作品からは、戦前からの映画路線である社会的関心を貫いている。そしてその路線は、ネオリアリズム、60 年代イギリスの労働者階級の家庭生活をリアリスティックに描いた"キッチン・シンク・リアリズム"、そして近年ではベルギー人の監督（ダルデンヌ兄弟）やルーマニア人の監督（クリスチャン・ムンギウ）らの映画にも見られる。これらの映画が強調しているのは、特定の社会経済的な現実の正確な描写にある。長回し、ハンディ・カメラ、自然光、無名の役者の登用、抑えた演技など、タッチもドキュメンタリー風だ。また、ハリウッド映画のように一人の中心人物を必要としないが、数名の登

場人物を取り囲む環境をかもし出す緩やかなプロットも特徴としている。

　もう一方の主流となる映画の手法は、メリエスの手によって築かれた。それはフランスのコクトーのような詩的な映画や、フリッツ・ラングが描くファンタスティックな世界、ドイツの表現派たち、ヒッチコック作品のドリーム・シークエンス、イギリスにおける戦後のホラー映画、そしてタルコフスキーの描く夢のような世界へと引き継がれている。また、『ジュラシック・パーク』、『マトリックス』、『ロード・オブ・ザ・リング』シリーズといったような CG を駆使したビッグ・バジェットのアメリカ映画では、その技術も極致に達したといえるだろう。だが、ハリウッド作品がメリエス路線、ヨーロッパ作品がリュミエール路線の代表と語ることは誤りである。双方の路線は、ヨーロッパでもハリウッドでも確かに引き継がれている。また、ヨーロッパの映画は "現実的" で、ハリウッド作品は "逃避型エンタテインメント" と単純に分類してしまうのも誤解を生む。実際は、どちらの映画のタイプも驚くほど互いの映画界と交錯しているのだ。

4. エイゼンシュテインと "モンタージュ"

　ロシアでは、沸き返る革命運動が大衆をターゲットとした映画の発展を後押しした（当時は物語重視の商業的な映画が実在し主流だったものの、映画史研究家は政治的なロシア映画に焦点を置いていた）。革命映画の中心人物といえば、セルゲイ・エイゼンシュテイン（1898-1948）。エイゼンシュテインは自身のソビエト演劇での経験を後ろ盾に、ジェイムズ・ジョイス著「ユリシーズ」から日本の俳句に至るまで、幅広い情報源を駆使した。エイゼンシュテインは映画理論家の先駆けとなる重要人物の一人であり、映画界においても最も重要な監督の一人だ。エイゼンシュテインは映画を、聴覚や視覚を刺激する文学、演劇、音楽、詩歌、そして絵画といった様々な芸術を、律動的で象徴的な物語にして描き出す完璧な総合芸術ととらえており、その "スーパー・アート" は感情に訴え、人々に影響をも与える。また、劇場上映される映画の編集の重要性に関しても、映画そのものが文法の定規が存在する言語としてとらえ、場面の並べ方によって何らかの意味が創造され

ると言っている。彼は自身の理論にもがき、共産圏における映画論争と自分の映画の間に調和を生み出そうとした。しかし革命の最中、自身の映画を芸術としてとらえていたエイゼンシュテインはその晩年、スターリン政権の傘下で映画を撮ることは許されなくなってしまった。

　エイゼンシュテインが手掛けた最も有名な作品『戦艦ポチョムキン』（1925）とその最も有名な映画のシークエンスは、学問たる映画の基礎を築き、その後のフィルムメーカーたちの試金石となっている。物語は革命真只中の1905年に設定され、労働者たちはサンクト・ペテルスブルクの冬宮を襲撃していた。皇帝の軍隊は城の前にある急勾配の階段を行進しはじめ、目前の反逆者たちを圧倒する。エイゼンシュテインは、逃げ惑う労働者と冷酷にも階段を降り続ける皇帝の軍隊のカットを交互に映し出すが、彼はそこに三つ目の要素を追加する。不運にもその大虐殺に出くわし、どうすることもできなくなってしまった、乳母車を押している母親の姿だ。乳母車に映像を切り替えることでドラマとしての緊張感を高めるだけでなく、情味に乏しい教訓的なプロパガンダ映画に人間的要素を加えたのだ。この非常に有名な映画界の遺産ともいえるシークエンスは、世界中に反響を及ぼした。その影響を受けた巨匠にはヒッチコック（シークエンスはヒッチコックのサスペンス映画の醍醐味）、スピルバーグ、（『シンドラーのリスト』（1993）の中で、ワルシャワのユダヤ人地区を歩く赤い服を着た少女）、そして『アンタッチャブル』（1987）でそのシークエンスを真似たブライアン・デ・パルマがいる。

5. ブニュエルとシュルレアリズム（超現実主義）

　シュルレアリズムはそもそも画家や作家が発端となったムーヴメントで、その貢献の多くは絵画や著述に見られる。特筆すべきはサルバドール・ダリの絵だろう。芸術の持つ"中産階級の価値観"とは反対に、シュルレアリズムは時には政治的に、遊び心あふれ、虚無主義になり、また時には神秘的になるなど、猛烈なインパクトをその当時与えたものだった。しかしその軸となる作品の数々は必要以上に偶像化され、広告関係のアーティストの手

によって数多く真似されたため、その重要性はいまに至れば想像することが難しい。多くの超現実主義者たちは、まるで自分たちの表現方法を活かすために発明された映画に道楽半分で手を出し、一斉に夢に浸り、催眠状態に陥り、色情的、秘儀的、儀式的、私的、そして公的になった。しかしそんな最中、一人の大物監督がこのムーヴメントから誕生する。スペイン人のルイス・ブニュエル（1900-1983）だ。ブニュエルは一生涯シュルレアリズムの核となる主義を誠実に貫き通した。彼の作品の多くは、最初はメキシコ、そして後にフランスでと、フランコ政権からの亡命後に作られている。メキシコで撮られた初期の作品に比べ、彼の後世の作品はより柔和かつ遊び心にあふれている。ブニュエルは観客にショックを与える武器として映画を常に活用した。タブーを破り、逸脱したセクシャリティーや腐敗した政治を追及し、教会、ファシズム、そして独裁政治を、映画を通じて責め続けた。『皆殺しの天使』（1962）、『ビリディアナ』（1960）など、ブニュエルの後の作品は名作とされているが、ダリとの初のコラボレーションとなった『アンダルシアの犬』（1928）を代表とする彼の初期の作品こそが、映画史に彼の名前を残しているといえよう。

　『アンダルシアの犬』はプロットを論理的に追うのではなく、夢との関連性によって物語が進み、その内容は独断的な残酷さ、ユーモア、そして詩的な側面へとあちこち飛び回っていく。その中のあるショッキングかつパワフルなシークエンスは現在に至るまで、数々の映画の中で最も直視するのが難しいとされている。ブニュエルは、ある男性がカミソリを研いでいる男のミディアム・ショットから、女性の目のアップ、そしてカミソリのような雲が月を真二つに切り裂く映像へとカット割りをする。すると今度は、カミソリで切られる人間の目らしきもののアップが映し出される。実際は死んだ牛の目なのだが、観客はそれ以前の映像によって人の目だと信じ込んでいるため、このシーンを目にすると席から飛び上がるほど驚いたり、反感の叫びをあげたりするのだ。後世のブニュエルの作品にはこれほどの残忍性を描写する場面は存在せず、通常と比べ風変わりなところが顕著に現れてはいるものの、より抑制された、いわゆるクラシカルな映画へと変化した。しかし、先に延べたこのシークエンスは他のどの映画よりもヨーロピアン・シネマ、な

かんずく世界中の映画に新たなトレンドとなる礎を築いたといっていいだろう。また、他の監督たちにもスクリーン上で映し出せる、一般的な"品位"や"モラル"の境界線やその限度を超越させる勇気を与えたともいえよう。この傾向は、大島渚の『愛のコリーダ』（1976）、パゾリーニの『ソドムの市』（2004）や、ベルトルッチの『ラスト・タンゴ・イン・パリ』（1972）、そして近年ではフランスのカトリーヌ・ブレイヤの作品や、アメリカ映画『ショートバス』（2006）など、幅広い作品に見受けられる。ブニュエル作品は観客を急襲し、タブーを破ることにより混乱を掻き立てる力が映画にあることを証明したのだ。

6. 1930年代のフランス映画とジャン・ルノワール

第一次世界大戦終結後、アメリカ映画は積極的にフランスの市場に進出し、アメリカの企業が劇場を買ったり、配給会社を設立したりと、地元のフランス映画に投資するようになる。資本提供はハリウッドがするものの、映画にはフランス人の役者が起用された（今日、面白いことに同じような状況がアメリカと日本の間で築かれている。日本のマーケットはアメリカに独占されていたものの、アメリカは日本映画に投資はしていなかった。しかし、邦画が日本の観客の間で人気を高めてきた昨今、アメリカのスタジオが日本人の観客のために日本映画を製作しているのだ）。

トーキー映画の発展はフランスの映画界にアメリカ侵略を阻止する力を与えた。90年代にイギリスが、またここ数年 日本映画界がしてきたように、政府、プロデューサー、そしてプロダクション・カンパニーが真の"フランスらしさ"に焦点を絞ることを決意し、映画は"ナショナル・アイデンティティー（国家の独自性）"という問題を主張する静かな戦場となったのだ（ナショナル・アイデンティティーは近年、学術的にも注目を浴びている。何がイギリス映画をイギリスらしくするのか、イギリスの何が"イギリスらしさ"をかもし出すのか、フランスの何が"フランスらしさ"を主張するのか、といったことが追求されている）。フランスでは、脚色や地方を舞台にした映画に焦点を置いた。しかし映画学者のダドリー・アンドリューによる

と、フランス映画は軽妙な中流階級の逃避先として扱われ、内容よりも出演
しているスター俳優が強調されていたという。より大衆を意識したハリウッ
ド映画を好んでいたグラハム・グリーンも同じような批評をイギリス映画に
対して述べている。アンドリューは、ある時期のフランス映画は、当時の社
会的問題に背を向けていたと弁じている。その他のヨーロッパや世界の国々
同様、フランスは左翼と右翼の闘争によって二つに引き裂かれていた。
1930 年代の終盤になると、ヨーロッパが再び大惨事へと突き進んでいるこ
とは多くの人々にとって周知の事実だった。しかし、ほとんどの映画は、当
時のフランス社会や政治的な現実など描いていなかったのだ。

　ヨーロッパの終焉と差し迫る戦争の恐怖の象徴となった映画には、ジャ
ン・ルノワールの『ゲームの規則』（1939）がある。この作品は、映画史
上、最も素晴らしい映画の一本として取り上げられることは数限りない。ル
ノワールが監督したこの映画は冒頭から浅薄な雰囲気が漂い、その軽快さは
終始貫かれている。プロットは複雑で、登場人物も数多い。しかし主要とな
る物語は豪華な邸宅で開かれた狩猟パーティーに集まった貴族たちに絞ら
れる。フランス映画特有の茶番劇のように、すべての登場人物には愛人が
いる。浮気を楽しみつつ、それぞれの妻や夫には良き夫や妻として振る舞う
面々。そしてその関係は、皆に公表されない限り黙認されている。映画の冒
頭で、自分を邸宅に招待してくれた伯爵の妻と関係を持つパイロットのアン
ドレがその暗黙の了解を破り、自分は伯爵の妻と恋をしていると公に宣言し
てしまう。映画の終わりでは、妻に浮気されている狩猟番が、その浮気相手
がアンドレだと勘違いし、彼を殺してしまう。つまり、"見せかけの文明"
を維持しようとする上流階級の社会的バランスが生み出す儚い世に、暴力が
生じるのだ。クライマックスとなる名高い狩猟シーンで土地に住むウサギの
群れを虐殺する貴族たち。この場面は、虚飾の下にうごめく暗くて暴力的な
力は、第一次世界大戦終了後も水面下で存在し続け、再び世界を混乱へと陥
れる時期を待っていることを示しているようだ。実際、映画が公開されてす
ぐにヨーロッパは再び戦争に参戦し、第一次大戦よりも大きな被害を受け、
ヨーロッパの人々の社会的現実をすべて書き換えることとなった。『ゲーム
の規則』で描かれた階層制の大部分は崩壊し、ヨーロッパのほぼ全域で平等

主義が打ち立てられたのだった。

7. ドイツのエクスプレッショニズム（表現主義）

　第一次世界大戦終了後からヒトラーが権力を握るまでの間、映画界では才能ある監督、芸術家、そして技術者たちが次々と数多く誕生した。皮肉にもその多くの人材は、1930年代にナチから逃れるためドイツを離れ、ほとんどの作品をハリウッドで製作している。第一次世界大戦はフランス映画に打撃を与えたものの、海外からの映画の輸入を禁止したドイツにとっては好条件を生んだ。それは当時、世界で最も力のある映画産業の一つを作る一助となり、1920年代には世界中の劇場、及び映画製作を独占したUFAスタジオ設立へとつながったのだ。

　この間、ドイツでは何百本という映画が毎年製作され、その多くが都市生活をテーマとした人気の高いエンタテインメントや、ロシア革命によってインスパイアされたプロレタリア（無産階級）や革命をテーマにかかげた映画だった。しかしドイツのエクスプレッショニズムとして位置づけられた映画のほとんどは、当時の表現主義の芸術のルーツと非現実主義のスタンスをスタイルとした、ワイマール共和国（1919-33年のドイツの第一共和国）と関連している。映画の多くは空想的だったり、ゴシック調で暗かったり、精神異常をきたした犯罪者や知能犯、もしくは気が狂った天才などに固執しているようだ。批評家はそれらの人物をヨーロッパが忘れることのできない、第一次世界大戦の抑制された恐怖と、モダンさ（都市部）対ドイツの田舎魂（地方）の戦場の象徴であると主張している。また、これはヒトラーとファシズム到来の前兆だ、という有名な言葉を批評家のクラッカウアーも残している。

　フリッツ・ラングの作品からは、表現主義の映画のもつ厄介な両義性が数多く見られる。例えば、『メトロポリス』（1926）は、『マトリックス』（1999）に似たテーマを扱う、豪華で陰惨なSFファンタジーだ。主人公は天国のようなハイテク田園都市に住んでいるが、彼は後にその天国のようなところは地下深くにある地獄のような工場で労働者たちが巨大なマシンを動

かすことで成り立っていることを知る。主人公の父親はマッド・サイエンティストで、未来の理想的な工場労働者になるべくフランケンシュタインまがいの女性ロボットを作る。その意図は工場から労働者を解放するためなのだが、息子は労働者と手を組み、マシンそのものに反旗を翻す。

『M』（1931）というラング初のヒット作では、ペーター・ローレが児童殺しの犯人を演じた。犯人は暴徒から追われ、弱くて無能な国に代わり正義を果たす犯罪者たちの手によって招集した裁判の後で、彼はリンチされそうになる。犯人は疑う余地がないほどの悪人である一方、ラングは映画の後半で裁きを下す犯罪者たちの立場に観客を立たせ、"正義"の名の下で行われる行為の恐ろしさを見せている。ヒッチコックが幾度となく自身の映画でしているように、ラングもまた悪人たちの立場に観客を置き、個々に潜む非道な部分を認識させたのだ。なお、映画の持つモラルの曖昧さは暗い雰囲気をかもし出す照明に反映されているが、これは後にハリウッドへと亡命した監督たちがそのテクニックを輸出し、戦後のハリウッドの悪夢のように暗く、モラルに欠けた世界を描く"フィルム・ノワール"の先駆けとなる。

8. プロパガンダ —— 戦時中のイギリス映画

第二次世界大戦のはじめ、映画は最も重要視される大衆エンタテインメント及び世界のコミュニケーション・ツールとなった。政府が流す情報は主にラジオや新聞で扱われ、国民をコントロール・指導していたが、映画は集団で感情を高揚させるような経験を与えるため、特別視されていた。映画は最も才能のあるフィクション作家、ジャーナリスト、芸術家、俳優、そして知識階級を各国で魅了した（谷崎、グリーン、フォークナー、サルトル、そしてブレヒトといった、ごく少数の成功を収めた作家や劇作家が各国で映画に携わったことが、その当時の映画のステータスを位置づける目安となる）。映画は、すべての人にといっても過言でないほど過剰に、そして真剣に扱われた。まず、映画史と映画理論が初めて執筆され、印刷業界にとって映画批評は大きな役割を担いはじめた（第二次世界大戦以前、グラハム・グリーンは何百もの映画批評を書いている）。となると、戦争が勃発して以降、戦争

の目的を説明し、民衆を鼓舞し、愛国心を植えつけ、皆を運命共同体にするために政府や個人がメディアを利用したのもうなずける。

　「歴史は勝利者の手によって書かれる」ため、いくら日本やドイツが実際戦時中に名作を生み出していたとしても、それは賛美されることはなかった。しかし、イギリスが戦時中に製作したプロパガンダ映画は逆に讃えられ、現在でもそれを目にすることができる。当時のイギリス社会の歴史を司る決定的なターニング・ポイントを的確にとらえ抽出したところが、その頃のイギリス映画の素晴らしさといえよう。第二次世界大戦は、厳格なイギリスの階級制の構造に大きな移り変わりを見せはじめたと同時に、イギリス人女性にとって革命的な社会的地位の変化を与えた。何千人もの女性が、戦場へと向かった男性に代わる労働力となったからだ。

　プロパガンダを担当した政府機関は、国民全体を鼓舞するためには今までのようにトップダウン的な宣揚活動はできないと自覚していた。多くの人が第一次世界大戦の無意味さと恐怖を覚えていたため、紳士らが命令を下し、愚かな労働者階級が一目散に行動する時代は終わっていたのだ。そのため、すべての階級が同等なことを主張し、一つの目的のために団結する愛国心を育む新たな方法が必要となった。そして、ヒトラーがヨーロッパの人々に強いたような生活とは違った"人生の送り方"を提供するため、ある運動が始まる。遠慮深さ、我慢強さ、冷淡さ、公平さ、気質の良さ、生まれながらの指導者といった現在の"イギリスらしさ"を象徴する要素を生み出した、愛国心あふれる神話作りを意識的に行ったのだ（当然のことながら、イギリス人がこのすべての要素を兼ね備えていたら自然の成り行きでイギリスは世界を支配していただろう。つまり、これらの戦時中の神話は植民地時代の神話をより大げさにして再利用されたもので、イギリス人にとって植民地を支配し続ける正当性を示し、自分たちを慰めるためのものだった）。

　戦時中の映画の中には、二本の突出した映画が存在する。キャロル・リードの『最後の突撃』（1944）とノエル・カワードの『軍旗の下に』（1942／劇場未公開）だ。後者の方は、沈んでしまった戦艦の生存者たちが救命ボートにしがみつき、助けを待つという内容で、"運命共同体"という言葉を文字通り描いている。その後、生存者たちの人生がそれぞれフラッシュバック

しながらひもとかれるが、それは普通の労働者階級の兵から戦艦で命令を下す将校まで、イギリス社会の断片を切り取っているように見える。しかし誰か一人が突出して描かれることはなく、みな平等に人生が語られ、"真面目な上流階級"、"滑稽な労働者階級"といったそれまでの描写もない。戦艦はイギリスという"国家"を象徴し、その戦艦が生き延びるか否かは各人の役割で決まるため、一人ひとりが協力し、国のために何かの犠牲をはらわなければいけないことを描いている。今でもこの映画は強烈な印象を与え、感動させるうえ、意図としたプロパガンダも巧みに効いている。最も感動的なシーンの一つに、艦長が出航する前に交わす妻との別れのシーンがある。妻は水兵を夫に持ったことで自らが払った"犠牲"について皮肉とウィットを込めて語るのだが、この軽妙かつ悲劇的な場面は愛国心が生む犠牲の冷淡さという、典型的な神話を描いているといえよう。

　キャロル・リードの『最後の突撃』も同じように、イギリスでの訓練や、北アフリカでの戦場を通し、兵隊の社会的階級を示す横断面を描いている。冒頭で多くの登場人物は戦争や徴兵をシニカルに受け止めている。彼らは命令に背き、与えられた仕事をせず、将校を信頼しない。しかし訓練を重ねていくにつれ、将校は皆から敬われるようになり、兵隊たちも一つの目標に向かって一致団結した部隊へと進化していく。社会的な階級の壁は崩れ去り、労働者階級の人々は中流階級と同様、勤勉で愛国心あふれる英雄として扱われる。一見、恩着せがましい内容に思えるが、映画そのものはまったくそんな雰囲気やプロパガンダ的要素を見せず、様々なタイプの登場人物も実在するかのように思えてくる。コメディーからドラマ、そして百戦錬磨のアクションに至るまでの移り変わりも巧妙で、ポピュラーな映画を観ているかのようだ。監督のキャロル・リードは、イギリスの人気映画を手掛ける巨匠の一人であることは間違いなく、戦後も彼は『第三の男』（1949）という傑作も世に送り出している。

9. イタリアのネオリアリズム

　ヨーロッパ各国では第二次世界大戦中、国家のための映画製作が繁栄し

た。それは政府の率先したプロパガンダ活動のほか、民衆がニュース映画を通し戦争の進行具合を知るためや、戦争から来る恐怖、物資不足、そして労働から回避できる場所を求めていたからだ。しかし戦後間もなく、アメリカ映画が再びヨーロッパに押し寄せ、映画は破壊された都市のような厳しい現実からの絶好の回避場所として受け入れられた。ところが終戦直後のイタリア映画界では、新たなムーヴメントが誕生した。戦後、経済的に厳しい状況の中、必死に生きようとする普通の男女の日々の生活に焦点を置いた "ネオリアリズム" である。ファシストだったムソリーニの独裁的な支配下で20年以上も過ごしてきた人々にとって、それは社会における個人の役割に新たな定義を与えたものだった。ネオリアリズムの映画では俳優を起用せず、ごく普通の労働者階級の生活に注目。構想に沿うより、エピソード風のものをドキュメンタリー・タッチで描き、エンディングも悲しく、曖昧なものが多い。

　ネオリアリズム時代（おおよそ 1946 ～ 1952 年までの時期）の最も重要視されるべき監督には、ロベルト・ロッセリーニ、ヴィットリオ・デ・シーカ、そしてルキノ・ヴィスコンティがいる。しかし、なかでも最も有名で代表となる作品はデ・シーカの『自転車泥棒』（1948）であろう。エイゼンシュテインの『戦艦ポチョムキン』同様、この作品は他の監督たちに多大な影響を与え、現在でもどの国へ行こうとも DVD が容易に手に入る。その事実こそ、この作品が観客の気を引き、感動させる力がある証明ともいえる。

　物語そのものは非常にシンプルなため、映画というよりは、短編もしくは新聞記事に書かれた内容のように思える。厳しい生活をローマで強いられる、家族思いの誠実で勤勉なアントニオとその息子ブルーノ。必死に生活のために働く最中、アントニオの仕事に必要不可欠な自転車が盗まれてしまう。アントニオはその後、映画の中で自転車を取り戻そうと東奔西走するが、ことの成り行きで自身も罪を犯してしまう。このシンプルなプロットはアントニオを取り巻く現実社会の細部まで映し出し、プロパガンダ映画のようにすることなく、その現実社会の不公平さを批判している。と同時に、本作は敬虔なキリスト教徒的要素、もしくはもっと正確にいえば、普遍的にどの時代にも存在する苦労して生きる人々の姿を通し、人間の存在意義を描写

している。

　イタリアのネオリアリズムと『自転車泥棒』は、インドのサタジット・レイから、イギリスのケン・ローチ（『レイニング・ストーンズ』（1993）では、自転車ではなく、バンがサッチャー政権下の荒れたマンチェスターの街で盗まれた）、イランのアッバス・キアロスタミ（『友だちのうちはどこ？』（1987））、そして骨のある現実性を描いた『ミーン・ストリート』（1973）や『タクシードライバー』（1976）のマーティン・スコセッシに至るまで、幅広く影響を与えている。後にネオリアリズムは、60 年代のイギリスの労働者階級を扱ったドラマ "キッチン・シンク・リアリズム" から、近年のベルギーのダルデンヌ兄弟のスタイルに至るまで、あらゆる映画に形を変えながら取り上げられ続けている。

　ある一連のムーヴメントのように "ネオリアリズム" を語るのは珍しくないが、現実には、ネオリアリズムに関係した主流の監督たちは、それぞれ異なるバックグウンドを持ち、まったく異なるタイプの映画を撮っている。

10. フランスのヌーベルバーグとその他のニュー・ウェーブ

　第二次世界大戦終了後 10 年で数多くの素晴らしい映画が誕生したものの、60 年代には新たな才能あるフィルムメーカーが爆発的に増えた。また、映画そのものの様子や感覚を根本的に変える新世代のフィルムメーカーも新たに誕生。それは若者を対象とした市場や文化の成長、ヨーロッパ大陸における政治的動乱、そして自分たちの前の世代のフィルムメーカーたちのスタイルに呼応するような誕生だった。最もその活躍が目立ったフランスで、彼らは総合的にヌーベルバーグ（ニュー・ウェーブ）と呼ばれるようになる。しかし 60 年代のヨーロッパでは、何かしらのニュー・ウェーブが各国で誕生したといえる。それぞれのニュー・ウェーブは、その他のニュー・ウェーブとスタイル面で繋がっていたわけではないが、集合的なエネルギーの爆発はあったといえよう。

　イギリス人の監督たちは骨のある労働者階級のリアリズムを追求した。イ

ギリス映画界では初めて労働者たちが主役になり、映画も田舎や工業地帯の暮らしの変化を待ち望む、怒りを抱えた彼らの暗くて現実味ある生活を描いた。この時代の代表的な作品には、『土曜の夜と日曜の朝』（1960）、『年上の女』（1958）、『怒りを込めて振り返れ』（1980）、そして『孤独の報酬』（1963）がある。一方、フランスのヌーベルバーグはもっとロマンチックで、イギリスほど政治色を強めなかった。しかしゴダール、トリュフォー、シャブロール、リヴェット、ロメールといった監督たちの作品は、映画をよりスタイリッシュなものへと一新させた。彼らの映画は新鮮で小憎らしく、活気に満ち、セクシーで、現実よりもっとシネマチックで、詩的で、何よりも若々しかった。

　この時代の映画からは目を見張るようなシークエンスも数多く誕生している。例えばトリュフォーの『突然炎のごとく』（1964）でのジャンヌ・モローと二人の男性との鉄橋でのレースはハンディ・カメラと場面展開の早さが引き立った。モローは帽子をかぶり、タバコを吸う働く男性のような身なりで、すべての中産階級の慣習や堅苦しさは荒廃し一掃された。しかし本作の結末は悲劇的で、解放感はない。また、ゴダールの『勝手にしやがれ』（1959）では、ぴっちりと身体にフィットしたＴシャツとショートヘアが印象的なジーン・セバーグが新たな自由な女性像の代表となり、若きチンピラのジャン＝ポール・ベルモンドも社会の常識をものともせず、若くてクールな反逆者の最期は警察の発砲によるものだった。

　チェコスロバキア（当時）では、共産政権のはじまりがミロシュ・フォアマンやイジー・メンツェルといた監督に新鮮で愉快になるような面白い映画を作らせた。フォアマンの『ブロンドの恋』（1965／劇場未公開）では、荒涼とした工業地帯で働く普通の労働者階級の若い金髪女性が恋におちることを夢見るのだが、残念なことに町には限られた数の男性しか存在しない。そんな現状を打開すべく、町長が軍の小隊を招き、ダンスパーティーを開催することを思いつく。金髪の女性はプラハから来た、不良っぽい若きピアニストに恋してしまい、後に彼を追ってプラハへ向かう。しかし両親と同居し、自分のことなど忘れてしまった男を目にし、女性は町へ帰り、再び空想の世界に浸るようになる。プロットらしきものはほとんど存在しないもの

の、この映画は面白くセクシーなうえ、物悲しく、リアルでもある。また、若い金髪の女性が求めていたものは、厳格な共産圏に捕らわれた東欧諸国の若者全体が求めていたものであり、その他の国でもくすぶっていた若者のフラストレーションも象徴している映画だった。その後フォアマンは、ほとんどの作品をアメリカに渡り撮っているが、厳格な共産圏を背景とした『ブロンドの恋』からアメリカを背景とした『カッコーの巣の上で』（1975）や『ラリー・フリント』（1996）に至るまで、その作品のすべては個人の自由と体制に反抗する大切さをテーマとして扱っている。

　当時のニュー・ウェーブ作品の暗いエンディングの多さには目を見張るものがある。特に人が人生に敗れ、反乱を起こした集合体の崩壊といったものが多く、英国のパブリックスクールの反乱を描いたリンゼイ・アンダーソンの『if もしも…』（1968）をはじめ、『ブロンドの恋』、『土曜の夜と日曜の朝』（1960）、そしてイジー・メンツェルの『運命を乗せた列車』（1966／劇場未公開）などがある。ニュー・ウェーブ映画は因習的な政治的責任を担う映画の役割に終わりが告げられる前兆を告げ、90 年代の皮肉でポストモダンな映画の予示となっていく。反逆精神はファッションとなり、世界の変革を試みるジェスチャーとなっていった。そして、階級制度が消え、ヨーロッパが比較的豊かになったことで未来は“労働者階級”や“革命”に託されることはなくなり、消費者中心主義や大衆消費者向けマーケティングの高まりを通して巧みに行われる抑圧が主導権を握った。それを象徴するかのように『土曜の夜と日曜の朝』の主人公アーサーは「両親が歩んできた人生とは違う人生もあるはず」と語る。しかし実際は、どんな別の人生があるのか、それをどう手に入れるかアーサーには見当がつかないのだ。

11. アート・シネマとオトゥール・シネマ

　60 年代は、自分が作品の原作者だと自負する新生代の監督たちが誕生した時代でもある。この“オトゥール理論”はもともと一握りの若いフランス人の批評家たちが築いたもので、彼らは後にフランスのヌーベルバーグの立役者となった。ゴダール、トリュフォー、そしてリヴェットもその中の一人

で、彼らは 40 〜 50 年代の名作とされるアメリカ映画からインスピレーションを求めた。彼らはキャプラ、ホークス、フォード、そしてヒッチコック（ヒッチコックはイギリス人だが、この頃アメリカでしか映画を撮っていない）らは、スタジオの歯車の一部として働く名匠に留まらない芸術家であると提唱した。彼らの作品には繰り返し扱われる私的なテーマがあると語り、熱狂的な若きファンたちとともに名士扱いし、時には彼らを神の域へと持ち上げた。

近年、映画学者たちは長編映画のプロダクションの背景には、より複雑な力が働いていると主張している。例えば、プロデューサーのデヴィッド・O・セルズニックがどれほどヒッチコックと並ぶほどヒッチコック作品のオトゥールだったかを論じるなど、"オトゥール理論"は映画がいかに投資・製作されていくのか、またそれが学者たちにいかに論議・執筆されているか、といった分野に影響を与え続けているのだ。いずれにせよ、60 年代から少なくとも 20 年間、オトゥールの概念は映画界を支配し、後に多くの都市で"アート・ハウス"系の劇場を誕生させた。そのはじまりは、自由奔放な若者が濃いコーヒーを飲み、ベルイマン映画の深遠なテーマについて語り合う、トレンディーで最先端の場所だった。しかし"アート・ハウス"は現在、ヨーロッパの映画業界にとって非常にネガティブな意味合いを持つようになっている。数多くの偉大な 60 年代のオトゥールたちが、うぬぼれた無意味な映画を作るに留まったため観客が離れていき、結果的に大赤字を招いたからだ。彼らがもともと持っていた反抗精神はエリート意識の高い曖昧主義へと変わってしまったのだ。その後 90 年代になると、アート・ハウスやオトゥール主義に対する反動が普遍的に起こる。「アート・ハウスは絶え果て、オトゥールは失われてしまった」と語ったある海外セールズ・エージェントの主張に、ヨーロッパの映画業界に携わる人々は声を揃えて同意するだろう。

フランスのトリュフォー、ロシアのタルコフスキー、イタリアのベルトルッチやフェリーニ、スカンジナビアのベルイマン、ドイツのヴェンダースやファスビンダーといったオトゥール派の監督は、それぞれの国の映画を代表する存在になった。しかしそれは、数多くいるその他の監督たちが各国で

謙虚に色々なタイプの映画に着手している事実を曖昧にした。これは、オリジナリティーにあふれた力強い映画を手掛けた先に述べた監督たちの功績を誹謗中傷するものではない。ただ、オトゥール理論の持つ力が、より複雑で多様な各国の映画史を単純化し、曲解したことを指摘したいのである。

　これらのオトゥール派の監督たちは、名作といわれる強烈な映画を5～6本抱えているほど多産なため、代表作を選ぶのは難しい。しかし、ヨーロッパ映画を真剣に学ぶうえで学生が見落としてはいけないのがタルコフスキーの『僕の村は戦場だった』（1962）だ。この作品と、後に同じくタルコフスキーが手掛けた名作『ストーカー』（1979）は、最も卓越し、一風変わった反戦映画の一つといえるだろう。何本かのベルイマンの作品も殿堂に入るが、チェスで騎士に挑戦する死神のオープニング・シークエンスが有名な『第七の封印』（1956）や、才能ある女優がある孤島で突然口がきけなくなったため、その看病にあたる看護師を描いたサイコ・バンパイア映画『仮面／ペルソナ』（1967）も外せない。女優の沈黙が看護師を不安にさせ、最後は精神をも破壊してしまうのだ。この他にも、フェリーニの『甘い生活』（1959）、ベルトルッチの『暗殺の森』（1970）と、露骨なセックス・シーンでタブーを破った『ラスト・タンゴ・イン・パリ』、トリュフォーの『突然炎のごとく』、ゴダールの『勝手にしやがれ』、そしてドキュメンタリー・タッチが素晴らしいジッロ・ポンテコルヴォの『アルジェの戦い』（1965）も、数多くの正統派オトゥール作品を代表する一部だ。

　しかし60年代の偉大なオトゥール派の監督たちが亡くなったり、才能が衰えたりしたことで、ヨーロッパ映画界は70～80年代と厳しい時代を迎える。多くの国は雪崩れ込むハリウッド映画の波に対抗することができなくなった一方、ハリウッドは"ブロックバスター・ムービー"（ビッグ・バジェットの映画を世界中で幅広く同時公開する映画）の持つ力に味を占めた。ゆえに、あらゆる国のインディペンデント系の映画は、不可抗力のアメリカ映画に太刀打ちすることが難しくなったのだ。とどめとなったのは、このようなブロックバスター・ムービーが実は、コッポラやスピルバーグといった正真正銘のアメリカのオトゥール派の監督によって作られた事実だ。彼らは興行的に成功しただけでなく、いい映画を作った。自分たちに影響を

与えたという60年代のヨーロッパの監督たちのことを彼らは学び、習得したのだ。各国の映画業界のなかには、国産の映画が虫の息だと思うものがいた。例えば、黄金期には500本もの映画が製作されたイギリスでは、80年代半ば、年間約40本の映画しか製作されなかった。これはヨーロッパ各地で共通に見られる現象だったのだ。

しかし、ゆっくりながらもヨーロッパ映画は力をつけるようになる。その一端を担ったのは政府からの支援だ。地元の映画業界を必要不可欠な文化産業、もしくは単純に、政府が古くとも美しい建造物を保護するかのように、映画も保護するに値する国の大切な文化と位置づけサポートしたのだ。

英国政府の報告書は、時代物や骨のある労働者階級のドラマといった、自分たちの得意分野を製作することにイギリス映画界は専念すべきだと主張している。これらの作品はアメリカ映画とは異なるうえ、輸出もしやすい。ゆえにイギリス映画は、そういった"イギリスらしさ"を前面に出すべきだというのだ。その後、"遺産映画"として知られる時代物の映画や心和む『フォー・ウェディング』（1994）のようなブリティッシュ・コメディー映画、そして昔の"キッチン・シンク・リアリズム"よりもユーモアのある『フル・モンティ』（1997）、『ブラス！』（1996）や『リトル・ダンサー』（2000）が誕生する。新しいイギリス映画は、チャンネル4という少数派をサポートするために開局した新しいテレビ・チャンネルからの支援によって爆発的な増加を記し、活気を生んだ。

コインランドリー経営者のブリティッシュ・インディアンと右翼の不良青年のゲイ関係を取り上げ、大ヒットとなった『マイ・ビューティフル・ランドレット』（1985）は、ブリティッシュ・アジアンの手によって、ブリティッシュ・アジアンを主役として作られた映画の一つだ。その後、『トレインスポッティング』（1996）のように、あらゆる慣習に立ち返るような、もっとポップな作品が登場。このようなニュータイプの映画には道徳観念がなく、若くてトレンディーで、ヌーベルバーグのような新鮮さを与えつつ、イギリスっぽいこざかしいユーモアのセンスが特徴で、ユアン・マグレガー、ジュード・ロウ、そしてケイト・ウィンスレットといった新たなイギリス人スターも誕生させた。

　イギリスのとった行動は、その他のヨーロッパ諸国でも形を変え取り入れられた。フランスは国産の映画を支援するため、アメリカ映画を課税対象にするシステムを導入し、ドイツのテレビ局は映画に投資するようになり、ドイツ映画を活気づけた。また、ヨーロッパ全体で汎ヨーロッパ映画界をサポートする動きも生まれ、共同制作の推進をはじめ、プロデューサーの育成とサポート、映画界のビジネス面の改修など、ハリウッド映画への対抗策を打っていった。オトゥール派の影響が衰えたことにより、リュック・ベッソンの豪快なアクション映画のような、より商業的なヨーロッパ映画が時にはハリウッド映画と張り合うほど頭角を現した。また時にはラース・フォン・トリアのドグマ的な映画のように、ハリウッドをものともしない作品も誕生し、アート・ハウス系の観客だけでなく、より幅広い観客を意識した作品が作られるようになった。

　多大な政治的、そして社会的変化は鉄のカーテンを崩し、ヨーロッパは新たに統合した。どの国も移民が流れ込み、ユーゴスラビアという国は崩壊。ヨーロッパは動乱の時期を迎えた。映画のようなクオリティーを再現できる、安く手に入るビデオカメラやDVDのような技術的な進歩により、映画も庶民的になり、大衆化した。コッポラが予見したように、これで誰もが映画を撮れるようになった。アメリカのインディペンデントの精神はヨーロッパへと渡り、ヨーロッパのどんな小さな街にも、スピルバーグのタマゴが潜むようになったのだ。また、この爆発的な成長は、欧州で瞬く間に広がった映画に関する学問の発展によって高まった。80年代初頭、イギリスにはフィルム・スクールといえる学校は一つしかなく、映画は学問としては比較的新しく、まゆつば的な修養科目として扱われていた。しかし2000年にもなると、ほとんどのイギリスの大学では何かしらの映画に関する科目が存在し、その多くには映画プロダクション・コースがあった。また、高校ではメディアと映画に関する授業も行われているところもある。メディアを分析する能力は、観客が今までに存在しなかったような"映画通"になったことを表し、その既成事実はクエンティン・タランティーノ作品のような、格好良くて皮肉を込めたポストモダンな映画の成功へと導いた（皮肉にも、タランティーノはジャン・リュック・ゴダールを自身に最も影響を与えた監督と

語っている）。

　21世紀のはじめ、ヨーロッパ映画はその20年前よりも遥かに元気を取り戻し、多くの国で国内シェアの大半を奪い返すほどになった。例えば、フランスでは国民の二人に一人は劇場へフランス映画を観に行くほどになった。またドイツ映画も最近国内のマーケットで大きなシェアを持つようになり、今まで以上に海外へ作品を輸出するようになった。一方、イギリス映画は国内マーケットの20％しかシェアがなく元気がないが、輸出する作品は数多く、言語が英語だということも助かって、その他のヨーロッパ映画よりも名の知れた作品を多く輩出している。

　最近はどんなことも"流行り"といわれてしまうため、現在のヨーロピアン・シネマの流行りはこれだと断定できないが、それは30年代および50年代におけるヨーロピアン・シネマにもいえることだった。知識人が好むアート・ハウス系の映画は今でも製作されているが、今まで以上にその資金調達は難しくなっている。マーケットに携わる人々は、観客はアクション、ホラー、コメディー、そしてラブストーリーを好むと信じているが、これはいつの時代も同じことだ。デジタル・テクノロジーは低予算の映画を作りやすくしたが、マーケティングに費用をかけない限り、どれほど質の高い低予算映画であっても日の目を見ずに終わってしまう。

　ヨーロッパの映画は今でもパッケージ販売というより脚本重視なため、脚本家には敬意が示され、プロデューサーや監督たちもいい脚本家とは長きにわたる付合いを育む。ヨーロッパはEUの参加国が正式に増えていることで今まで以上に大きく成長している。そのため、国境やアイデンティティーの変化に伴い、他国へ移住する人口も増えている。ヨーロッパで現在才能を発揮しはじめている監督の多くは移住者だ。例えば、イギリス在住のポーランド人パヴェル・パウェロウスキー、ドイツ在住のトルコ人ファティ・アキン、そして北アフリカからフランスへ移住したトニー・ガトリフがいる。この他にも過去の植民地を旅するのが好きなフランスのクレール・ドゥニや、様々な民族を訪問するため各国を訪れるイギリスのスティーブン・フリアーズといった監督もいる。

　多くの人は東欧からの新しい映画や、アート・ハウスと商業的な映画の

ギャップ、そしてぶれのない普遍的な物語をパーソナルなレベルで描ける監督の誕生に興奮している。スペインではギレルモ・デル・トロがその才能を発揮し、注目されている。大ヒットとなったダーク・ファンタジー映画『パンズ・ラビリンス』（2006）は、政治的、そして歴史的な神話とファンタジーを軸にし、不幸な結末を迎える。映画は内乱の時代を舞台に、フランコ軍の冷酷な兵士の愛人となった母を持つ、ある少女の悲劇を物語る。映画は現実世界に蔓延る暴力から目を背けることなく、少女が自分の頭の中でそれらの暴力をファンタジーの世界へと変容させて行くのだ。

　ドイツでは『善き人のためのソナタ』（2006）が、旧東ドイツの秘密警察シュタージの悲劇を、普遍的な余韻を残したサスペンス映画に仕上げた。秘密警察の一員である主人公は、監視を命じられた芸術家の話を盗み聞きし、この世に善を残すためにも自分の命を懸けて芸術家を助けようとする。想像を絶する抑制的な時代を描きながらも、本作はハリウッドのサスペンス映画に劣らぬエンタテインメント性に富んでいる。むしろ、現実味と哲学的な要素が加わっており、主人公のシュタージを通し、将来への明るい予感も感じさせる。

　ルーマニア映画の『Four Months, Two weeks and Three Days』（2007／未公開）は、チャウシェスク政権の最晩年に若い女性が違法に堕胎処置を受ける姿を冷酷かつリアリスティックに描いている。一国一党主義の政権が放つ非道で陳腐な抑制を積み上げていくことで、本作は最初から最後までサスペンスを観ているかのような印象を与える。誰もが他人を信用しようとせず、全員が被害者であるため、みな他の人よりも上に立とうと力を振りかざす。いわゆる "自由のヨーロッパ" に、ID カードの蔓延や、近所の監視カメラが増加している現在のことを考えれば、これは人ごとでは済まされない。本作は過去を懐かしむ心を真っ向から否定する傑作で、いかに現代のヨーロッパがこれに近い状況に陥ろうとしているかという警告でもあるのだ。

　ここに述べた映画はすべてヨーロッパやアメリカで映画賞を受賞し、世界中で公開された。一般的なヨーロピアン・シネマの代表作ではないものの、これらの作品は真のヨーロッパに関する物語を扱い、語り口に工夫を凝ら

し、地元に根付きながらも普遍的なテーマを扱い、自国の文化と誠実に向き合い、そして多くの人間が気にかけている事柄を取り上げるというヨーロッパ映画の持つ力量を発揮しているのだ。

（翻訳　小飯塚 真知子）

■上記で取り上げた主な作品

セルゲイ・エイゼンシュテイン『戦艦ポチョムキン』（1925）

ルイス・ブニュエル『アンダルシアの犬』（1928）

フリッツ・ラング『メトロポリス』（1926）

フリッツ・ラング『M』（1931）

ジャン・ルノワール『ゲームの規則』（1939）

ノエル・カワード『軍旗の下に』（1942／劇場未公開・TV 放映あり）

キャロル・リード『最後の突撃』（1944）

ヴィットリオ・デ・シーカ『自転車泥棒』（1948）

ミロス・フォアマン『ブロンドの恋』（1965／劇場未公開・TV 放映あり）

イジー・メンツェル『運命を乗せた列車』（1966／劇場未公開・TV 放映あり）

ジッロ・ポンテコルヴォ『アルジェの戦い』（1965）

アンドレイ・タルコフスキー『僕の村は戦場だった』（1962）

イングマール・ベルイマン『仮面／ペルソナ』（1967）

イングマール・ベルイマン『第七の封印』（1956）

ベルナルド・ベルトルッチ『ラスト・タンゴ・イン・パリ』（1972）

リンゼイ・アンダーソン『if もしも…』（1968）

カレル・ライス『土曜の夜と日曜の朝』（1960）

ピーター・カッタネオ『フル・モンティ』（1997）

ギレルモ・デル・トロ『パンズ・ラビリンス』（2006）

フロリアン・ヘンケル・フォン・ドナースマルク『善き人のためのソナタ』（2006）

巻末図1　ヨーロッパ諸国地図

巻末表1　ヨーロッパ諸国の基礎データ

国名または地域名	面積(km²)2016年	人口(千人)	人口調査年	1人あたりGDP(US$)2018年*	首都	首都人口(千人)	首都人口調査年	NATO加盟年月	EU加盟年月
アイスランド	103,000	316	2011	73,191	レイキャビク	122	2015	1949.4	
アイルランド	69,825	4762	2016	77,450	ダブリン	528	2011		1973
アルバニア	28,748	2800	2011	5,254	ティラナ	418	2011	2009.4	
アンドラ	468	78	2011	42,030	アンドラ・ラ・ベリャ				
イギリス	242,495	63380	2011	42,491	ロンドン	8,136	2011	1949.4	1973
イタリア	302,073	59434	2011	34,318	ローマ	2,868	2014	1949.4	1952
ヴァチカン市国	0.44	1	2018						
ウクライナ	603,500	48241	2001	3,095	キイフ	2,804	2013		
エストニア	45,227	1294	2011	22,928	タリン	423	2016	2004.3	2004.5
オーストリア	83,882	8402	2011	51,513	ウィーン	1,840	2016		1995.1
オランダ	41,542	16656	2011	52,978	アムステルダム	822	2015	1949.4	1952
北マケドニア	25,713	2023	2002	6,084	スコピエ	536	2012		
ギリシア	131,957	10816	2011	20,324	アテネ	664	2011	1952.2	1981
クロアチア	56,594	4285	2011	14,869	ザグレブ	790	2011	2009.4	2013
コソヴォ	10,908	181	2015	4,281	プリシュティナ	600(推定)	2011		
サン・マリノ	61	31	2010	48,495	サン・マリノ	4	2013		
スイス	41,291	8035	2011	82,839	ベルン	132	2016		
スウェーデン	438,574	9483	2011	54,112	ストックホルム	789	2007		1995.1
スペイン	505,944	46816	2011	30,524	マドリッド	3,186	2013	1982.5	1986
スロヴァキア	49,035	5397	2011	19,547	ブラチスラヴァ	421	2015	2004.3	2004.5
スロヴェニア	20,273	2063	2015	26,234	リャブリャナ	279	2015	2004.3	2004.5
セルビア**	88,499	7187	2011	7,234	ベオグラード	1,369	2015		
チェコ	78,870	10437	2011	22,973	プラハ	1,267	2016	1999.3	2004.5
デンマーク	42,921	5561	2011	60,596	コペンハーゲン	596	2016	1949.4	1973
ドイツ	357,386	80220	2011	48,196	ベルリン	3,520	2016	1955.5	1952
ノルウェー	323,772	4980	2011	81,807	オスロ	634	2014	1949.4	
ハンガリー	93,022	9938	2011	15,939	ブダペスト	1,759	2016	1999.3	2004.5
フィンランド	336,861	5375	2010	49,960	ヘルシンキ	624	2015		1995.1
フランス	551,500	62765	2010	41,464	パリ	2,244	2010	1949.4	1952
ブルガリア	110,372	7365	2011	9,273	ソフィア	1,232	2016	2004.3	2007.1
ベラルーシ	207,600	9504	2009	6,290	ミンスク	1,949	2015		
ベルギー	30,528	11001	2011	46,556	ブリュッセル	174	2011	1949.4	1952
ポーランド	312,679	38045	2011	15,424	ワルシャワ	1,735	2015	1999.3	2004.5
ボスニア=ヘルツェゴヴィナ	51,209	3792	2013	5,951	サライェヴォ				
ポルトガル	92,226	10282	2011	23,146	リスボン	507	2015	1949.4	1986
マルタ	315	417	2011	30,075	ヴァレッタ	5	2015		2004.5
モナコ	2	37	2016	166,726	モナコ	31	2008		
モルドヴァ	33,846	3387	2004	3,189	キシニョフ	670	2012		
モンテネグロ	13,812	620	2011	8,761	ポドゴリツァ	186	2011	2017.6	
ラトヴィア	64,573	2070	2011	18,089	リガ	640	2015	2004.3	2004.5
リトアニア	65,286	3043	2011	19,090	ヴィリニュス	543	2015	2004.3	2004.5
リヒテンシュタイン	160	36	2010	165,028	ファドゥーツ	5	2015		
ルーマニア	238,391	20039	2011	12,301	ブカレスト	1,849	2015	2004.3	2007.1
ルクセンブルク	2,586	512	2011	114,341	ルクセンブルク	115	2011	1949.4	1952
ロシア	17,098,246	143436	2010	11,289	モスクワ	11,918	2012		

面積、人口、首都人口については国連統計局のデータに基づく。人口は http://unstats.un.org/unsd/demographic/products/vitstats/serATab2.pdf、面積は http://unstats.un.org/unsd/demographic/products/dyb/dyb2016/Table03.pdf、首都人口は http://unstats.un.org/unsd/demographic/products/dyb/dyb2016/Table08.pdf（いずれも 2019 年 9 月 15 日閲覧）。GDP については、https://data.worldbank.org/indicator/NY.GDP.PCAP.CD、2019 年 9 月 15 日閲覧。ヴァチカンとコソヴォについてのみ、日本外務省のホームページを参照した（https://www.mofa.go.jp/mofaj/area/vatican/data.html#section2; https://www.mofa.go.jp/mofaj/area/kosovo/data.html#section1、2019 年 9 月 15 日閲覧）。

* ただし、モナコとサン・マリノは 2017 年の数字。
** セルビアの数字（面積を除く）にはコソヴォの数字は含まれない。

あとがき

上智大学外国語学部長

村 田 真 一

　本書は、ヨーロッパで日常的に起きる様々な複雑な現象の因果関係を概説するものではなく、ヨーロッパ的なものの本質を深く追究し、ヨーロッパにとどまらず、世界の未来を考える手がかりを探りたいと願う読者を想定した案内書である。

　ヨーロッパは、近代末期以降、「帝国主義」「没落」「旧世界」など、マイナス・イメージで捉えられる場合が多かったし、実際そういう側面があった事実は否定できない。しかし、そのヨーロッパは、「イメージとしてのヨーロッパ」だったり、「既成の枠組みのなかのヨーロッパ」だったりした。このように考えると、ヨーロッパとは、概念的なものが先行するパラダイムだったともいえるかもしれない。

　いずれにしても、多民族・多言語地域であるヨーロッパが人類の発展モデルの一つだったし、今でもそうであることはたしかである。ヨーロッパで生じる伝統と革新のせめぎあい、統合や分裂、和解や紛争、あるいは環境破壊や温暖化、厄災といった出来事は、実はだれにとってもごく身近な問題であり、同時に地球規模で解決を迫られる今日的問題でもある。しかし、それらがいかに似通っていたとしても、国や地域によって内容が本質的に異なるのは、歴史発展のプロセスやそこに暮らす人びとの習慣が一様ではないためである。この点を見極めずに、ヨーロッパの現在を語ったり未来を予測したりすることは不可能であろう。ヨーロッパには、いくつもの「ヨーロッパ」が存在してきたし、存在し続けているのである。

　「グローバル化」や「グローバル・スタンダード」といった表現が説明不十分なまま用いられているいま、ものごとを相対化するために世界の各地域を深く研究する意義は増すばかりである。あたかもそれが絶対的価値とでもいわんばかりの「グローバル化」信仰によって、価値の多様性や複眼的思考

が二の次になってしまうなら、人類はその本来的価値を地球規模で失うことになるだろう。このような時代こそ、地域研究を掘り下げ、ユニバーサルな価値を追求する必要がある。

　本学外国語学部のカリキュラムでは、六つの学科でそれぞれヨーロッパ起源の言語やヨーロッパ地域の事情などの基礎をしっかり身につけた後、研究コースを選んで地域研究をより深く学べるよう具体的な配慮がなされており、学部で着手した研究テーマをさらに深め、大学院において継続的に追究したいという意識の高い学習者も増えている。

　共通性と独自性があざなえる縄のごとく絡み合ったヨーロッパを体系的かつ相対的に研究するよすがとなることを願って本学部の現役の教員や教鞭をとられた方々によって編まれた本書が、学習者の問題関心の幅を広げ、卒業へ向けて成果をまとめたり、さらに研究を進めたりしていくうえで、貴重な指針となることを願ってやまない。

　最後に、この場を借りて、河﨑健教授・内村俊太准教授はじめ学内の編集メンバーの皆様、上智大学出版（SUP）事務局と企画編集委員会の皆様など、編集・出版に携わってくださったすべての方々に感謝の気持ちを表したい。

編者・著者紹介

■編　者

河﨑　健（かわさき　たけし）　上智大学外国語学部ドイツ語学科教授、同大学院グローバルスタディーズ研究科国際関係論専攻教授。専攻：政治学、ドイツ政治。主要著書・論文：『ドイツの政党の政治エリート輩出機能』2015年、コンラートアデナウアー財団、『日本とヨーロッパの選挙と政治』（共編著）2018年、上智大学出版部ほか。

内村俊太（うちむら　しゅんた）　上智大学外国語学部イスパニア語学科准教授。専攻：スペイン近世史。主要著書・論文：『スペインの歴史を知るための50章』（共編著）2016年、明石書店、『スペイン帝国と複合君主政』（共著）2018年、昭和堂ほか。

■著　者（執筆順）

高橋暁生（たかはし　あけお）　上智大学外国語学部フランス語学科教授、同大学院グローバルスタディーズ研究科地域研究専攻教授。専攻：フランス近現代史。主要著書・論文：『フランス革命史の現在』（共著）2012年、山川出版社、『新しく学ぶフランス史』（共著）2019年、ミネルヴァ書房ほか。

上野俊彦（うえの　としひこ）　元上智大学外国語学部ロシア語学科教授、同大学院グローバルスタディーズ研究科国際関係論専攻教授。専攻：政治学、ロシア政治。主要著書・論文：『ポスト共産主義ロシアの政治―エリツィンからプーチンへ―』2001年、日本国際問題研究所、『ロシアの市民意識と政治』（共著）2008年、慶應義塾大学出版会ほか。

牧　陽子（まき　ようこ）　上智大学外国語学部フランス語学科准教授。専攻：家族社会学、社会政策。主要著書・論文：「1970年代フランス福祉国家と家族モデルの変容過程」『社会政策』2015年、第7巻1号、137-148頁、『フランスの在宅保育政策―女性の就労と移民ケア労働者』2020年、ミネルヴァ書房ほか。

Monfort, Brieuc（モンフォール　ブリウー）　上智大学外国語学部フランス語学科准教授、フランス国立社会科学高等研究院パリ日仏高等研究センター准研究員。専攻：国際経済学。主要著書・論文：Sébastien Lechevalier et Brieuc Monfort, "Leçons de l'expérience japonaise：vers une autre politique économique", Editions Rue d'Ulm, 2016.

安達祐子（あだち　ゆうこ）　上智大学外国語学部ロシア語学科教授、同大学院グローバルスタディーズ研究科国際関係論専攻教授。専攻：ロシア地域研究。主要著書：『現代ロシア経済：資源・国家・企業統治』2016 年、名古屋大学出版会、*Building Big Business in Russia: The impact of informal corporate governance practices*, 2010, London and New York: Routledge ほか。

木村護郎クリストフ（きむら　ごろうくりすとふ）　上智大学外国語学部ドイツ語学科教授、同大学院グローバルスタディーズ研究科国際関係論専攻教授。専攻：言語社会学。主要著書：『節英のすすめ―脱英語依存こそ国際化・グローバル化対応のカギ！』2016 年、萬書房、『多言語主義社会に向けて』（共編著）2017 年、くろしお出版ほか。

伊達聖伸（だて　きよのぶ）　東京大学大学教養学部准教授、同大学院総合文化研究科地域文化研究専攻准教授。専攻：宗教学、フランス語圏地域研究。主要著書・論文：『ライシテ、道徳、宗教学』2010 年、勁草書房、『ライシテから読む現代フランス』2018 年、岩波新書ほか。

Mukhina, Varvara（ムヒナ　ヴァルヴァラ）　上智大学外国語学部ロシア語学科准教授。専攻：社会学、移民研究、アイデンティティ研究。主要著書・論文：*Immigration and Settlement: Challenges, Experiences, and Opportunities, 2012, Canadian Scholar Press*（共著）、「ロシアにおける移民政策の変容―近年の移民政策改正の位置づけ」『移民政策研究』移民政策学会編・2015 年、Vol.7、133-151. ほか。

市之瀬　敦（いちのせ　あつし）　上智大学外国語学部ポルトガル語学科教授。専攻：言語学、クレオール語学。主要著書：『出会いが生む言葉　クレオール語に恋して』2010 年、現代書館、『ポルトガル　震災と独裁　そして近代へ』2016 年、現代書館ほか。

村田真一（むらた　しんいち）　上智大学外国語学部ロシア語学科教授、同大学院言語科学研究科教授。専攻：ロシア演劇・文化論、比較演劇。主要著書・論文：「ミハイル・クズミンの戯曲におけるパントマイム・グロテスクのジャンル的特質」（ロシア語）、第24回国際会議「オロモウツのロシア学の日々―2017年9月7日、8日」論集、2018年、パラツキー大学、「1900 – 20年代のロシア演劇における芸術的媒介性の諸相」（ロシア語・I. シャートヴァとの共著）：コルネリヤ・イチン、村田真一、イリーナ・シャートヴァ編『アヴァンギャルドの芸術的媒介性の詩学論集』、2018年、ベオグラード大学ほか。

松原典子（まつばら　のりこ）　上智大学外国語学部イスパニア語学科教授、同大学院グローバルスタディーズ研究科地域研究専攻教授。専攻：スペイン近世美術史。主要著書・論文：『バルセロナ―カタルーニャ文化の再生と展開』（共著）2017年、竹林舎、『スペイン美術史入門』（共著）2018年、NHK出版ほか。

Neves, Mauro（ネーヴェス　マウロ）　上智大学外国語学部ポルトガル語教授。専攻：ポップカルチャー比較論、ポルトガル語圏文化など。主要著書・論文：'Croatia in the Eurovision Song Contest: From an Anti-War Message to the Recognition of a Cultural Tradition', in: *International Review of the Aesthetics and Sociology of Music*, 2017, 48 (1), pp. 133-147.

Williams, John（ウィリアムズ　ジョン）　上智大学外国語学部英語学科教授。専攻：映画制作、ヨーロッパ映画。主要著書・映画作品：「壊れたテンペスト」小川公代、村田真一、吉村和明共編『文学とアダプテーション―ヨーロッパの文化的変容』（共著）2017年、春風社、341-370頁、映画：審判 The Trial, (A feature length Japanese language version of Franz Kafka's The Trial. (Released 2018 in Cinemas in Japan)).

（職名は執筆時現在）

新しいヨーロッパ学

2020年 3 月31日　第 1 版第 1 刷発行

編　者：上智大学外国語学部ヨーロッパ研究コース

発行者：佐 久 間　　　勤
発　行：Sophia University Press
　　　　上 智 大 学 出 版
　　　〒102-8554　東京都千代田区紀尾井町7-1
　　　URL：https://www.sophia.ac.jp/

制作・発売　㈱ぎょうせい
〒136-8575　東京都江東区新木場1-18-11
TEL　03-6892-6666　FAX　03-6892-6925
フリーコール　0120-953-431
〈検印省略〉　　URL：https://gyosei.jp

印刷・製本　ぎょうせいデジタル㈱
ISBN978-4-324-10789-8
(5300298-00-000)
［略号：（上智）ヨーロッパ学］

Sophia University Press

　上智大学は、その基本理念の一つとして、
「本学は、その特色を活かして、キリスト教とその文化を
研究する機会を提供する。これと同時に、思想の多様性を
認め、各種の思想の学問的研究を奨励する」と謳っている。

　大学は、この学問的成果を学術書として発表する「独自
の場」を保有することが望まれる。どのような学問的成果
を世に発信しうるかは、その大学の学問的水準・評価と深
く関わりを持つ。

　上智大学は、(1)　高度な水準にある学術書、(2)　キリス
ト教ヒューマニズムに関連する優れた作品、(3)　啓蒙的問
題提起の書、(4)　学問研究への導入となる特色ある教科書
等、個人の研究のみならず、共同の研究成果を刊行するこ
とによって、文化の創造に寄与し、大学の発展とその歴史
に貢献する。

Sophia University Press

One of the fundamental ideals of Sophia University is "to embody the university's special characteristics by offering opportunities to study Christianity and Christian culture. At the same time, recognizing the diversity of thought, the university encourages academic research on a wide variety of world views."

The Sophia Universitiy Press was established to provide an independent base for the publication of scholarly research. The publications of our press are a guide to the level of research at Sophia, and one of the factors in the public evaluation of our activities.

Sophia University Press publishes books that (1) meet high academic standards; (2) are related to our university's founding spirit of Christian humanism; (3) are on important issues of interest to a broad general public; and (4) textbooks and introductions to the various academic disciplines. We publish works by individual scholars as well as the results of collaborative research projects that contribute to general cultural development and the advancement of the university.

New European Studies

© Ed. European Studies / Faculty of Foreign Studies
Sophia University, 2020

published by
Sophia University Press

production & sales agency : GYOSEI Corporation, Tokyo
ISBN978-4-324-10789-8
order : https://gyosei.jp